Raising Cain

培养高情商男孩

情感力，
让男孩受益一生的礼物

Protecting the Emotional Life of Boys

[美] 丹·金德伦
[美] 迈克尔·汤普森 著
高晓静 李岩 译

中信出版集团 | 北京

图书在版编目（CIP）数据

培养高情商男孩 /（美）丹・金德伦,（美）迈克尔・汤普森著 ; 高晓静, 李岩译. -- 北京 : 中信出版社, 2019.9(2022. 2重印)

书名原文: Raising Cain

ISBN 978-7-5217-0436-5

Ⅰ. ①培… Ⅱ. ①丹… ②迈… ③高… ④李… Ⅲ. ①男性－儿童教育－家庭教育 Ⅳ. ①G78

中国版本图书馆CIP数据核字（2019）第075511号

培养高情商男孩

著　　者：[美]丹・金德伦　[美]迈克尔・汤普森
译　　者：高晓静　李岩
出版发行：中信出版集团股份有限公司
（北京市朝阳区惠新东街甲4号富盛大厦2座　邮编 100029）
承 印 者：中煤（北京）印务有限公司

开　　本：787mm × 1092mm　1/16　　印　　张：20　　字　　数：264千字
版　　次：2019年9月第1版　　印　　次：2022年 2月第 16 次印刷
京权图字：01-2019-1696
书　　号：ISBN 978-7-5217-0436-5
定　　价：59.00元

本书内容精彩、情真意切、鼓舞人心。对任何一位男孩的养育者与教导者来说，此书不可或缺。

——《华盛顿邮报》

《培养高情商男孩》深刻探讨了男孩的内心世界——那片神秘、神奇的领域。家长、老师或其他男孩养育者都应当读读这本书。

——丹尼尔·戈尔曼，《情商》作者

令人爱不释手的一本书……正如《拯救奥菲莉亚》为养育女孩提供了新思路那样，金德伦与汤普森这两位心理治疗师也为养育男孩开拓了新视角，即培养男孩的情感认知能力。家长和老师若是致力培育情感健全的快乐男孩，我们力荐此书。

——《出版人周刊》

《培养高情商男孩》让我们了解到男孩的内心世界，正如玛丽·皮福的《拯救奥菲莉亚》让我们看见了花季少女的苦恼一样。

——《坦帕湾时报》

如果你爱男孩，或者曾经是男孩，或者关心男孩与男人，请读这本书，它将前沿科研结论、生动的逸事和富有洞察力的见解完美地结合在一起。金德伦和汤普森写出了一本关于男孩的必读书，真是了不起。

——爱德华·哈洛威尔

《心烦意乱与担忧》作者

《培养高情商男孩》引人入胜、意义深远。金德伦与汤普森的观点令人信服，男孩若是拥有较强的情感认知与表达能力，并能够理解自己和他人的情绪与感受，将在成长中获益良多。书中就如何在尊重男孩独立意识的同时保持有效的情感沟通，提出了诸多见解，对父母和老师具有宝贵的参考价值。本书让我们得以窥见男孩的内心世界，我读得十分投入。

——埃莉诺·E. 麦考比

斯坦福大学心理学系名誉教授

《性别差异心理学》《两种性别：因成长分离，但终将相聚》等书作者

在我看来，心理学家丹·金德伦和迈克尔·汤普森所著的《培养高情商男孩》是男孩家长必读书单上迄今为止最好的一本……本书提供了强有力的证据，证明我们忽略了整个男性群体（约占全世界半数人口）的情感需求。本书提出的建议每一位家长都应当铭记于心。

——《科罗拉多斯普林斯独立日报》

声　明

除了凯西·约翰逊、亚历山大·泽恩、伊森、泰勒和苏珊，本书案例和事件中的其他人物名字均为化名。为进一步保护个人隐私，我们对某些辨识度较高的细节进行了改写。此外，书中某些案例和事件是几个男孩的不同事例的整合版本。

目录

Raising Cain

作者序

找到一条通往男孩内心世界的路

《培养高情商男孩》英文精装版于 1999 年 4 月 8 日出版。12 天后，科伦拜高中发生了枪击事件，两个高中男孩血洗校园后饮弹自尽。类似的悲剧在不同城市上演，全国掀起了一场关于愤怒与暴力男孩的痛心探讨：这样的事是怎么发生的？是什么让他们下此狠手？为什么学校暴力事件层出不穷？而且，正如枪击案两天后有个男孩在我们学校大会上询问的那样："为什么那两个家伙的爸爸妈妈不知道他们在做什么？"

所有人都震惊了。新闻媒体的讨论几近白热化。一些被长久忽视的、造成男孩暴力的关键因素，如今终于浮出水面。

科伦拜高中的悲剧体现了我们在本书中探讨的一些男孩问题，而这些问题往往都是隐性而不易察觉的。比如青春期的残酷文化，它专门向那些不擅长社交或是不随大流的男孩下手。再比如男孩与男人在情感教育上的普遍缺失，这让我们所有人都付出了高昂的代价。全国讨论的重点从迪伦·克莱伯德和埃里克·哈里斯的心理问题，转向了广泛存在于男孩群体中的各种问题：不断攀升的自杀率、酗酒嗑药、未经诊断的抑郁症、学习成绩不好、极高的车祸受害者比例……这已不再是对个别案件的关注，方方面面的讨论渐渐揭开了问题的实质。

我们作为儿童心理学家治疗过无数男孩。我们希望能为读者提供一个特殊的视角来了解男孩的行为与感受，这或许是你平时无法觉察或理解的。我们在全国各地给家长办讲座、与记者交流，对于人们是如何理解男孩感情生活这件事，我们既备受鼓舞又感到失望。失望在于媒体总是想寻找一些简单的答案——比如“雄性激素导致暴力行为”的理论——来解释男孩复杂的心理状态。我们与明尼苏达州州长杰西·文图拉先生一起上过脱口秀，他在节目中脱口而出：“我也曾是个男孩，挨打并没有伤害我，就是有点儿没面子罢了。”他还提倡学校应当恢复体罚，这让我们倍感失望。打骂男孩或是让男孩参加军训，这些都不是解决问题的根本办法。

令我们备受鼓舞的是，很多父亲来到养育男孩的讲座现场（以往台下只有母亲），这让我们既感动又满怀希望。他们有的分享个人的成长经历，有的借此机会表达对儿子的温柔。“我的父亲就是一位大男子主义者，我和他之间很少有肢体接触。”一位父亲说，“如今我有两个儿子，一个 11 岁，一个 8 岁，我常常拥抱他俩。在听了你们的讲座以后，我觉得自己做得对。”此外，有一位母亲说：“我读遍了关于养育男孩的书，只有这一本不仅让我懂得了我儿子，也让我懂得了我丈夫。”每当听到这样的评价我们就开怀大笑并感激不尽。

说实话，《培养高情商男孩》的写作过程对我们来说也是一次意味深长的心路之旅。我们重温了自己的童年，重温了我们与兄弟、父亲和男性朋友的关系，更加深刻地了解到往事对我们现在生活的影响。我们两个男人在创作中不断沟通、求同存异，在此过程中我们必然要面对自己的情感盲区，扫清自己的情绪障碍。因为这次合作，我们对自己作为男孩、男人、丈夫和父亲的职责有了更加深刻的了解。同样，我们希望《培养高情商男孩》能够引导诸位读者，无论男女，找到一条通往男孩灵魂深处的路径——在那里你们会看到男孩的痛、男孩的爱，看到他们在追寻所谓沉默的男子汉时，情感世界是怎样从颓废而至荒芜的。

丹·金德伦

迈克尔·汤普森

作者简介

两个曾是男孩的男人的自白

我们两个是男性心理学家，擅长男孩的心理治疗，一起工作了30多年。我们见过很多男孩，充满愤怒的，爱踢东西的，但更多的是沉默不语的。我们和这些男孩一起玩弹子球、打篮球，美其名曰“治疗”。我们边搭乐高积木，边交谈；边给玩具士兵排兵布阵，边说家长里短。为了让男孩放下戒备，我们一起到街角便利店买零食，然后回到办公室边吃边品评。我们的心理治疗，经常发生在剑桥市的街上、比萨店里、餐桌旁和汽车里。在我们的办公室里男孩很随便，他们蹦上沙发再“砰”的一声跳回地板，害得楼下同事抱怨不已，而我们只能深表歉意。治疗就应该安静谈话而不是上蹿下跳，这我们当然知道，可我们面对的是男孩啊！

后来，不出所料，有男校请我们就任驻校心理老师。丹和我去的这两所男校都很优秀，让男孩们收获了尊重与学识。然而，也有一些男生奉教导主任之命，怒气冲冲地走进我们的办公室。体育教练也会把一些男孩留在心理治疗室门口，自己却抽身走了。还有一些心事重重的学生被老师带来见我们，他们静静地坐着，不知从何说起，我们只得先跟老师谈。有的男孩随家人前来，他们生气地坐在家人旁边一言不发。有的孩子不肯下车，我们只好到楼外的停车场去跟他谈话。

总之，我们奋斗多年，以求那些悲伤、焦虑和愤怒的男孩敞开心怀。我们想尽办法，有成功亦有失败。有时我们等上50分钟才能换来5分钟的真情告白："爸爸总是批评我。这次考试我有两门功课从C考到了B，还有一门没有考好，但他只看到了我没考好的那门，把我骂了一顿。为什么当爸爸的会这样跟孩子说话？"有时我们要等待几个星期，甚至几个月，才能盼到那扇紧闭的情感之窗终于开启的时刻：沉默与愤怒背后是压抑已久的悲伤和困惑，等那一刻来临，男孩会突然把这些情绪展示给我们看。

我们的工作经历，以及我们对男孩的担忧，促使我们写下本书。我们愿意帮助那些深爱男孩的人——父母、老师和精神导师，让他们穿透晦暗的表面，看见男孩的内心，懂得他们的欢乐和悲伤。我们想让你——我们的读者，了解男孩精神上的痛苦及其肇始。我们深切地希望父母、老师的目光不仅仅停留在男孩的表层需求上。虽然男孩看似为简单的需求发脾气——要买忍者神龟，要买耐克鞋，要买刺激的电子游戏——但其实并不是这么简单。似乎每个男孩都想做迈克尔·乔丹，但事实并非如此。男孩的需求往往是多样、复杂而矛盾的。有的想做莎士比亚，有的想做比尔·盖茨，有的想做爱因斯坦，还有的想成为惠特曼那样的诗人。要是我们不透过表象去看男孩的内心世界，我们怎能满足他们如此丰富多样的需求？

有名言说："儿童是成人之父。"这样说来，我们就更应该去发现男孩内心的真相，不再以带着文化偏见的目光去看待他们，敞开我们的心去倾听他们。因为如果要说我们从工作中获得了什么感悟，那就是除非我们给男孩提供另外一条出路，否则，今天这些愤怒的年轻人，明天将注定变成孤独、愤恨的中年人。

我们二人共同创作此书，是因为我们都觉得男孩的命运堪忧。虽然我们所受的训练和专业领域不太一样，但殊途同归，我们得到了相同的研究结论：我们的文化正把男孩引上一条充满孤独、羞耻与愤怒的人生道路。本书尝试对两个问题做出回答：男孩怎样才能成长为情感健全的男人？我们的文化倾向于压抑男人情感、塑造"硬汉"形象，这种文化会让男孩付出怎样的代价?

因为是合作之书，本书大多数情况以“我们”为主语。但是具体到每个案例时，我们会指明是我们两人中的哪一位负责该案例，此时便以“我”为主语。

这两个“我”将作为向导，带领诸位读者出发，进入男孩的内心世界。动身之前，我们先说说自己，说说我们小时候是什么样的男孩，现在又长成了什么样的男人。

迈克尔·汤普森

我对男孩的见解，来自我在学校和个人诊所的工作经验。30多年前我大学毕业，先后担任了公立中学和私立高中的老师。后来我成为一名校园心理老师。再后来，我成为一名临床心理学家，并在马萨诸塞州的芝加哥南部地区和剑桥市工作。凭借多年的工作经验，我渐渐形成了对男孩性格特点的看法。但这种看法不完全是从工作中得来的，也与我个人的成长经历有关。

我是在一种非同寻常的环境与机遇下成长起来的，因此我的童年经历可能并不让我具备评论大多数男孩童年的资格。我们一家住在纽约市上东区，我父亲是含着金钥匙出生的，小时候的宠物是两匹马球马。我上的是精英私立学校，同学都是名人富豪的子女。我经常随家人去看百老汇音乐剧或歌剧，去卡内基音乐厅听伦纳德·伯恩斯坦为年轻人演奏的音乐会。但话又说回来，我当时只是一个男孩。

六年级的时候，我去朋友托尼家玩。他的家在一所公寓，位于第12层，可以俯瞰整个公园大道，家里挂满了毕加索的油画，那是他父母的私人收藏，可以说是全世界规模最大的毕加索作品私人收藏。我们想到一个好玩的点子：把湿卫生纸从窗户扔下去，朝路过的出租车挡风玻璃上砸。我们找来几卷卫生纸和一碗水，竟然正中好几辆出租车，这让我们十分得意。我们从来没有想过，这种“轰炸”行为对出租车司机和乘客来说是多么危险可怕。一位市民无意间看到了我们在窗边的行为，他意识到了这样做的危险。他数了一下楼层，要求公寓的门卫允许他进来。正是在这间博物馆一般的高级公寓里，警察悄无声息地走进来，拍了拍我俩的肩膀，把我们抓了个现行。我到现在都清清楚楚地记得当时自己的恐惧及羞愧。

我的父亲是位成功的建筑师和工程师，他雄心勃勃也奋发图强，几乎将一生都奉献给了“en charrette”——这是法国建筑领域的一种表达，意思是“争分夺秒，如期完工；一日三餐，不离职场”。虽然他在事业上颇有建树，但个人生活却艰辛而麻木。在他 9 岁的时候，他失去了父亲和跟他关系最亲密的哥哥，但他却像大山一样把悲伤深藏起来。很显然，他一生都害怕强烈的情绪和感受。他无法维持和家人的亲密关系，在我和我哥哥成长期间，他显然越来越不知道该如何与儿子们相处。我 13 岁的时候，就开始觉得我的情感比父亲的更加成熟。

我父亲从来没有跟我一起玩过接球游戏（他大概一辈子都没有玩过棒球或是橄榄球），我们经常拌嘴，让对方生气。尽管如此，我还是从他身上继承了一些品质，这让我成长为一个充满爱心的人。是什么原因呢？是因为他富有游戏精神吗？是因为他喜欢烤一些奇形怪状的馅饼吗？是因为他爱玩桌游和拼图吗？还是因为他不像别人的父亲那样喝酒读报，而是选择跟孩子们在游泳池里嬉戏呢？

我母亲是个深情而忧伤的女人，我的共情心就是从她那里继承的。母亲过去常说：“我得把迈克尔和他父亲分开，因为他俩总是吵架。”我倒希望她那个时候不去干预和调解我们的关系，她不理解我们父子之间的较量、冲突和压倒对方的渴望。我们一直在努力建立亲密关系——直到我父亲去世。他如今不在了。他离世的时候，我还未能写完这本书。但是现在，我常会想起杰弗里·沃尔夫在《欺骗公爵》中的话："父亲永远存于我心中一隅。"

我哥哥彼得对我的成长有巨大的影响。他一直比我高大，我们之间的竞争很激烈，我记得我小的时候他总是能打败我。有一次，那时我 14 岁，他 16 岁，我们两人都怒火中烧，拿出了决一死战的架势——我抓着一个大玻璃烟灰缸，他挥舞着一瓶威士忌。等我长到 17 岁的时候，我发现自己终于比哥哥高大了，那一刻的满足令我终生难忘。现在哥哥是我最好的朋友之一，我们把小时候的"张牙舞爪"用在了网球场上，这真是恰到好处。

现在我自己也是一位父亲，我有一个 13 岁的女儿和一个 8 岁的儿子，我的生活就像一场高难度平衡木表演。我总是担心我的儿子威尔，因为他不喜欢运动却酷爱乐高积木和画画。他不太喜欢跟男孩们一起嬉戏打闹。而我自己，说起来有点儿虚伪——我把大部分时间花在工作上，飞到全国各地办讲座，告诉家长们要多花点儿时间陪孩子。我有时会拿自己的生活和我父亲埋头工作的一辈子相比较，但我问心无愧。

要问我写这本书的目的是什么，那就是我希望借助自己作为男人的亲身感受、儿时记忆和给男孩（还有男人）做心理治疗的经验，帮助父母更好地理解他们的儿子。我愿意打开办公室的门，展现青春期男孩是如何与悲伤做斗争的，以及他们是怎样习惯把悲伤转化成对别人的轻蔑和对自己的憎恨的。我最愿意做的，就是为父母照亮男孩的内心世界，好让父母不放弃他们的儿子，也不会再因为儿子变了而感到受伤或是困惑不解。我想向父母示范怎样运用"情感语言"和男孩建立沟通——这种语言让男孩乐于接受，这种沟通是深刻而持久的。有了这样的交流渠道，男孩就能顺利地走过残酷且冲突不断的青春期。

丹·金德伦

我的职业生涯主要是在哈佛医学院度过的，在那里我担任教授与研究员，在哈佛公共卫生学院研究儿童和青少年的行为问题，尤其是打架等暴力行为。我就像证券交易所的交易员，通过观察数据，追踪暴力、自杀、药物滥用这个市场的“走高”迹象。这些数据背后是活生生的孩子，其中绝大多数都是男孩。

数据无法告诉我们这些男孩的内心想法。在给学校里的男生做心理治疗的时候，我发现太多男孩想把自己塑造成主流媒体宣扬的“硬汉”，这种形象俨然成为男孩群体的通行证。很多男孩出于自我保护，觉得只有尽力保全大男子主义形象才能获得尊重。为了稳住这道防御线，他们几乎拼尽全力，像惊弓之鸟一样，以为处处都是威胁，害怕别人入侵自己的孤独堡垒而先发制人。“当局者迷，旁观者清”，心理治疗师能够清楚地看到男孩们这些悲伤的现实，然而父母、老师——那些最应该了解他们的人却看不到。他们只看到了男孩的愤怒，却不理解这愤怒来源于害怕——害怕流露情感并因此受伤。

我在临床实践中总是安慰自己：时代不同了。时代确实不同了，但没有大不同。如今，有更多的男人似乎愿意承认自己的脆弱，乐于做个奶爸，并认为男人可以是刚柔并济的。但是，在学校或心理治疗室里我也见过一些男孩，用吹嘘自己的酒量和性爱经历来掩饰内心的恐惧。而在他们的同龄人中，这种情况并非少数。太多男孩想要靠自己一个人“挺过去”，太多男孩不想和其他人建立有效的情感沟通方式。这里有两个原因：一是因为他们被灌输了这样的信念——坚强意味着不带感情；二是因为从来没有人教过他们，如何站在情感的立场上思考和做事。有太多男人无法成为好父亲，尽管他们很想成为好父亲。他们常常怀着敌意、带着挑剔眼光看待他们的儿子——虽然他们的初衷并非如此，但这是他们唯一会用的沟通方式。他们把儿子逼进一个期望值过高的角落动弹不得，还总是否定儿子的感受。

如果说男孩的情感工具箱中缺少了什么，我想到的是“灵活性”。青春期的各种变化令人应接不暇，灵活性是男孩在这一成长过程中最重要的工具。很多男孩被大男子主义过度束缚，失去了做男孩的快乐。回想我的童年，灵活性让我学到了父母各自的优点。

我父亲有三个儿子，我的童年充满了乐趣，多数是对抗和棒球这样的户外活动。我也读了很多书来满足自己旺盛的求知欲，常常是战争主题或关于棒球的书，也有介绍科学家和探险家的书。再看看现在的我，我发现自己并没有抛弃童年的爱好。在我的床头柜和地板上，零散地摆着 20 本以上的书，其中有 3 本书的书名提到了“葛底斯堡”，还有 6 本是关于战争的。

我对战争史的兴趣，一部分来自参加过“二战”的父亲。我小的时候对军队很着迷，问了父亲很多问题，比如他杀过多少德国士兵，或者开坦克是什么感觉。我经常偷溜进他的卧室，拉开他放袜子的抽屉，怀着敬畏之情，仔细端详静静躺在绒布礼盒中的勋章。直觉告诉我，这些勋章是他作为男子汉的重要铁证。

那时候 6 岁的我，要是被问起理想，我的回答里一定有“士兵”二字。但是，等到我可以服役参加越南战争的时候，我的世界观已经完全变了。我考虑的不是该去参加陆军还是海军的问题，而是能不能如实回答征兵委员会的问题并拒绝参军。我听不下去父亲说的什么大道理，因此我们的聊天总是不欢而散。

看着我的枕边书，想到越南战争与父亲给我带来的纠结情绪，我不禁要从心理学角度琢磨两者之间的关系。我对战争与男人的片段如此念念不忘，或许是想要洞穿战争的神秘魅力，建立起父子情感的深层联系。

我的另一项童年爱好——棒球，也源自我的父亲。美国职业棒球大联盟当时在芝加哥有两个主赛场——柯米斯基公园球场和瑞格利球场，这是男孩们心中的圣地，对我来说简直比去做礼拜的教堂还要神圣。和迈克尔一样，我也有个哥哥，名叫蒂姆，当时我很崇拜他。他早年对棒球有一种狂热的爱，虽然我年纪小、个子矮，打棒球也没什么天分，但我还是尽可能追着他不放。现在，我马上就满45岁了，依然在一个棒球联盟里打比赛，有时比赛还挺激烈的。等我拿到这本书的稿费以后，我想买的东西不是别的，只是一台能够放在后院里的棒球练球机。

战争和棒球，几乎算是男孩爱好里的标配。但是由于我和母亲之间的亲密感情，我得以探索传统男性活动以外的天地。母亲教我做饭和缝纫，都是我美好的回忆，我现在依然喜欢做饭，只是没有再碰过缝纫机。因为我跟母亲经常一起干这些家务活儿，后来与女孩相处的时候，我总是轻松自在。和母亲一起待在厨房里，我学会了如何与女性交谈，如何倾听她们。这应该是我这段经历里最宝贵的收获。

我与父母相处的方式是不同的，这种对待不同关系的灵活性让我在成年以后能够在两性世界里游刃有余。这种灵活性还有助于辅导青少年做心理治疗，因为我很容易就能放下成年人的架子，变身为形形色色的青少年：招人喜欢的、特立独行的、聪明的、学习吃力的、循规蹈矩的、喜欢捣乱的……我很珍惜这种情感灵活性，于是就去鼓励男孩更为自由地探索内心的情感世界，以及更加诚实地面对自己的感受和这些感受的成因。

现在我也是一名父亲，有两个可爱的女儿。我一想到她们将来会遇见什么样的男孩和男人的时候，我就觉得，关注男孩的情感成长，不仅仅是一种工作需要。我不希望我女儿认识的是那种躲在愤怒和防御外壳背后的家伙，不希望她们爱上不能亲近、不懂信任的男孩，不希望她们把真心交给那种只会借酒浇愁的男人。我希望我女儿的男友和丈夫有着丰富的情感：有同情心，善于表达，有责任感。我希望我女儿遇到的男人，既生机勃勃、充满活力，又能享受丰富的情感生活。

在我们看来，男孩从小被引上了歧路，丰富的情感渐渐转变成了沉默、孤独和猜疑。这种转变是怎样发生的？这就是本书的主题。在此特别声明一点：这不是一本排斥女孩的书，也无意让人们将目光聚焦在男孩身上而冷落女孩。另外，我们认为，一个经过指导能更好地经营自己情感生活的男孩，并不会失去阳刚之气。我们尊重这样的前提：如果男孩得到更多理解，如果我们鼓励他们增加对情感的认知，无论男孩还是女孩都会从中受益。

这本书是一本关于男孩的书，我们希望它也是一本内容丰富的书。如果你要问："男孩是怎样成为现在这样的？"本书无法给你一个理由，寻求简单答案的读者还需要另觅去处。本书呈现的是一个前所未有的观察男孩的新视角，是我们心理治疗师为你打开的一扇"特权"之窗，让你通过它看到男孩的内心世界，看他们是如何在成为"大男人"的道路上艰难挣扎的。作为男人，我们自己也经历过（并仍在经历）这样一段忐忑的旅程。

我们起初想写一本规范指南，为父母改善自己的养育方式提供可行性建议。最后我们发现，我们所能提供的最好建议，就只是去了解男孩真实的一面——不是表面，也不带我们的主观愿望。我们想试着拉开紧裹男孩的面纱，为的是让你一窥他们的内心和思想。希望本书能让你更好地认识到我们的文化是如何暗中限制并破坏了男孩的情感生活的，希望本书能加深你对男孩的理解和好感——尤其是后者。我们非常喜欢我们的心理治疗工作，喜欢与各种各样的男孩打交道。他们的活力让我们赞叹不已，他们含糊不清的表达让我们痛惜，他们的困惑牵动着我们的心。有时候我们也会由衷地佩服他们，因为他们能洞穿社会强加于男性的成见，并一语道破人的本性——包括男孩的本性。

第一章

歧途：
男孩缺失的情感教育

一个年轻男子，他如此强壮，如此疯狂，如此笃定，却又如此迷茫。

他拥有一切，却又一无所用。

——托马斯·沃尔夫《时间与河流》

（Thomas Wolfe, *Time and the River*）

每个“问题男孩”都有着自己不同的故事，但是每个故事背后都有一个相同的主题：情感上的被忽视和孤立。男孩对于细致的情感语言和微妙的情感表达非常不熟练，当我们试图让他们开口时，大部分男孩的回应，不是激烈反抗就是沉默。

13岁的卢克来到心理老师的办公室门口，犹豫着是该摘下棒球帽还是就那样戴着。最后他还是一把拽下帽子，走进办公室。

“来，卢克，坐这把大椅子吧。”

这是一把古旧的棕色皮椅，尺寸特别大，在这所男校中除了那几个大个子运动员之外，每个人坐进去都会显得很矮小。有的人深深地陷进椅子里，像是想要逃离审查；有的人则是坐到椅子边缘，显然感到不安，因为接下来有人将要窥探他们的内心。在心理咨询的职业生涯中，无论是在校男生还是社会上的那些男孩，我们总是会看到这类肢体语言。每当触及情绪和感受问题，男孩们都会很不自在，要么深陷到椅子里，要么坐到椅子边上，如坐针毡。

卢克算是个“好孩子”。他在学校乐队里打鼓，虽然最近学习成绩下降了，但整体上还不差。在校园里，他虽然不太受欢迎，但也有自己的朋友。他不是学校里带头惹事的孩子，相反他会远离那些爱惹事的同学。

那么，他为什么来心理老师的办公室呢？

在过去的几个月里，卢克变得越来越沉闷而尖刻，尤其容易和他父亲发生争吵。就在几天前的一个晚上，父母不准他参加课后选修活动，因为担心这会耽误他的学习。卢克暴跳如雷，他冲进自己的房间，砰的一声关上门，一脚把卧室门踹了个洞。他的母亲被儿子的暴力举动吓得目瞪口呆，父亲也很生气，但他们也没去管他，想让他独自冷静一下。第二天早上，父亲照常早早起来去上班了，卢克因为头疼向学校请了一天病假，他的母亲给学校打电话，询问是不是他最近遇上了什么麻烦。于是，班主任就建议卢克来找心理老师谈谈。

现在我们面对面坐着，对即将开始的谈话，尤其是有关感受的谈话，卢克显得既紧张又不满。他尽可能地往后缩，摆出一副拒绝交流的架势。

学习成绩不断下滑，对父母的敌意不断升级，尤其是最近的情绪大爆发，这些问题引发了身边所有人的注意，但卢克自己却不以为然。“我很好。”他叛逆地说，眼神中流露出怨怒，他很不高兴自己需要到这里来。

我跟他聊起关于学习、音乐、朋友和家庭的话题。他的回答都很简短，并且小心翼翼，时不时耸耸肩，显得很不情愿，似乎在全力阻止谈话越过他的心理防线。他对最近的行为不做任何解释。尽管他勉强同意“把感受说出来会有帮助”的观点，但他却避而不谈任何感受和心情。“我只需要学习努力一点儿就行了。”他转移了谈话重点，“我不需要帮助。我没有发疯，有问题的是我爸妈！”

他对家庭和学校的评价很直白：8 岁大的妹妹是个白痴；哥哥是个混蛋；父亲是个商人，在家的时间很少，大多数时候早出晚归；母亲对待他就像对待一个 5 岁的孩子，天天唠叨个没完；虽然他也有朋友，也挺喜欢某些老师，但大部分时候，学校的生活简直是垃圾。这就是他眼中的生活。

但是我要跟他聊的是内心世界。

“那天晚上你发脾气，把自己卧室的门都踢了个洞。当时一定是气坏了吧？”

听到这个，卢克很不安，甚至有些害怕。他耸了耸肩。

“你看上去挺难过的，你是觉得难过吗？”

卢克马上低下头，眼里开始噙满泪水。显然，他被戳中了痛处，但他却用无所谓的语气掩饰着说：“我不知道。也许有一点儿吧。”

“我们来一起看看，到底是什么让你这么难过。”

每个“问题男孩”背后都有不同的故事，但这些不同的故事却拥有同样的主题：情感被忽视与情感上的孤独。这实在令人不安，每天，我们都试着同卢克这样的男孩交流，他们不懂得情感的微妙，不懂得情感的表达，因为情感的复杂性而饱受困扰。当我们试图让他们敞开心扉时，大多数人（比如卢克）的反应都是要么对抗、要么逃避，就像每个人面临危险时，会本能地产生“战或逃”的反应一样。有些男孩由于家人关系不和而感到害怕或难过，但却表现得满腔怒火，或是希望大家都“离我远点儿”。有些男孩在学校里遇到了麻烦，遭受了羞辱，他们要么爆发出激烈的情绪，要么消沉地开始自我封闭。

男孩的世界充满了矛盾，父母常常深感无力，不知道什么样的帮助才是最有效的。一位母亲曾询问怎样教育孩子才算是明智的，因为她一直告诉8岁的儿子“有话好好说，不要动拳头”，结果却招来同龄人对儿子的嘲笑和欺负。另一位母亲想知道如何才能够和自己那愁人的11岁儿子交流，每当她试图和儿子谈话的时候，都会被拒之千里：“现在，什么都会变成吵架，我们吵架的时候比正常说话的时候还多！有时候他明明有心事，可也绝不说出他的感受——就像我丈夫一样。”一位父亲还问到当十几岁的儿子“不听话”或是公然与自己敌对的时候该怎么办。

男孩渴望与人保持联结，但同时又需要独立，这就造成了情感上的分裂。这种既渴望联结又想要独立的矛盾，在男孩成长的不同年龄段有着不同的表现。但是无论在哪个年龄段，多数男孩对于情感成长道路上要面临的挑战，不仅准备不足，而且往往做错了准备。男孩和女孩在情绪表达方面存在着差异，在这一点上也许生理因素扮演着一定的角色（其实并没有明确的证据），但无论如何，这种差异在我们的文化中被人为放大了。我们的文化有助于女孩的情感发展，却阻碍着男孩的情感发展。“男子汉要坚强”的传统观念否定了男孩的情感，剥夺了他们在情感上全面发展的机会。这个过程——引导男孩远离内心世界的过程，我们称之为“对男孩的情感误导”。这是一种错误的训练，训练男孩远离健康的依恋关系，远离对情感的理解与表达。它甚至对年幼的男孩都会造成影响，小男孩很快就学会了作为男生，必须隐藏自己的感情，对心中的恐惧闭口不谈。

男孩只能利用有限的情感资源来应对生活中的变化、冲突和逆境。就好比你的工具箱里只有一个锤子可以用来维护设备，当设备正常运转的时候，或者只需要用锤子敲敲打打的时候，这当然没有问题。但是，随着维护工作变得越来越复杂，锤子的作用就显得越来越局限了。

情感扫盲：培养对情感的认知，而不是忽视

如果你问男孩“这件事让你感觉怎么样”，他通常不知道如何回答。他只会谈论在这件事情上他做了什么或者打算怎么做。一些男孩甚至没有掌握足够的情感词汇，比如悲伤、愤怒或者羞愧。我们针对男孩和男人的大部分工作，就是帮助他们了解自己和他人的感受：识别感受，说出感受，找到这种感受产生的原因等。我们试图培养他们对情感的认知——读懂并理解自己和他人情绪的能力。

这个过程很像学习阅读。首先，我们必须掌握全部字母及其发音，然后运用它们来学习单词和句子。当我们能够理解和欣赏越来越复杂的想法时，就能更有效地与他人沟通。最终，阅读让我们可以超越自身的经验和想法，将我们连接到一个更宽广的世界。同样，情感认知的培养包括识别情绪的外在表现和内在感觉，然后运用这种技能，我们可以更好地了解自己和理解他人。我们学会欣赏生活中五彩缤纷的情感元素，由此维系我们在职场上和生活中与他人的关系，增进我们与他人的联结，让我们的生活更加丰富多彩。

我们通过以下几个步骤来培养情感认知：第一，识别和命名我们的情绪；第二，识别语气、面部表情以及肢体语言中的情绪内容；第三，理解情绪产生的情境。通过这些，我们能逐渐了解各种情绪之间的关系，比如失落与悲伤、沮丧与愤怒，以及是自尊心受到挑战，还是感到害怕。

在与家庭的交流中我们发现，一方面，大多数女孩从小就被鼓励提升情感认知能力——要表达自己的感受，并要回应他人的感受。但是许多男孩却得不到这样的鼓励，他们在家里、在学校或者游乐场上的种种不顾他人感受的行为，说明他们从小就对情感一无所知。当四五岁的男孩出现暴怒行为，妈妈们常常震惊于他们竟然冲着妈妈大吼大叫，或者出言不逊，甚至还要动手打自己的妈妈！人们对男孩最常见的抱怨之一，就是男孩的攻击性，而男孩自己对此似乎“满不在乎”。即便是经验丰富的老师们，也同样会抱怨男孩容易愤怒和做出干扰课堂的行为。

另一方面，我们又经常认为男孩这种状况没什么大不了的，他们只是“还不成熟”而已。好像“成熟”总有一天会自然来临（就像青春期自然来临一样），从而改变男孩的情感世界。但是，我们忽视了一个重点，隐藏在这些表象之后的，是男孩们对情感认知的匮乏。男孩的情感无知不仅给他人带来了麻烦，同时也让自己付出了巨大代价。由于缺乏情感认知培养，当男孩遭遇青春期的压力、遭遇异常残酷的同伴文化时，他们唯一学过的应对手段，就是所谓“男子汉”方法，比如愤怒、攻击和隐藏情感。在他们心里，这些手段才是为社会文化所接受的。

在刚开始接手男孩的心理治疗时，我们很大一部分工作内容都是在说服那些将信将疑的父母和教育者，让他们相信我们作为治疗师多年来的经验总结，那就是：我们的文化强加于男孩的情感训练是具有破坏性的，让他们深受其害；许多男孩都处在危机中，需要帮助。

也许是因为男人在这个社会中享有太多的权力和优越感，我们会趋向于认同男孩在未来一定会取得成功，因此他们童年遇到的任何困难都微不足道。同时，我们想当然地认为男孩都应该是独立、自信和成功的，而不是敏感和依赖他人的。我们常常一厢情愿地“看到”男孩是多么坚强，却无视眼前大量事实不断显示的，其实男孩非常容易受伤。

如今大家已经不再怀疑了，短短几年中发生的各种悲惨事件惊醒了人们。青春期男孩由于情绪问题导致杀人或其他暴力事件，成为公众关注的焦点，并引发了全美各个学校和社区对“男孩问题”的广泛讨论。统计数据直观地表明了美国的现状：大约有 95% 的少年杀人犯都是男孩。每 5 个送交青少年法庭的罪犯中，男孩就占 4 个。触犯关于酒精和毒品法律的青少年中，男孩占了 90%。自杀，是青春中晚期男孩死亡的第三大原因（意外事故和被害分列前两位）。绝大多数“成功”自杀者，都是男孩。青春晚期男孩的自杀概率，是同龄女孩的 7 倍。

虽然谋杀几乎可以说是男性的专利，但是大多数男孩并不会真的去杀人。尽管感到愤怒和痛苦，大多数男孩更有可能默默地承受情绪的困扰。他们渴望来自父母和同伴的爱、接受和认同。他们努力维护自尊。他们行为冲动，被心中无法表达甚至无法理解的情绪所操纵。男孩残忍地对待同性，粗鲁地对待女孩，越来越忽视情感的存在。我们看到的成绩差、患有抑郁症、吸毒、酗酒、不懂社交以及犯罪，就是他们内心躁动的表现。

在一次高中入学家长会上，校长给女生的父母提建议，劝告女孩不要拉帮结派，不要相互攀比。在谈到男生时，校长的态度却截然相反，他甚至以赞赏的语气说：“我们不担心这个年龄的男孩，因为他们适应力更强，更为直率。他们如果生气就会打一架发泄出来，之后就没事了。他们并不记仇。”

我们很容易认为，只有女孩在面临失败和拒绝的时候会感到痛苦，其实，男孩也会。当男孩对痛苦忍无可忍时，他就会采取行动。他随时都可能切断所有与外界的积极沟通，错失情感成长的良机。饱受情绪困扰的小男孩，会长成愤怒而孤僻的青少年，并且可以预见，他最终会成为孤独而忧郁的中年男人，这不令人担心吗？

那么，男孩需要怎样培养对情绪的认知呢？答案是明确的，他们需要掌握描述情感的词语，学会更多表达情绪的方式，而不只是通过发脾气和攻击他人来发泄。他们应该在家里和学校里得到理解和共情，也应该得到鼓励，向他人表达理解和共情。这样，他们才能逐渐建立道德感和良知。

对亲密联结的情感需求，男孩一点儿都不比女孩少。他们在一生中，特别是在青春期，需要一份亲密关系为他们提供支持，使他们从强烈的消极情绪中存活下来。最重要的是，男孩需要一位有着丰富情感的男性作为生活中的楷模。他们不仅要从母亲和其他女性身上学习情感认知，更需要从父亲和其他男性那里学习，因为他们必须为自己打造符合男性身份的语言风格和生活方式。他们必须亲眼看到并相信：情感，也属于男性的世界。

捉弄与嘲笑：被困住的男孩

丹与马里奥、罗比等孩子的谈话

在一个长方形的小房间里，我和8名七年级男生坐在一起。这个年龄的孩子可以说各不相同。其中一个叫马里奥，他比别人都高，身体发育得更成熟，显然已经进入了青春期。他的头发又黑又长，前面几绺斜搭在额头上。在我年轻的时候，这个发型一定是理发师剪坏了的结果，但在马里奥和他的同伴眼里，这就是时尚。

另一个男孩叫杰克，是马里奥的朋友。杰克的个子看上去要小很多，他有一双机灵的蓝眼睛，一头金发又细又软，会给人留下天真无邪的第一印象。但杰克并不简单，能言善辩，机智诙谐，这也是他在群体当中最突出的优势。在这群男孩中，虽然高大的马里奥有时候也能说了算，但是更多时候，掌握领导权的是小个子杰克。

另一个男孩叫罗比，是这次谈话的核心。罗比的个头在马里奥和杰克的之间。他胖乎乎的，并不像其他几个男孩一样看起来擅长运动。他深棕色的头发好像从来没梳理过，身上的衣服也皱皱巴巴的，好像前一天晚上穿着睡觉似的。

这几个男孩来我这里并不是为了集体治疗，至少不是传统意义上的治疗。他们当中没有任何一个人被诊断出有特别的情绪问题，而且也都不是所谓“坏”孩子、差等生、捣蛋鬼，他们的学习成绩都还不错。总之，他们没什么不寻常的表现。

但是，“没什么不寻常”，正是他们来我这里的原因。

在这所学校，恶意捉弄和嘲笑同伴已经变成了一件寻常事，大家都见怪不怪了。这几个孩子就是典型代表，因此校长专门把他们挑出来与我谈话。

在捉弄嘲笑这件事上，他们几个扮演着不同的角色。杰克通常是攻击者，一旦他发现某个同学身上的缺点，不论这缺点是真是假，他马上就会抖出来，比如起个相关的外号。他利用一切机会大做文章，并且争取更多人来参与这项“娱乐”。马里奥是杰克的死党，他高大的身材配上杰克机敏狡猾的头脑，他们简直就是班级里的无敌组合。其他男生经常被夹在中间，一会儿成为靶子，一会儿又变成攻击者。就像丛林法则一样，强者才能生存。有一小部分男生是经常被攻击的目标，罗比就是其中一员。有一天，他因为数学测验没及格，被其他男生嘲笑了一番，哭着跑出了教室。

我想引导他们一起讨论一个话题：捉弄和嘲笑，是否会对人造成伤害？

一起来的还有詹姆斯和欧内斯特，两人是好朋友。我先问他俩：“你们觉得嘲笑别人有什么不好吗？”

詹姆斯说：“没什么不好啊！我天天都嘲笑欧内斯特，他也嘲笑我，可我们还是好朋友啊。”

“你们都互相嘲笑什么呢？”

“怎么说呢，比如我会嘲笑他的鞋。”这时候大家都看向欧内斯特的鞋，那是一双朴素的老式平头鞋，男孩们都笑了——显然他们都明白笑点在哪里。大家一笑，詹姆斯的底气比刚才足了不少：“你看，这鞋也太土了！这鞋是他家自己做的，是他爸爸给他做的。他们家所有人都穿自己做的鞋，连他姐姐都是。”

“欧内斯特，詹姆斯这样嘲笑你的时候，你会很生气吗？”

欧内斯特说：“我的鞋不是自己家做的，我喜欢我的鞋。”

詹姆斯说：“好吧，可是这鞋太像是木头做的了。”

欧内斯特说：“金德伦博士，你知道吗，詹姆斯的妈妈每天给他带的午饭都是奶酪三明治。你知道为什么吗？因为这些奶酪是领救济领来的，放在家里太多了，所以天天拿来给他当午饭。他妹妹可以吃麦当劳什么的，可他只能吃奶酪三明治。”

“好了，其他人怎么看？朋友之间这样相互嘲笑，合适吗？”

杰克说：“还好吧，多好玩呀，没人会真的介意。”

“要是真的过头了呢？要是有人真的不高兴，觉得被伤害了呢？”

大家沉默了，你看看我，我看看你。

尽管我相当了解男孩，但在那个时刻，我还是很吃惊，这些男孩竟然一点儿都不知道自己的言语和行为会对他人造成怎样的影响。

我补充道：“捉弄和嘲笑，有时候的确会伤害别人，对吗？”

有几个男孩表示同意。

“那么，怎么才能知道自己是否伤害了别人呢？就拿罗比来说吧，那天你们都在场，你们有什么看法？”

又是一阵沉默。男孩们面面相觑，对我的问题一头雾水。他们并不是不想回答，而是真的不知道该怎么解读罗比的感受，他们甚至觉得根本没必要去解读别人。

最后，一个叫兰迪的男孩回答了我的问题。兰迪属于班里的中立者，他对自己的回答显然信心不足，但这已经足以让他成为本次讨论中最有见地的思考者。兰迪的回答是一个问句："是不是说，如果有人哭了，那就说明玩笑过头了呢？"

"太对了！但是，如果在把别人弄哭之前，我们就能停止嘲笑，是不是更好呢？难道只有看到有人哭了，我们才能知道自己做得过头了吗？还有什么办法，能提早发现自己可能会伤害到别人呢？"

男孩们再一次沉默了。这对他们实在太难了，即使那几个上课时对老师的提问对答如流的孩子，这时候也一筹莫展。他们坐在椅子上局促不安，想说些什么来打破僵局，但是没有成功。他们被困住了。

在这个年龄段，如果一个男孩不会写字或者不会阅读，那么身边的每一个成人都能清楚地意识到这个男孩需要帮助。然而，却没有人注意到在男孩群体中普遍存在着"情感文盲"。除非是发生了极端事件，比如校园枪击、醉驾被捕或者自杀，这个时候人们才去关注男孩的情感需求。成人应当扪心自问，难道只有看到有人哭了，或者悲愤地跑出去了，或者撞车了、杀人了、自杀了，我们才能开始反思是否出了问题吗？才去关注男孩是否受伤了吗？

我们还应自问，为什么有这么多男孩丧失了情感认知的能力？为什么他们如此漠视他人的感受？是什么把男孩隔绝在情感世界之外？

男孩跟女孩一样都有情感潜能

母亲们在描述儿子的问题时，最常见的解释就是："我的儿子很敏感……"显然，这里的潜台词是大多数男孩都是不敏感的，偏偏因为自己的儿子敏感，所以他才与别人不太一样。这种认识来自我们的文化施加的影响，然而事实并非如此。所有的男孩都有情绪和感受，只不过人们不以为然，而男孩们自己也经常表现得不以为意。但是，每个男孩天生都具有全面感受情绪的潜能。

研究人员比较了男性和女性对情感的认识能力、理解能力和表达能力，结果显示，男性总是落后于女性。如果同时向男孩和女孩出示一系列表情各异的面部照片，通常情况下男孩识别情绪的准确率会更低。我们在心理治疗过程中听到的女性对男性最多的怨言，就是男人们总是漠视别人的感受，看不到别人的情感需求。许多男性也同意这个结论，他们不太愿意接近那些情感丰富的人或事。然而男人却并非天生就缺乏理解情感、表达情感的“神经”。事实上，研究发现，新生男婴情绪反应比女婴更为活跃，比如当感到不满或不安时，男婴比女婴更容易哭。

尽管男孩在婴儿时期经常表达情绪，但是随着年龄的不断增长，男孩对情绪的表达越来越少（愤怒是个例外）。要是你观察男孩在日常生活中的反应，或是让他看一部感人的影片，会发现情况的确如此。莱斯莉·布罗迪（Leslie Brody）是研究性别差异的权威，她将这种情况描述为“成长性换位”，即随着年龄增长，男性越来越喜怒不形于色，而女性则相反。

男孩们对情感的表达越来越少，但是这一定意味着他们的情感也越来越少吗？

研究发现，男性体验到的情感一点儿都不少，甚至可能比女性体验到的更强烈。研究者测量了情绪产生时男孩和女孩的心率和皮肤电阻（手掌会出汗），结果显示，男孩与女孩的反应相比没有明显差异；即使有细微差异，也是男孩的情绪体验更高，而非更低。其他研究结果也表明，男孩在激动的时候情绪管理能力不如女孩。亚利桑那大学的理查德·法布斯（Richard Fabes）和南希·艾森伯格（Nancy Eisenberg）做了一项有趣的实验，实验对象是学前班和二年级的男孩和女孩，研究者通过扬声器播放一段婴儿的哭泣声，监测孩子们的心理和行为反应。具体地说，研究者所关注的是孩子们是会选择关掉扬声器（这样就不用听到哭声了），还是会按照大人此前教的方式去安抚婴儿（通过扬声器跟婴儿讲话）。

结果如何呢？很少有女孩关掉扬声器，她们没有为哭声所困，而是努力地安抚婴儿。而研究者通过心率的数据发现，婴儿的哭声让男孩更为紧张，他们的反应是赶紧关掉扬声器。这些情绪低落的男孩对待婴儿的态度也更为粗鲁（例如对着扬声器说“闭嘴”），只有一小部分男孩试着去安慰婴儿。研究者得出结论，孩子越是容易对他人的情绪感到紧张，就越有可能采取回避的态度。换句话说，不善于管理情绪的孩子，常常忽视他人的情绪信号。

归咎于男性的生理因素？答案并不如此简单

1998 年阿肯色州琼斯博罗校园枪杀事件发生后，一位记者向我们提出了“先天遗传与后天教养”的问题：男孩的暴力行为到底是遗传因素导致的，还是后天养育环境造成的？记者认为，男孩更倾向于使用暴力，是因为他们的先天基因。当然，男性荷尔蒙的确存在，而且每个男孩都有。但我们认为，过度热衷于讨论生理原因，将误导我们忽略那个更重要、更紧迫的问题：如何在现行的文化中养育男孩？

我们编了一个段子来回答记者的问题：一位著名的心理学家仔细研究了先天遗传与后天教养的关系，在翻阅了所有相关文献后，最终得出结论：先天遗传以 53% 比 47% 的得分胜出。记者笑了，她听出这只是一个段子，但也明白了其中的含义——我们的所作所为，都同时受到先天和后天的双重影响。随后我们又问她，为什么想要把罪名全都加到生理因素头上。她停了一下说：“大家都想找到简单的答案嘛。”

然而，无论是爱还是恨，人类的行为从来都找不到简单的答案。毋庸置疑的是，任何一个行为都会受到多重力量的影响，这些力量既来自自身的生物性，又来自外界的环境。在这个问题上，“先天遗传与后天教养”的争论偏离了重点——复杂性。

关于先天与后天，当今的神经科学明确指出两者不是对立的关系，先天遗传与后天环境相互影响、密不可分。现在，人们广泛认识到环境因素可以影响我们的大脑结构。一个极端的例子是一位患者因为严重的心理创伤，身体长期释放应激激素，结果应激激素对大脑的某些部位造成了生理性改变，进而影响了他的行为。换个角度看，大脑的功能可以通过优化环境而得到增强。例如，孩子处在文字和语音丰富的环境中，这样的环境可以塑造他的大脑（刺激产生新的神经元），孩子的阅读能力可能得以提高，甚至高出遗传先天预设的水平。

总之，遗传并不能决定命运。

当然，男孩和女孩之间确实存在两个明显的生物性差异，而这两个差异将对他们的成长和行为产生影响。

第一个差异是语言能力（我们会在第二章进一步讨论）。普遍而言，女孩的语言能力成熟得更快：她们开口说话的时间更早，也更为流利。男孩之后会赶上来，但是在低年级阶段，女孩在语言方面的优势十分明显，这一点是家长、老师和研究者们非常熟悉的现象。

第二个差异是男孩比女孩更好动，动作更快，动的时间也更久。因此不难想象，好动以及好动的结果，影响着男孩自身的每一次体验，也影响着人们对于男孩的印象。

除此以外，很多成长中的差异都不能明确地归结于先天因素。在人们的印象中，男孩在数学方面的优势似乎很明显，但是究其原因，也不能简单地归功于男孩基因。在许多研究性别差异的数学测试中，女孩的成绩反而略好一些。

通常，当有人发现不同性别之间存在大脑功能或生物化学方面的某种差异时，人们都会很激动。假如一位研究者通过大脑成像发现，在韵律游戏中，男女大脑的兴奋区域略有不同，那就会成为头条新闻。但是当另一项同类研究发现在游戏中其实并不存在性别差异时，媒体便不会报道，因为这一发现不具有新闻价值。对性别差异的过度关注误导了我们对现实的认识。如果一定要对性别差异的研究成果做一个总结的话，那就是男女之间的相同点远多于差异。

科学研究所展示的关于性别差异的发现确实激动人心，但这些信息在向大众公布的过程中经常会被误读和误传，或者被处理得过于简单化。这些不准确的，甚至是错误的信息，被我们当成了关于男孩的真理。

例如，如今流行用“雄性激素”来形容男性，一说起男孩的表现，往往答案就是它。一位家长告诉我们，她的两个儿子“总在打架”，但她认为干预是徒劳的。“肯定是雄性激素的作用。”她耸耸肩说。一位体育老师谈到课堂上那些不听话的学生时说：“他们只是一群雄性激素过剩的男孩。”

然而，雄性激素享有的声誉远远超过了它的科学基础。最近一项研究是针对从即将步入青春期到青春期结束的男孩群体，该研究得出一项结论：没有证据表明雄性激素和攻击行为之间存在必然联系。再举一个例子，纽约市布朗克斯儿童精神病学中心测量了该中心暴力倾向最严重的男孩们的雄性激素水平。研究人员发现，这些男孩血液中的雄性激素水平并没有超出正常范围，而且与那些相同年龄、相同种族，但不具备攻击性的男孩相比，他们的雄性激素水平差不多是一样的。

虽然科学家尚未研究出雄性激素在出生前对大脑的影响，但是我们已经知道，无论是在青春期之前还是之后，血液中的雄性激素都不会引发攻击性。例如，在青春期早期，所有正常男孩体内的雄性激素都会大幅提高，但并不是所有男孩都会表现出攻击性。再比如，早在出生18个月时，我们就能观察到男孩的攻击行为要远远多于女孩的，这个现象会贯穿整个儿童期，但这是由雄性激素引起的吗？在10岁以前，男孩和女孩的雄性激素水平基本相当。

血液中雄性激素的水平并不是恒定的。虽然一个人先天会具有一定的雄性激素分泌基准，但激素水平并非固定不变的。激素水平在一天当中的变化相当大，最重要的影响因素就是一个人经历了什么事情。例如，研究表明，如果一个人赢了网球赛，或者哪怕只是下棋赢了，他的雄性激素水平都会上升并在一段时间内保持较高水平；相反，失败者的雄性激素水平则会下降。激素活动的典型特征，是根据周遭发生的事情做出相应的反应（雄性激素也不例外）。在很多情况下，雄性激素水平的升高，只是攻击性行为造成的结果，而并不是导致攻击性行为的原因。

来自人类学家的证据让“雄性激素导致攻击性”的说法进一步打了折扣。马来西亚的萨摩伊人是人们所知最和平的民族之一。在这里，男人之间从不互相攻击，丈夫从不殴打妻子，父母也从不责打孩子，孩子之间也很少发生打架斗殴的事，攻击、强奸和谋杀更是几乎闻所未闻。难道他们体内没有雄性激素吗？萨摩伊人认为攻击是危险的，攻击的念头甚至只是不友善的态度，都会增加自己患病或遭遇不幸的风险。因此他们的孩子从小就坚信正常的世界是没有暴力的。

在北美洲某些特殊的文化社群中也能找到相似的例子，比如美国的基督教分支教派哈特派信徒，他们的社群所拥有的和平程度已经达到令人惊讶的水平。350多年来，居住在自己社区内的哈特派成员从未杀害过其他社区的成员。

攻击性并非与生俱来的，而是后天形成的，这种状况在我们这个对攻击性冲动放任自流的社会中尤其明显。但我们仍有选择，仍然可以将男孩们养育成热爱和平的男子汉。

男孩就该被练成硬汉吗？

虽然“敏感体贴的男人”在当今受到越来越多的称颂，但是在大多数人心目中，传统的男子汉形象仍旧根深蒂固。过去的男孩喜欢模仿约翰·韦恩（John Wayne）或詹姆斯·迪恩（James Dean）。现在看来，他们就像是过时但仍旧精致的古董，因为如今的男孩看到的男性形象更为夸张：电影、电视和电脑屏幕上充斥着冷峻、暴力、无所不能的超人形象，媒体新闻中到处都是关于像原始人一样野蛮的职业摔跤手，因为一点儿小冲突就会扔下球棍冲过去痛殴对方的“冰球流氓”，身价数百万但官司缠身的职业运动员，以及怒气冲冲、吸毒而且不尊重女性的摇滚明星。

即使有些男孩不看暴力电影，也不玩带有血腥场景的电子游戏，但是他们在观看体育节目的时候，仍然躲不开商业广告的侵蚀，这些广告所传递的信息是：真正的男人，都是开着越野卡车、豪饮啤酒的铁血硬汉，没有哪个男人会内省自己的情感，更不会表达共情。

当有某些不寻常的事件发生，孩子的行为引起了父母和老师的担心时，我们经常受邀到学校与学生交谈。有一次讨论的主题是酗酒，因为在这所学校的高中男生中，周末酗酒问题的严重程度已经一再刷新历史纪录。男孩们公开谈论宿醉、逃课、打架、醉驾以及滥交等行为，并不认为这些事有什么大不了的。而且，他们还会颇为自豪地谈论自己的酒量。

我们的文化刻意筛选出某些男性特质（比如体能、勇气、好奇心和行动力）加以放大，结果将这些特质扭曲为对男性严酷而危险的定义。

这种被曲解的男性观念，会对男孩的生活态度造成不良影响。在一项全国范围的男性青少年调查中，研究人员们采访了一个庞大的代表性群体（15—19 岁的男孩）。该调查开展于艾滋病危机早期，主要针对有风险的性行为，例如询问男孩们是否使用安全套。为了解男孩们在多大程度上信仰“大男子主义”（包括力量、坚忍、刚强以及控制女性等），研究人员调查了男孩们对下列说法的认可度：

- 作为男人，赢得他人尊重是至关重要的。
- 如果男人谈论自己的麻烦，就会失去别人的尊重。
- 年轻男子就算个头不够高，也必须显得像一个硬汉。
- 丈夫不需要做家务。

调查结果显示，越是对这些大男子主义的观点表示认同的男孩，就越容易发生酗酒、吸毒、性行为不采取保护措施、辍学、诱骗或强迫他人发生性关系等问题。实际上，男孩之所以发生不采取保护措施的性行为，最重要的影响因素就是坚信“超级男子汉”的传统观念。这种观念就像咒语一样控制着男孩的心灵，不论他们住在城市还是乡村，不论他们的家境是贫还是富，也不论他们的肤色是深还是浅。

流行文化固然是危害男孩的因素之一，但是，对男孩的情感误导在更早的时候就开始了，并且这种误导与家庭的关系更大。父母、亲属、老师以及与男孩一起工作、一起生活的其他成人，从男孩很小的时候就开始教他如何为人处世。在“情感认知”方面，我们对男孩的教导经常南辕北辙，甚至会阻碍他们情感潜能的发展。当我们回应男孩，或者教导他如何回应他人的时候，总在渗透着传统而陈旧的性别观念。这样一来，我们就有意或无意地阻止了男孩的情感成长。有学者专门研究了父母如何影响孩子的情绪反应模式，他们发现，很多父母甚至从孩子的婴儿期开始，就带着传统性别成见来区别对待孩子了。正因如此，父母给儿子提供的情感教育与给女儿的截然不同。

这个事实在很多不同的情景下都有相同的呈现。母亲会更多地与女儿谈论悲伤和痛苦，而与儿子则会更多地讨论愤怒。一项观察学龄前儿童说话的研究发现，女孩使用“爱”这个词的频率是男孩的6倍，使用“伤心”的频率是男孩的2倍，使用“生气”的频率与男孩的相同。我们认为，如果母亲能够在孩子小时候就向他解释自己的情绪反应，并且不打击孩子的悲伤、恐惧或愤怒等情绪，那么孩子就能更好地理解情感。研究显示，父亲比母亲更倾向于根据传统观念来教养儿子。就连年纪稍大一些的孩子，也会模仿父母的态度来对待弟弟妹妹：他们可以跟两岁的妹妹常常谈论情感，而跟两岁的弟弟却不会这么做。

下面描述的情景，代表着性别社会化最温和、最常见的方式：4岁的布莱德对周围的一切都要问为什么。对于布莱德的问题，妈妈是主要的解答者，因为她与儿子相处的时间比爸爸的更多。即使全家人在一起时，妈妈对孩子的语言回应也远比爸爸的多。尽管她努力对孩子的每一个问题都给予同等的关注，但是她并没有意识到（同很多父母一样），自己正在无形中牵引着孩子提问的方向。

例如布莱德问：“妈妈，开车时为什么我要坐在儿童座椅上，而你不用呢？”妈妈会解答儿童座椅如何保证安全，并解释这是法律规定，乘车不坐儿童座椅属于违法行为。这样全面认真的回答，对布莱德的提问显然是一种无形的奖励，布莱德因此也会在类似的情景中再次提问。

但是在公园里，当布莱德指着一个正在哭的小男孩，问妈妈为什么他在哭的时候，妈妈的回答却既简短又敷衍：“我也不知道为什么，反正他就是在哭。快点儿走，这样盯着别人看是很不礼貌的。”

一方面，妈妈可能真的不知道小男孩为什么哭，她教儿子要懂礼貌、不要盯着别人看，也是合情合理的。但是另一方面，她的回答简单乏味，没有实质性信息，更没有奖励性，这在无形中阻止了布拉德进一步去思考“为什么人会哭”或者“什么事会让这个孩子哭”。同时，妈妈急着结束对话的态度，也传递出她自己对这一话题的不安。男孩会经常从父亲那里感受到这种不安，因为父亲经常躲闪和回避有关情感的问题。

但是父母与女孩的交流方式是另一个样子。研究显示，当女孩问及关于情绪的问题时，母亲会给出更详细的解释，更可能和女儿一起推测情绪背后的原因，认同甚至加强女儿的观点："是的，亲爱的，他看起来很伤心。也许他摔疼了，也许他的玩具丢了……你觉得呢？"女儿由此得到的信息是：关心别人的感受是对的。于是，她对别人的关心和同情就会得到加强。

男孩们则常常会经历这样的情感引导：

> 6岁的杰克随家人一起搬进了新家。二楼没有那么多房间，3个孩子中有一个必须独自住进一楼的卧室。最后，被指派到一楼的不是8岁的姐姐凯特，也不是4岁的妹妹艾米，而是杰克。
>
> 杰克表示不愿意自己在一楼睡觉，但是爸爸说："你是大男孩了，没问题的，你的姐姐和妹妹自己住会害怕的。"

男孩表现出正常的愤怒或攻击性，或者他们变得沉默寡言，我们会觉得这可以接受。但是，如果他们表现出正常的恐惧、焦虑或悲伤（通常被视为女性情绪），那么周围的成人通常会认为这不是男孩应有的情绪。

男孩，你为何如此痛苦？

在《圣经·创世记》中，该隐因嫉妒自己的兄弟亚伯而杀死了他。这不仅是一则有关手足相争的故事，它还蕴含着深远的寓意：男孩渴望得到关爱和尊重，在蒙羞受辱的时候，他们的反应更倾向于愤怒并诉诸暴力，而不是通过思考和沟通来解决问题。这在很大程度上反映着当今社会男孩们的情感状况。

《圣经》中的这个短篇故事，开篇非常简洁：兄弟俩都渴望取悦上帝，各自献上了供物，该隐献上了自己在田间辛苦劳作收获的水果，亚伯从自己的羊群中挑选了一只上好的羔羊。上帝对亚伯的供物满意，却丝毫没有留意该隐的供物。《圣经》中没有解释上帝为何对两个人的礼物做出如此不同的回应，但该隐认为自己受到了羞辱。在故事中，该隐看起来非常难过（“他脸色大变”），然而他对自己的感受只字不提。

上帝尖锐地质问该隐：“你为何如此痛苦？为何脸色如此阴沉？”上帝的意思是让该隐忘掉这件事，并且严厉告诫他要振作起来，去做应该做的事。该隐保持沉默，但显然因为这样的责备而在心中感到深受伤害。他怒火中烧，随后将亚伯拖到田间，将其杀害。上帝知道了该隐的杀人行为后，问他亚伯在哪里，该隐回答说：“我不知道，我又不是他的看护人。”上帝揭穿了他的谎言并将他驱逐，把他流放到远离家园的地方，剥夺了他所有的希望。面对自己的行为带来的无法挽回的后果，该隐懊悔不已，放声痛哭：“如此重罚，我无法承受！”虽然上帝在该隐身上做了标记，可以使他在流放中免受人身伤害，但由于家破人亡，该隐还是愧疚终生。

在这个故事中，有两个重要人物没有出现：亚当和夏娃——该隐的生身父母。该隐本可以同父母谈一谈这件事，或者从父母那里得到忠告和安慰。正如艾利·威尔索（Elie Wiesel）在《上帝的信使》中所问：“难道他们（指父母）不曾劝慰两兄弟？不曾冷静而坚定地向他们解释应该如何生活，尤其是如何在一起生活吗？”

该隐的故事讲述了每个男孩都有的，取悦他人（尤其是父亲）的渴望，以及情绪管理不善而导致悲剧收场的因果关联。该隐因为上帝的拒绝而感到失望和羞耻，因为觉得没有得到尊重而愤怒，他用沉默压抑着内心的狂澜，没有反思，更没有共情，最终在愤怒的操纵下做出了冲动行为。这也是当今社会男孩们的真实写照。

对我们而言，该隐的故事与当今社会男孩的内心生活形异而质同，许多男孩远离自己的情感，并对他人的感受漠不关心，只能默默承受情感贫瘠带来的苦果。

在该隐杀死他的兄弟前，上帝提醒他："罪恶已经来到门外，正准备向你进攻，但是你依然可以成为它的主宰。"假如该隐拥有足够的内心资源，包括情感认知、共情以及道德的勇气，他就能在那个时刻控制自己，事情的结局也将截然相反。但是，该隐没有接受过情感认知教育。而时至今日，大多数男孩也缺乏同样的教导。

呵护男孩的情感生活

作为心理治疗师，我们在工作中遇到很多遭遇过重大不幸的男孩（亲人离世、重伤或者罹患重大疾病），但他们恢复了正常生活，并且为自己的未来而不懈努力。我们也见过其他一些人，仅仅因为一天生活的不顺就彻底崩溃。能够克服逆境的男孩和那些被逆境打败的男孩，他们之间的区别可以归结为面对挑战时，他们的内心调动了什么样的情感资源。

男孩经常选择最喜欢的老师或教练作为自己的情感导师。但是，在认识自我方面，在情感认知的学习意愿上，父母对孩子的巨大的影响力是无可替代的。

父母可以通过自身的言行向孩子示范情感的联结与共情，可以倾听男孩的感受而不妄加评判，可以了解男孩面临的问题而不指手画脚。我们必须明白这样一个事实：每个男孩都有自己的内心世界，他们的感情也是丰富的。每个男孩都很敏感，每个男孩都会受伤。可怕的是，许多成人有意无意地不肯承认男孩在情感上也有脆弱之处。只要承认这一事实，以此来推进我们作为父母和老师对男孩们的情感教育，我们就可以在他们遭遇生活阴影的时候，为他们点燃一盏指路明灯。

他们是我们的儿子，如果我们能教会他们尊重和珍惜自己的内心感受，如果我们能教给他们描述情感的词语，并鼓励他们去使用这些词语，他们就会敞开心扉。

小结

1.“男子汉要坚强”的传统观念否定了男孩与生俱来的丰富情感，男孩也有敏感和脆弱的一面，父母和老师应该增加对男孩情感认知的培养。

2. 不能简单地将男孩的冲动与好动归咎于男性的生理因素。先天因素与后天养育在男孩成长中相互影响，密不可分。

3. 父母可以通过教男孩描述情感的词语，并鼓励他们使用，以此向男孩示范情感的联结，注意倾听他们的感受等方式，引导男孩敞开心扉。

第二章

玫瑰上的刺：

教育初期男孩的苦恼

我喜欢小孩，男孩除外。

——刘易斯·卡罗尔《爱丽丝梦游仙境》

（Lewis Carroll, *Alice's Adventures in Wonderland*）

小学的前两年是打造学习生活的关键期，但是男孩的认知能力比女孩的发展得晚一些，身心都未做好准备，在学校处处不适应，常常产生挫败感。许多男孩在小学初期学习状态不好，后来一直提不起学习兴趣，也就谈不上学有所成。尽管有些男孩后起追上，但早年学习生活中产生的情感创伤也难以愈合。

幼儿园里，阿尔瓦雷斯女士的早读课开始了。15 个孩子在教室舒适的一角围坐下来，等着她开始读书。在这群孩子里，有 6 个男孩，9 个女孩。

女孩们肩并肩坐着，有的盘着腿，有的双手放在膝上，有的满怀期望地安静等待，有的在愉快地聊天，她们都等着阿尔瓦雷斯老师准备好就开始读书。女孩们身后坐着一个男孩，他叫丹尼尔，他和女孩们一样自在而惬意。丹尼尔是班里书读得最好的孩子，无论在家还是在幼儿园，他每天都要在书堆里泡上好几个小时。对他而言，早读课是一天中最美好的时光。一个小女孩告诉幼儿园的来访者："我们班里的所有女孩都会读书，但是几乎所有男孩都不会，只有丹尼尔会。"

离丹尼尔几米开外坐着 4 个男孩，状态全然是另一回事。贾斯汀靠着威尔的胸口，威尔趴在巴希尔的肩上，巴希尔压着瑞恩，瑞恩努力撑着所有人。很奇怪，这个看着马上要摔倒的姿势居然没倒，就好像定格住了。男孩们安安静静地叠着罗汉，等老师开始读书。他们已经尽量在遵守秩序了，老师也知道，但是她还不能开始，他们还要等克里斯托弗来。

老师刚才摇铃的时候，克里斯托弗在玩七巧板。送还七巧板的路上，他的手指划过黑板，在粉笔字间留下了一道完美的绿色弧线。放下了七巧板，他又停在玩具厨房前摆弄起塑料的玩具梨和玩具番茄。这会儿，他正站在书架前，漫不经心地从塑料盒里挑着水彩笔。

"克里斯托弗，你能加入我们了吗？"阿尔瓦雷斯老师问道。克里斯托弗停下手上的动作，看了看老师，却没有走过来的意思。

“克里斯托弗，我们都在等你呢。”老师的语气更加坚定了。克里斯托弗犹豫了，他放下水彩笔，往大家这边走。这时男孩们终于撑不住阵形了，开始像多米诺骨牌那样一个接一个地倒下。贾斯汀倒向威尔，威尔想把他推倒在地上。

“威尔，不要推贾斯汀。”阿尔瓦雷斯老师说。

威尔抱怨道：“可是他压住我了。”

“贾斯汀，请你坐起来，离威尔远一点儿。威尔，你现在不用推他了，让他自己起来。克里斯托弗，大家都等着读书呢，请你过来好吗？”

克里斯托弗慢吞吞地走过来坐下。这时巴希尔又出了状况，他躺下来盯着天花板，其他人只能看到他的膝盖和鞋子。“巴希尔，你可以像其他人一样坐起来吗？”巴希尔爬起来重新坐好。“好了。”阿尔瓦雷斯老师说，“现在我们开始读书。”

尽管这个过程只需要两三分钟，但是贾斯汀和克里斯托弗或多或少破坏了早读课的兴致，他们每天都要耽误一些上课时间。性别差异此时显露无遗：女孩们也活跃热情，但是克制得多，她们能很好地遵守课堂纪律；让男孩们安静地坐一会儿，可就难多了。

男孩的表现对女孩有何影响？当丹尼尔和女孩坐在一起耐心等待的时候，当他发现自己没有跟其他男孩打成一片时，他会怎么想？那些挤在一起的男孩，还有爱走神的克里斯托弗，当老师责怪他们不守规矩的时候，他们会学到什么？很多母亲回想起儿子上学的日子，总是说：“我儿子特别好，但他总是被老师找去训话。”男孩究竟是怎么回事？这些问题一直困扰着老师和父母，也一直是学校最关注的话题。

近年来，公众在讨论校园公平的时候，几乎将全部注意力都放在女孩身上，认为现在的教育体制有“重男轻女”的迹象。一些关于女孩的担心是对的，但是有些讨论把男孩放在女孩的对立面，这让我们感到不安。比如，“如果女孩在学校受苦，那么男孩就是在享福”，这种假设竟然无人质疑。很多研究和统计数据都与这种假设背道而驰，从我们在学校或私人治疗室面对男孩和男人的工作经验来看，这种假设也不能成立。

一个男孩从进幼儿园开始，到上完六年级，每年要在学校度过一千多个小时，他的学习体验和教职人员的态度对他有着深刻的影响。小学阶段的学习往往以阅读、写作和口头表达能力为主。通常来说，男孩的认知能力比女孩的发展得晚一些，因此这种学习要求对男孩来说挑战不小。在认知发展曲线上，个别男孩会处于领先位置，个别女孩比较落后。但就平均水平而言，男孩在教育初始阶段确实处于不利地位。

多数小学是女性环境——无论是教师还是行政人员都以女性居多。这对男孩并不是什么好事。男孩天性好动，难以控制自己的冲动。有个男孩在一年级的第一天上完学后回到家，失望地说：“不让我做任何事！”他所苦恼的当然不是不能做“任何事”，而是不能做他喜欢的事，比如跑步、投掷、摔跤、攀爬等，这些在教室里都是明令禁止的。因此，男孩之于学校，就像刺之于玫瑰花。他是异类，是次要的，有时是令人不悦的存在，而且他对此心知肚明。

我们和一位三年级老师交谈。男孩们都服她管教，都喜欢她，我们想知道她的看法。当我们说到“学校可能是一个女性场所”时，她不太同意，回答道：“学校不是一个女性场所。它是一个人类场所，一个文明场所，只是女孩适应起来更容易一些。”

在她美好的意愿中，学校的教学要求和教学方式应当为男孩和女孩提供同样的成功机会，但事实上女孩更容易适应。这意味着学校的环境更符合女孩的能力发展和情感需求。

因此，纽约市艾伦·史蒂文森男子学校的校长大卫·特罗尔才会说：“如果说需要有一种单性别的成长环境来保护男孩，首选是男子小学。因为在小学阶段，男女认知发展的差异尤为明显。”

我们并不是在暗示男孩是好的，学校是坏的，也不是说老师不关心男孩。正相反，我们恰恰是借助了许多充满关爱和创造精神的老师，才能了解男孩的学习困难。这些老师日复一日帮助男孩们走出学习困境，这是有目共睹的。此外，有的男孩天赋异禀、学习能力很强，这一点我们知道。但我们想要探讨的是后天环境而非先天因素，探讨男孩在成长中是怎样形成复杂的情感的，又是怎样化解情绪的。因此，我们不可避免地要谈一谈最初几年的学校生活对男孩造成了哪些隐形的伤害及其后果。

一项学龄儿童成长跟踪研究表明，孩子到三年级的时候就建立了一套学习模式，这套模式将影响他未来全部的学习生活。我们在男孩身上清晰地看到了这一点，小学的前两年是打造学习生活的关键期，但是男孩们此时身心尚未做好准备，在学校处处不适应，常常产生挫败感。许多男孩在小学初期学习状态不好，后来一直提不起学习兴趣，也就谈不上学有所成。尽管有些男孩后起追上，但早年学习生活中产生的情感创伤也难以愈合。

卡尔是一名公司顾问，他工作很忙，很少出席两个儿子在学校的集体活动。他既无法提早下班来参加五六点钟的晚会，更不可能请假出席学校的戏剧或合唱活动。虽然老师们尽量照顾他的日程来安排家长面谈会，他依然会临时爽约。

卡尔想做一个尽职尽责的好父亲，但是他对学校这些应酬很不耐烦，甚至有点儿无所适从。在妻子的强烈要求下，他带着尽义务的态度去了，却对老师充满敌意，让大家都不舒服。最后，妻子说以后不必劳驾他了，但她的怒火却与日俱增。

有一次妻子跟卡尔吵得很凶。卡尔后来回忆说，他妻子怒气冲冲地说他不关心儿子的学习。他没想到妻子会这么说，更没想到他自己的回答，不是说工作忙，甚至与孩子无关，而是他对学校的感受——在他心里憋了 40 多年的羞辱、憎恨与愤怒。

“我一走进教学大楼就憋得慌。”他后来解释说，“我对这里没有一点儿好感。我小时候在学校很不开心，很多事情都做不好。我从学校里唯一学到的，就是对别人来说很重要的事情，对我来说一无是处。现在，在我眼里，墙上那些花花绿绿的涂鸦并不能改变这个事实——学校是一个让孩子受苦的地方。让我假装若无其事地坐在那里，与那些难辞其咎的老师们说着客气话，这简直让我生气。那些心胸狭窄、顽固自大的人，认为他们有资格坐在那里对孩子指手画脚，对父母说三道四。他们没有这个资格，太虚伪了。”

卡尔的两个儿子都是优等生，他们的老师既有才华又热情。但是这么多年来，卡尔内心的伤痛与愤怒并没有随时间流逝而平复，也没有因为事业有成而得到修复。当卡尔走进教学楼的时候，48 岁的他仿佛又回到了 8 岁。

无数男人给我们讲过同样的故事，无论后来是成功还是失败，学校生活对他们而言都是一场痛苦的耐力测试。

我们见证过男孩的这种挣扎。有的男孩刚到三年级就几乎放弃努力了，开始把重心转到校外。他们觉得在学校里怎么做都是错，就连成绩好的男孩也觉得学校没什么人情味儿。他们花了时间，费了心思，取得了好成绩，却觉得学习没什么意思，到头来和其他男孩一样，在最好的时光里白白浪费了潜质。

两千多年前，贤士希勒尔忠告说：“如果一个人总是担心会遭到羞辱，他怎么能专心学习呢？”今天，很多男孩刚刚启蒙就尝尽羞辱，充满焦虑；他们只学到自惭形秽以及憎恨，憎恨这一切的缔造者——学校。这些男孩甚至还没来得及学会写字，就因为讨厌学校生活而陷入了泥沼。

男孩眼中的学校与老师

迈克尔谈艾伦

艾伦的妈妈打电话给我，她说正在读六年级的艾伦遇到了麻烦。他表示讨厌好几个老师。尽管他非常聪明，但是几门功课的成绩从A降到了B，再从B降到了C。他似乎跌到了学习生涯的谷底。更糟的是，他大肆发泄对学校的“仇恨”。从幼儿园开始他就时不时发一顿火，到了六年级变得越来越频繁。艾伦看起来情绪经常愤怒阴沉，一位老师建议他做个心理测试，最好再做做心理治疗。老师跟艾伦的妈妈说，他担心艾伦会患上抑郁症，他妈妈便找到了我。艾伦家离波士顿很远，他无法来我这里做定期的心理治疗。但是我可以跟他见一面，听听他的想法。

我后来才知道艾伦其实不愿意见我。但我们见面那天，他并没有流露出丝毫不情愿。艾伦12岁，脸上长着几颗雀斑，笑起来很灿烂，身材像运动员一样矫健。这就是典型的12岁男孩的样子。他彬彬有礼，有问有答，但是关于学校的问题，他的回答总是小心翼翼。既然老师是他最近的愤怒点，我们的谈话就从老师开始。我问他喜欢哪些老师，不喜欢哪些老师。

他谈起四年级的一位老师：“她脾气很好，人很幽默，很少大喊大叫。”

他说他不喜欢去年来给他们上课的社会学老师。在艾伦的描述里，她总是凶巴巴的样子。艾伦还说：“一点儿小事她就冲我发火。”

“比如？”

“很多。比如我上课忘记带铅笔了。还有，我不太记得……想起来了，我们去外面参观的时候总要带上观察记录册。有一次去博物馆的时候，我的小册子掉到了博物馆门外的喷泉里，就是诸如此类的小事。”

“她对其他同学也这样吗？”

"嗯，一般来说，她对我们男生比对女生凶，我猜因为男生总是捣乱。我觉得她不喜欢我，我们合不来。"

艾伦又谈起其他他认为不喜欢他的老师，比如二年级时的一位老师。艾伦在二年级的时候，他的拼写障碍越发严重了，那位老师说要是他拼不对单词就别想着写诗。

"你怎么知道老师是不是喜欢你呢？"

"我知道，喜欢我的老师不会随便对我发脾气，他们会很亲切。比如克拉克森先生，他关心我，有好多东西我都想跟他学。"

我们讨论了艾伦想学的"东西"、他最喜欢的几个老师，以及他喜欢他们的哪些品质。然后他就不愿再谈下去了。为了更深入了解一些，我把话题从艾伦自己的感受上移开，问他一些普遍性问题。

"老师都是女老师，男生们觉得这是个问题吗？"

"我们已经习惯了。"

"男生是不是更喜欢男老师？"

"是的。他们更理解男生，他们知道我们要说什么。"

"女老师在哪些方面不理解男生？"

"我们不喜欢别人对我们发脾气。"

艾伦的话一语中的：男孩不想被人呼来喝去，但生活中充斥着这样的事。

我想起一位图书馆的女管理员曾经感叹："大人觉得就该粗着嗓门跟男孩说话，因为他们总是那么'坏'。"

人们似乎觉得，只有朝男孩吼叫，他们才听得出你的不满。吼叫似乎不会伤害到男孩的感情，而女孩就不一样。我不同意这个观点，男孩被骂时显得满不在乎，是因为我们的文化不鼓励男孩表达难过情绪，但是他们真的会伤心。

我问艾伦他最喜欢学校哪一点，他果然说是运动。

"我知道这个问题可能有点儿蠢，但是为什么运动最有意思？"

“因为好玩啊。运动这件事，只要你努力练习就会变得很优秀……我想是吧。比如你要是喜欢冰球，你就能打好；你要是喜欢足球，你就能踢好。我天天都盼着体育课，体育课有点儿像持续时间更长的、有组织的课间休息，真正能让你玩出成绩来。”

“但是上课的时候也能学到好玩的东西啊，不是吗？”

“是的，但是跑来跑去比坐着有意思多了。我每天上午都得坐好几节课。美术课可以站着，科学课可以出去玩。”

他继续说了为数不多的几门他喜欢的课，还有他不喜欢的课。显然，不管艾伦的学校在制定教学大纲的时候考虑得多么周密，在艾伦看来，一门功课好不好，很大程度上取决于行动是否自由。能到处走动的就是好的，否则就是不好的。

虽然艾伦对学校的评价很不客气，但是他说出了许多男孩的心里话。从本质上来说，男孩们必须坐着度过整个上午，规规矩矩，照本宣科，不能嬉戏打闹，不能到处走动。这种感觉就像笼中困兽一般，他们自然会对老师和知识产生抵触情绪。

我以前在芝加哥南区给孩子们做心理治疗的时候，发现很多男孩在二年级的时候就已经力不从心了，他们的学习生活岌岌可危——而且因为黑帮已经盯上了他们，他们的人生也变得岌岌可危。学校不应该是这样，而应该是一个“中立地带”，在这里不需要家长权威与社区规定，成功与否由孩子自己说了算。这样的学校必然令人喜欢，学生在这里能够获得成功与支持。这样的学校便是孩子们的生命源泉，为他们注入源源不断的生命力。

对艾伦也是一样。即使他家教良好、家境富裕，要是学校过于控制学生并轻视其个人价值，那么艾伦是不会喜欢上学的。所以，还是那句话：男孩之于学校，就像刺之于玫瑰花。他是异类，是次要的，有时是令人不悦的存在，而且他对此心知肚明。艾伦目前就处在这个节骨眼上，他随时都有可能从精神上“飞跃”出学校。

活泼好动、精力旺盛是男孩“独特”的资产，但也让他们面临挑战

在五年级的木工课上，简老师发现男孩和女孩做手工的方式大不一样。每年，五年级学生都要从桥梁和弩炮两个模型中挑一个来做，这是木工课的第一个项目。女生们往往都会选择架桥，她们团结一致，彼此交流想法，画出草图，齐心协力认真动手；男生们通常会选择做弩炮，但是他们一开始并不合作。每个男孩都自我感觉良好，认定自己能造出一架可以投掷巨石的弩炮，并急于把这种想法付诸实施。他们既不告诉别人自己的想法，也不听别人的计划。他们把工具铺满了桌椅甚至地板，有时突然扑向某种材料，有时因被铅笔扎到或是被橡皮筋弹到而哇哇乱叫。他们因为太过匆忙，造出的弩炮往往不成样子，但他们看起来并不气馁。他们失败了好几回，也切磋了好几次，渐渐造出有模有样的弩炮了。然后男生们开始互相学习了，每个人都吸取了别人的经验教训，最后他们联手打造出了最好的弩炮。

一般来说，老师们很容易在第一个回合里就把男生批评一顿。跟女孩们安静且高效的工作风格相比，男孩们显得既聒噪又冒失。但是简老师却看到了男孩的特别之处——冒险精神与热情。这一点与女孩的执行力一样，对班级有着同样重要的价值。

大多数教育者尽力培养学生的责任心、爱心和学习兴趣，无论学生是男是女。但是即便是像前文提到的阿尔瓦雷斯女士那样关爱学生、信任男生的老师，有时也受不了男孩们的特立独行，或者希望家长换个招数管管男孩。女孩家长也会这么想。有儿子也有女儿的父母则常有同感：“你家也是吧，养儿子和养女儿，真是两回事！”

男孩的“独特之处”不见得是什么坏事，但肯定是一种挑战，是对老师、对学校，甚至对男孩自己的挑战。

男孩总是活泼好动，而且容易情绪冲动。他们的活力具有传染性，尤其容易传染给其他男孩。他们充沛的体力会转为旺盛的精力，喜欢冒险，就算会受伤或是挨骂，也在所不惜。不管最后被人说成勇敢还是鲁莽，男孩们往往不计后果就去行动。

男孩很直接，说话行事都很简单。由于他们的语言能力发展较慢，他们喜欢简单直白的幽默，喜欢不经商量就采取行动，比如他们不会去商量轮流使用水彩笔，而是会二话不说拿起笔就画。男孩因为情感成熟得晚，他们毫无保留地自吹自擂、欢呼或是抗议。他们一点儿也不想取悦别人，《皇帝的新装》中那个说“皇帝没穿衣服”的男孩就展现了男孩特有的坦率。

男孩需要认可自己是能干而有力量的，尤其喜欢正义、公平和善恶观等概念。蜘蛛侠、蝙蝠侠和忍者神龟代表着力量与行动的化身，男孩眼里全是这些英雄，他们从英雄身上看到了自己的理想：要高大而不要渺小，要当强者而不要当无助的小孩，要评判别人而不要被人说三道四，要做主人而不要做旁观者。

男孩与女孩一样，带着活力、好奇心和对成功的渴望开始了校园生活，但是这些天赋却呈现出鲜明的性别差异，这就是父母和老师的谈话给我们留下的印象。在这些富有游戏精神与想象力的孩子中间，有多少女孩会拿树枝或面包当枪使呢？有多少男孩会假装自己是一匹驰骋草原的漂亮野马呢？

男孩的天赋通常表现为精力旺盛、情绪冲动和充沛的体能，也就是“男孩力量”，这些天赋的价值取决于老师、男孩自己及所处的场合。有了这些特质，男孩在操场上如鱼得水，因为大胆与冲劲儿在操场上不仅是被允许的，而且还是受尊敬的。然而在教室里，女孩更遵守纪律，更愿意合作，学习能力也更强，此时男孩的天赋很快就从“资产”变成了“负债”。很多老师认为男孩（不光是问题男孩）要想获得学业的成功，那些上一秒钟还被当作天赋的活力、态度和行为，就成了需要他们去克服的问题。

性别差异：一个教室，两个世界

为什么在小学阶段，男孩的学习表现普遍不如女孩的呢？因为男孩和女孩存在着两个重要的生理差异。第一，男孩比女孩发育成熟得晚。第二，男孩虽然更活跃，但是控制冲动的能力比女孩发展得慢。这种成长速度主要由先天决定，父母和老师只能说是起到推动或是阻碍的作用。目前科学界关于先天与后天的探索研究表明，先天生物性与后天体验之间有着难以割舍的联系。投球或攀爬最初是男孩的强项，因为他们天生已经具备了这些能力。家人的鼓励会让男孩越来越有兴趣，从而让这些能力越来越强。女孩更擅长阅读和说话，也是始于早期的生理优势，她们的阅读能力会因为得到鼓励发展得更快。生理与文化共同作用于孩子的成长，先天与后天之间唇齿相依、不可分离。

女孩比男孩发育得早，意味着女孩会更早在认知方面取得飞跃性进步。她们往往更快记住事物的名称（如颜色），简单运算能力也更强。因此，在一年级，当老师开始认真教阅读的时候，女孩已经做好了学习的准备。很多男孩的阅读能力本来在学龄前就比女孩的落后一大截，等到了一二年级，他们有可能会被错误地判定为在学习上具有认知障碍。

从活跃度来看（主要指跑步、走路等运动能力），研究显示早期男孩与女孩的差异不大，接近学龄时才渐渐显出这种差异。最新的研究表明，男孩和女孩之间最显著的差异体现在社交互动上。男孩独处的时候与在群体里的时候几乎判若两人，在男孩群体里，一个人的挑衅很容易让另一个人“接招”。但是任何性别差异都不是绝对的，而是有很大的重合区域，有些女孩的活跃性比男孩的更强。但是就小学阶段来说，75% 的女孩都不如男孩活跃，班里数一数二的“好动分子”往往是男孩。另外，很少有女孩会得意忘形，会没有节制地发泄精力——这是男孩的典型表现。

还有一种极端活跃的情况，比如多动症，此时性别差异就相当明显了。多数研究发现，被诊断为“注意力缺陷多动症”（ADHD）的男孩是女孩的 2—4 倍。在一项针对美国田纳西州 16 所学校，从幼儿园到五年级共计 8258 名学生的调查中，有近 4% 的男孩被确诊为患有不同类型的多动症，而女孩则不到 1%。也就是说，一个班级如果有 25 名学生，其中就有 1 名患有多动症的男孩。

任何人只要在小学里待上一段时间，就会得出“男孩在学习上有困难”的结论。正如一位二年级女生抱怨的那样：“为什么坏孩子总是男的？”男孩被老师带来做心理治疗的可能性是女孩的 4 倍。

正如前文所说，同龄女孩的认知能力发展得更快，因此学习障碍症患者有 60%—80% 都是男孩——因为在诊断一个孩子是否患有学习障碍的时候，专业人士会依据其同龄人的平均阅读能力与智力水平得出结论。一些研究人员曾经提出过这样的想法：如果让 8 岁的男孩与 6 岁的女孩一起上课，这种现象可能将会消失，也就是说，不会再有这么多男孩被诊断为患有学习障碍症。纽约伦理文化学校几十年来一直接收 5 岁女孩和 6 岁男孩进入学前班，就是考虑到了这种先天差异。虽然学校最终因为少数父母的抗议（认为学前班应该接收 5 岁男孩）而修改了这一招生方案，但是学校坚信这是一项智慧之举。在美国，有一些华德福学校将创造性艺术作为其教学大纲的基础，利用“图画入门法”来进行启蒙阅读，而不是采用传统的阅读技巧和训练。华德福学校的一位行政人员曾告诉我们：“如果在孩子很小的时候就开始训练他们的阅读能力，那么看起来就好像所有男孩都患有阅读障碍症。”

总之，传统的初级阅读教学法往往更适合女孩，而把男孩推到不利位置上。在面对这一门小学核心课程的时候，男孩会觉得自己既无法胜任也得不到重视。很多认知发展正常的男孩在心理治疗中会说自己“没用”“很失败”，更不要说那些真正的学习障碍症患者，他们在学习中面临的巨大困难，连同痛苦和沮丧，很容易被带入整个成长经历中。

尽可能保护男孩的自尊心

丹谈乔

在电话里，乔的妈妈说她担心乔在学校里遇到了麻烦。乔每天早上都说胃痛，想要请假不上学。乔只有6岁，正值4月，他马上就要读完一年级了。我们约了一小时以后见。桌上摊放着乔的档案，我边吃午饭边看。档案里有幼儿园老师的评价报告、一年级老师的评价报告、几页学前评价报告，还有乔的父母邮寄给我的一份完整的调查问卷，其中包括他的病史。这些资料供我写神经心理学评估报告时参考。我一边看，一边打起了腹稿。

> 乔的母亲在预产期剖腹生下乔，出生时他重7磅7盎司（约3.37千克），新生儿评分为9分（正常新生儿得分）。病史中有一点值得关注：乔在出生6—18个月期间服用了抗生素来防治反复出现的耳部炎症。

我查看了调查问卷，字里行间透露出不少关于乔的早期认知发展与行为状况的信息。将信息片段整合成一份诊断报告的过程，对我而言就像玩拼图一样。这些“拼图碎片”来自方方面面——父母、老师、医生。不能只看一面，以偏概全。有些男孩的问题一目了然，在你动手以前，整幅画就很清晰了，拼图的时候就容易得多。但是大多数男孩像乔一样，我并不能预见到问题的全貌。

乔的母亲说，乔在某些方面的发展滞后于同龄人。虽然他走路早，但直到两岁他才开口说话。母亲说，孩子自己对此感到沮丧。在上幼儿园的时候，乔的分离焦虑表现得很严重。

我翻阅了老师的评价，觉得老师们是喜欢乔的。我很了解乔所在的学校，并十分认同老师们的教育方式。因此，我很重视他们的意见。我打算晚上回家以后给乔一年级的老师打个电话，来问问更多情况。要知道，一位好老师的观察经验是难能可贵的。

老师认为乔很难独自完成学习任务，并用“不稳定”来形容他的专注力。他的数学比阅读能力强。从2月开始，乔在一个“语言的艺术”群体里学习自然拼读等基本技能。对乔来说这项学习不容易，但他已经取得了一些进步，尤其近期进步很大。在社交方面，他喜欢独处，或是与数量有限的几个人一起玩。

虽然我还没有见到乔，但是我对他的情况不太乐观。我知道我的悲观情绪多少来自另一个男孩艾登——15岁的艾登半小时前刚刚离开我的办公室。这是一个已经被学业折磨了很多年的男孩，他自己也这么认为。

艾登认为自己“很蠢”，他说他“不是学习这块料”。但是艾登一点儿也不蠢，成绩也不差，他只是每年都落后一点儿，直到现在，他像一个疲惫的马拉松运动员，不想再跑下去了。我不禁想到了乔，可能多年后，15岁的乔坐在我的办公室里，他的档案也是厚厚一沓，和艾登的一样。

艾登从6岁起每三年评估一次。他的文件夹里有一叠成绩单、智商分数和阅读理解能力测试分数，我还尽职尽责地一次次加上我的评估报告。这就是我日常工作的一部分。父母、老师和特殊教育主管都等着看我打分——就好像等待活检报告那样——他们似乎觉得分数有神奇功效，有分数才能给人下定论。

我又想起几个星期以前和同事的谈话。我们觉得工作实在太忙了，有太多报告要写。我请教他要如何撰写治疗对象的“背景与病史”这一部分，我想知道要放入多少细节才合适。要知道，在分析“厚档案孩子”的时候，阅读与总结是相当耗时的。他说的和我想的一样——没有捷径可走。他半开玩笑地说出了残酷的真相：“或许真不该这么费周折，反正所有报告其实在说同一件事——孩子在一年级有阅读困难，产生厌学情绪，自尊心完蛋，到青春期开始叛逆或吸毒。”的确，我们所见证的就是这样。

几分钟后，小男孩乔就要走进我的办公室了。我要调整情绪，甩开悲观的想法，客观地面对这个男孩。我还有我的同事们，读过成百上千的厚档案，太多份都是大同小异。每次我跟父母谈话、跟老师交流的时候，每次在我十几页的测试分数、评语和建议中，我想强调的无非就是以下内容：

> 不要忘记最重要的一点，同时也是我们养育男孩的基本准则：当孩子在学校的时候，尽可能地保护他的自尊不受伤害。自尊受伤才是危及成功与心理健康的真正杀手。等他离开学校的时候，世界就不一样了。男孩若是拥有自尊和自信，他会发现，8 岁以前不太会拼写和阅读根本就不是大事。但要是因此产生了自卑心，那就是大事了，他就真的是栽了跟头，日后很难重新爬起来。

野兽与王子：“男孩原型”的破坏性

一位二年级的老师认为，父母和老师对男孩的态度，常常受到文化价值观的影响而左右摇摆。“我们对男孩的要求，很过分，又不到位。”她反思说，“一方面，我们要求男孩去做不符合他们成长规律的事，这些孩子需要的是拥抱和关爱，我们却强迫他们去当‘小男子汉’；另一方面，当他们做了残忍和轻率的事时，我们却只是说‘男孩嘛，就是这样’，轻易就放过了他们那些不尊重、不体谅他人的行为。”

要是老师和父母看到了男孩的真实需求，他们能够帮助男孩躲开失败，或是从失败中爬起来，甚至获得学习上的成功。然而，成年人面对男孩的时候总是下意识地认为男孩们都是一个样子，我们将这种潜意识的形象刻画叫作“男孩原型”，它与当代文化中的“社会成见”不一样，前者比后者更不易察觉；“男孩原型”阻碍了我们理解男孩。即便是善良睿智的人们，即便是男孩的亲人与老师，都会受到它的影响。

在这里说说常见的两种“男孩原型”：一种是把男孩视为“野兽”，不受管束，不负责任，冲动任性；另一种是把男孩看作享有特权的“王子”，可以有不同于常人的道德标准。

柏拉图在公元前4世纪的时候把男孩称作“所有野兽中最难驯服的一种”，这种观点一直流行到今天。如果老师的内心认同这种观点，认为男孩的能量与活力是“野蛮”而有威胁的，那么他们就会理直气壮地采取严厉的管教措施，过度地纠正他、训斥他，严厉地控制他，坚决执行“不打不成才”的管教方式。而在面临控制的时候，男孩通常不会束手就擒，他会反抗、拒不从命。

然而，当我们把男孩看作“王子”的时候，我们又觉得性别与才华一定会赋予他未来的领导力、成功与权威，所以他不需要学习生活中的相处之道，犯了错也不必承担后果，他们在为人处世的时候可以遵守较低的道德准则。

这样或那样的“男孩原型”扭曲了我们的态度，男孩对此无所适从。要是老师在面对男孩的时候表现出害怕、不知所措或是不自在的样子，那么男孩会以为自己哪里不对劲，觉得自己是可怕的，甚至是可恶的。如果老师因为男孩是一个成长中的男人而纵容他的行为，忽视了对男孩的同情心和责任感的教育，那男孩就不会承担起责任。如果男孩在学校感受到的是畏惧、轻视和敬而远之，那么他会觉得孤独害怕，在自惭形秽与妄自尊大之间摇摆不定。

期望的力量是很强大的。哈佛大学心理学家罗伯特·罗森塔尔及其同事在 20 世纪 60 年代进行的研究，充分显示了期望在教室里发挥的作用。在这项研究中，老师被告知，某些学生在一系列严谨的心理测验中表现卓越，他们将在本学年期末时取得好成绩。但老师并不知道其实根本没有这些心理测验，“某些学生”也只是研究者随机选出来的。结果，被贴上“卓越”标签的孩子果然比其他孩子考得好。作为实验对象的老师把“卓越”的孩子视为好学生，在教学时传递了较高的期望和信心，这让孩子也信心满满。

可惜我们的“男孩原型”以及其他社会成见很少给男孩带来光明，正相反，它们往往打击了男孩的形象，阻碍了老师和其他成年人了解男孩的内心世界，进一步阻碍了成年人与男孩的有效交流。这种情况几乎发生在男孩生活的各个方面，但在学校破坏性尤其严重，因为老师怎么对待男孩，决定了男孩在学校生活的质量如何。

好动给男孩带来的误解和惩罚

新学年开始才三个星期，波士顿郊外一所私立学校就爆发了一场危机。“帮帮我！再也没有比这届更糟的四年级啦。”校长绝望地抛出一连串问题和担忧。这所学校不大，男女生同校，每个年级只有一个班。我们与老师谈话后了解到的情况是，因为总有学生转学，最后在四年级的学生中，男生占到了相当高的比例，有 12 名男生，6 名女生。在这个班上，对抗性比以往任何时候都强烈，甚至频频失控。一位老师说："这个班可不怎么友爱。"

显然，这是老师眼中建校以来最糟糕的一个四年级班级，但究竟是这个班糟糕，还是只不过和其他班不一样？在老师们的抱怨和担心中，结论渐渐水落石出：说它"糟糕"，是因为它弥漫着一股"男孩味道"。班里并没有威胁、斗殴或破坏财物这些恶劣事件，但是有那么多 10 岁男孩聚集在一起，其活力远远超过了男女数量均衡的普通班级，这才是症结所在。男孩压倒性的优势在班里催生出了一种新的行为规范，这让老师们感到不安，老师的不安被学生们捕捉到了，很快学生们在互动的时候也传递出这种不安，最后形成了教室里的紧张气氛和各种激烈情绪。

学校需要保持秩序，男孩们难以遵守秩序，这确实是个问题。但是教育者应该从哲学的角度来理解因男孩而起的混乱无序，而不应该简单地将其归为恶意或野蛮行为。教育者应当了解到，男孩习惯于把肢体活动当作情感的宣泄口，尤其当语言已经无法表达他们情感的时候。

男女同校不是问题的根源

美国东北地区的一个小型私立学校以前是一所女子学校，在学校第一年招收男生的时候，我们心理治疗师进驻学校与教职人员一起工作，以实现学校的平稳过渡。

以前吃午饭的时候，女孩们吃完饭会坐在宽敞的餐厅里聊天。自从第一批男孩涌进学校以后，午餐时的场景就完全变了。男孩们会用 10 分钟搞定午饭，然后马上跑出去玩。秋季的时候这一切都相安无事，因为那时候天气适宜户外活动。冬天来临了，老师带着男孩们转战室内体育馆。但是，当老师也不想动弹的时候，体育馆就不开放了。

这样过了几天，麻烦来了。有一天，午饭过后，几个男孩未经允许一路穿过学校大楼，擅自进入音乐教室，损坏了几件乐器。

在与这几个男孩谈话以前，我们听到了两个不同版本的故事，一个来自不喜欢学校有男生的老师们，另一个来自支持男女同校的老师们。

在第一个版本中，老师们认为几个男孩是故意破坏音乐教室并损坏了价值 2000 美元的乐器，这是一种故意破坏公共财产的行为。

在第二个版本中，老师们认为几个男孩吃完饭以后精力无处发泄，就发起了一场打闹游戏，在跑过音乐教室的时候没有留意，不小心撞坏了那几件乐器。这些老师们还认为，学校管理层也应该负起一些责任，因为他们不该关闭室内体育馆，这导致男孩们在安安静静地坐了一上午之后，无处发泄精力。

与男孩们面谈以后，我们觉得第二个版本的描述更加准确。这几个男孩当然要承担责任，但他们不是有意搞破坏，也没有反社会性心理，更谈不上暴力倾向。

由此不难看出，潜意识里认为“男孩是野兽”的老师会带着否定的目光去看待这几个男生。这种对男孩的成见比比皆是，只是各学校程度不一样而已。

当男孩产生了复杂混乱的情绪（如羞耻、愤怒、悲伤），又说不清道不明的时候，他就会诉诸剧烈运动或冲动行为。一位乖巧的三年级男生说，在他的足球队输掉比赛的那一刻，他爬上了赛场边的围栏，被老师骂了一顿。后来，老师找他谈话，他尴尬地坦白，爬上围栏是因为他不想当着同学的面流眼泪。

一位 43 岁的朋友，回忆起他小时候特别痴迷于给单词字母计数和分组。周围的人虽然并不纠正他，但都觉得这习惯怪怪的。其实他是用这种方式转移自己的注意力，好让自己伤心的时候不当着别人的面哭泣。我不由得为他感到遗憾：“单词”被他用来转移感情，而不是表达感情。当“男孩活力”被误解为恶意攻击并加以惩罚时，其实这惩罚是双重的：一是惩罚他“故意做坏事”，二是剥夺了他表达情感的机会。心理治疗师在学校有点儿像个“卧底”，一方是老师，一方是男孩，我们要摸清两边的底牌，帮助双方化解误会，建立起有效的沟通。

了解男孩在坏脾气、恶劣行为之下的真相

迈克尔谈约翰和诺曼

驻校期间，我尽量不直接面对有学习问题的男孩。我会先跟他的老师、父母交谈，帮助他们理解多数男孩既不是病人也没有严重问题，只是有时男孩临时遇到一些状况，没有处理好；有时问题来自成年人的误解。与男孩直接见面（无论我的态度多么温和）都会让他警觉或产生挫败感——这种影响叫作“贴标签”。心理健康专家都知道，面谈可能适得其反。虽然在今天，有太多孩子都见过心理医生或做过心理测试，这种负面影响不如过去大。但是，当一个孩子听说自己要去看心理医生的时候，还是会吃惊不小。

新学年伊始，一位二年级老师说她预感到班上有个男孩会出问题。这个男孩叫约翰，十分抵触学校。老师第一次找他谈话的时候，他就摆明了态度：“我不想上学。没人跟我玩。没人喜欢我。”他有一套套对付老师的办法：冷嘲热讽、否定、蔑视，既叛逆又世故，像个充满负能量的成年人。

有一次，约翰叫一个同学“白痴”，老师把他带到走廊里谈话。“他就是个白痴。”约翰轻蔑地盯着老师，“要是他有脑子，还会天天来上学吗？”但是就算约翰出言不逊，老师还是看得出他害怕跟老师对峙。

我翻阅了一下约翰的学习史，他的阅读能力很弱。刚上一年级时，他是班里唯一不识字的人。到了二年级，他的阅读能力还是垫底。毫无疑问，学校对他而言，就是一连串的灾难现场，他的自尊心每天都受到打击。

约翰没有患学习障碍症，但是他滞后的认知速度会导致他一直落在下风。阅读让约翰感觉不好，他会对自己整个人都感觉不好，然后把这种感觉转化成刻薄的言论和桀骜不驯的行为。其实他一直在进步，已经快要跟上队伍了。老师不想突出表扬他，是因为老师不想强调他的劣势。我针对约翰的情况，制定了适合他的策略。我和老师商量着做出决定：一是要让约翰知道，老师理解他的感受；二是要肯定他的日常努力并给予他更积极的反馈。果然，不久之后，情况就见好转。当老师表扬约翰在阅读上的努力时，约翰的笑容多了，负面言论少了，我作为咨询员也悄然退出了。约翰并不需要见心理医生，那只会加重他的心事。

约翰的阅读能力需要一段时间来提高，但是他的行为却迅速得到了改善。他并不担心自己阅读速度慢，但他害怕自己会一事无成。老师的肯定态度给了约翰极大的信心，让他看到了自己的能力和竞争力，知道自己并没有被“淘汰出局”。约翰的人生观变得越来越积极，他越来越有信心能获得成功。面对同学的成功，他不再自惭形秽或有威胁感，也就不再攻击别人了。

诺曼是另一个我治疗过却从未谋面的男孩。二年级的诺曼消极而聒噪，如果有人说假期去了海边，诺曼就会大声嚷嚷：“海边真没劲！”诺曼的言行很难博得别人的同情。有他在的班级，老师们就发怵。他们觉得这个小男孩真是敏感又以自我为中心，总觉得别人都该围着他转。我建议老师们尽量不要给诺曼盖棺定论，而是去“外化”他的负面情绪，让他明白谁都会消极，这是一种人之常情。然后再鼓励他从内心生出力量，打倒这种消极情绪。

这是一种典型的叙事型心理治疗策略：不要告诉治疗对象这是他的内在问题，而是把问题从他身上剥离出来，你和他一起跟问题做斗争。我建议诺曼的老师这样说：“看来今天你心情不怎么好。”或者，“你今天没有让坏情绪影响到你，真是太厉害了，你肯定有好办法，是怎么做到的？”

诺曼想要好好对待自己、对待生活，但是他面对消极时却无能为力。

这个“打败敌人”的策略可以帮助他缓解消极情绪，因为男孩就喜欢打击敌人，结交盟友。现在诺曼的敌人是坏情绪，而不是老师。老师也不再把诺曼当作享有特权的“王子”来降低对他的标准。我想着重指出，男孩的消极情绪似乎总是比女孩的多一些。这是男孩的天性，也是每一位老师面临的挑战——能否迅速而巧妙地给出反馈。

男孩在学习初期比女孩更活跃、更冲动。虽说这是天性，但是可能也有更加复杂的成因。

我们都经历过焦虑的时刻：等待病检报告、爱人被推进手术室、面对一大群人做演讲、与某个重要人物首次会面……这时我们无意识地踱步或是说些没头没脑的话，都是因为焦虑。再举个例子，婴儿会一边哭一边乱蹬乱踢，因为在小孩的大脑中，情绪中枢和运动中枢（即运动皮层）直接相连，因此婴儿的动作是呈现他的情绪状态的直接窗口。

这类原理适用于我们任何人。言语表达有助于控制冲动，理解自己或他人的情感，并理解这些情感的来源，也会帮你控制冲动。要是缺乏“情感语言”，情绪就会转而求助于运动或行为。

男孩天生不擅长语言表达，社会文化又不给予他们支持，结果男孩只好把情绪能量转化为行动能量。男孩在兴奋、快乐的时候，又是喊又是跳，追追打打，表现得活泼而聒噪；在痛苦的时候，运动只能起到减缓作用，却不能消除痛苦的来源。无论是跑圈还是把墙打出个洞来，都只能释放积压的负能量，而不能解决情绪根源——就好比高压锅的喷嘴释放出了蒸汽，但是锅底下的火却依然在燃烧。

如果学校环境不适合男孩，他们用行为释放情绪能量的方式屡屡招来同学老师的反感，这会加重他们的难过、羞耻和愤怒。他们无法说出这些感受，要么就表现得傲慢自大、若无其事，要么会对别人进行口头或人身攻击。最终，男孩与外界的情感联结很容易发生破裂。他越是不自在，就表现得越恶劣，结果招来更多反感。

“注意力缺乏”“多动症”，“男孩病”怎么治？

注意力不集中的男孩，或是高度活跃的男孩，多年来人们对待他们的方式就是严厉批评。父母、老师给他们贴上了“逆反”“懒惰”或“道德败坏”的标签。现在“注意力缺乏症”（ADD）和“注意力缺乏多动症”（ADHD）越来越为人所知。社会对这些难以专注的、活跃的、理解力滞后的男孩更加宽容了。

这些年来，我们治疗过很多被诊断为多动症的男孩，他们中的多数在服用哌甲酯等药物后病情有了极大改善。但是仅在1990—1995年的5年间，美国服用哌甲酯类药物的男孩数量就增长了两倍，到1995年时已达到100万人。我们渐渐发现，新的成见正在形成——男孩都是待修复的“问题产品”。但凡哪个男孩的注意力有些分散，就会被冠以多动症，这样父母就能如愿（甚至是迫不及待地）给男孩服药治疗。他们认为药物不仅能治好孩子的病，还能让孩子变得更优秀。吃了药，男孩就能从B考到A，放下游戏机，开始计划人生；吃了药，男孩就会长记性而不会经常忘事了，大人说什么他就会去做什么。

有的父母经过细心观察才产生了担心。从他们的抱怨来看，大部分男孩都有类似多动症的行为：“在凳子上扭来扭去，坐立不安，丢三落四，跟他讲话就跟听不见一样，喜欢打断别人的话，没法安静待着。”父母会问我：“怎样判断他是不是多动症呢？”这个问题不能一言以蔽之，而且它不应该是第一个要问的问题。注意力类疾病（如多动症）与一般病症（如天花）的表现形式不太一样，不能简单地判断有或没有。多动症分为不同的级别，此外，孩子的性格、智商和环境等因素都会影响到我们的判定。两个孩子可能有一样程度的多动症，但因此受到的影响却有着天壤之别。

所有男孩都不同程度地表现出注意力不集中、容易冲动和过分活跃等现象，他们比女孩躁动得多，这让大部分男孩比女孩看起来更像多动症患者。

现在我把这个问题留给你，你怎样判断男孩是不是患有多动症呢？我们在治疗中发现，当老师和家长断定男孩患有多动症时，他们就省事了——不必去了解男孩的内心世界，不必去反思自己的家教，不必去改善学校的教育。他们希望几粒药丸就能搞定一切。

父母、老师与教育家都会误入这个陷阱。8 岁的尤恩下棋有时考虑不当就出手，父母便认定他是个性子冲动的人。可并不是每个 8 岁的男孩都能坐着下完整盘棋啊。还有位母亲说她儿子可能患有多动症，原因是他向她扔了一盏灯。我问她那时什么反应，她表示自己什么也没做，而且通过她的话语，我了解到她很少约束儿子的行为。父母要是不作为，就很难判断孩子是否患有多动症。

再来看看 16 岁的男孩马克。马克最近成绩有些下降，他的父母让我们诊断他是不是患了多动症，他们怀疑儿子缺少“条理性”。事实上，这个男孩相当优秀，学习也很努力，有时甚至学到深更半夜。他还热衷于体育活动，每天放学后都去参加运动，周末还打比赛。马克还弹得一手好吉他，最近与朋友们组建了一支摇滚乐队。所以你大概明白了，马克睡觉时间太少了。面对他父母的求助，我们觉得最靠谱的回答是：先保证马克每晚 8 小时的睡眠，然后再说别的。

常有不好好听课的男孩被误诊为多动症。我们往往会从中找到其他干扰因素。有个男孩最好的朋友最近被检查出感染了艾滋病病毒，有个男孩的父亲因患遗传性癌症去世，有个刚刚转学过来的男孩被同学无情地戏弄……虽然这都是极端情况，但由此可见，在判断一个男孩是否患有多动症时，第一个要问的问题是：“就他的年龄来看，你的期望和要求是什么？它们是否合理？除了多动症，还有没有别的原因可以解释他的行为？”——这些解释包括家庭环境、家教方式和学校环境，比如要看老师的态度、学校的文化及其总体期望值是否适合男孩成长。

前职业棒球手米奇·威廉姆斯有一个外号叫“野兽”。有一次，他告诉一位体育记者，在他小时候，他的父母被学校告知儿子患有多动症。记者问：“他们给你吃药了吗？”威廉姆斯答：“没有吃药，但是我爸买了个农场。”威廉姆斯的父亲这一招真是巧妙，既然好动在学校是个问题，那么我给你创造一个环境，让好动不再是问题。

我们并不是提议男孩都应该搬进农场里。我们是觉得，在分析人的问题时要结合周围的环境来考虑，这一点很重要。学校为好动的男孩提供充分的活动空间，那么男孩就能喜欢学校生活，反之则不能。但是我们也发现，一些好动的男孩并不适应“开放式教学环境”，这不利于他们建立条理性思维、集中注意力。对很多男孩来说，当他们知道自己的具体任务时，反而能做得更好。还有一种情况，当男孩遇上喜欢他的老师或者学习压力变小的时候，他会一夜之间变回“正常人”。

我们并不是不相信多动症。有些孩子哪怕在最宽松的环境里都坐立不安，无法集中注意力，哌甲酯等药物对他们和家人来说是一种福音。但是丰富的治疗经验告诉我们，在今天，大部分确诊为多动症的男孩，在15—20年前会被视为正常人。因此最好三思而后行，先综合考察男孩本身和他的环境，然后再判断他是否得了多动症。

在上述思考之后，要是男孩仍然被确诊为多动症，那么我们需要致力于为他创造一个良好的治疗环境，包括教学体系、家长支持、规则引导和药物治疗。其实这也是我们需要为每一个男孩做的事：从各方面给予支持，与他共情，制定合适的规则，提出符合他发展规律的期望与要求。

学校对男孩的影响至关重要

当学校、教学大纲、教室和教学方式顾及男孩高度的活跃性和其特有的认知发展水平时，“男孩问题”就会从整体层面上消失。要是一个男孩对学校的归属感大于疏离感，那么耻辱、自卑和愤怒的情绪压力也会消失——至此，他自由了，他可以学习了。

无论男女混校还是男校，任何一所学校在解决“男孩问题”上都可能做得很糟——也可以做得很好。

我们认为，学校是一个为帮助男孩更好地发展认知能力和学习能力而提供教育见解与策略的实验基地。基于这种认识，我们发现：

- 如果学校支持，男孩会投入包括学术、运动和课外活动在内的全方位学习体验中。比如在一所男校里，男生扮演了各种各样的角色——艺术家、演员、运动员、编辑、厨师、啦啦队员和音乐家。若是放在男女混校的环境下，这些角色往往由女生来担当。
- 如果给男孩充分的活动自由，他们可以做到高水平的自我控制与遵守纪律。一所因校风优良而出名的男校校长指出，跑步、摔跤及其他体育锻炼是他们的日常课间活动。在学校组织需要静坐的活动以前，也会先让男孩出去运动，释放精力。当然，并不是所有男孩一有空就去玩摔跤，但是学校想向男孩们表明这样的态度：男孩的活泼好动在这里被看作是正常而健康的，学校要为男孩创造适合他们活动的环境。在这样的氛围中成长，男孩将会受益终生。
- 男性教职人员对男孩有极大的帮助，他们的学术风范、职业素质和道德品质都是男孩学习的榜样。此外，他们还为男孩展示了运动场上的领导力及情感素养。学校有男性工作人员，极大程度上能镇定男孩的情绪。当男孩感到自己被完全接受的时候，当他们认可自己的学习和行为，并且也被别人视为正常的时候，他们才会放心、专心，才会投入知识的海洋。

根据以上特点，一些男校（大多数教职人员为男性，教学大纲以男孩为中心的学校）为男孩提供了有效的学习环境。但其实只要教育者愿意，任何学校都可以创造出有益于男孩的教学环境。很多男校或男女混校的校长和老师跟我们讲述了他们的成功经验。小改变也能形成燎原之势，改善学校的整体氛围，最终改善男孩的学习体验和行为举止。这些举措有：

- 入冬以后，一所男校在校园里为学生们发放牛奶和巧克力饼干作为上午点心。露天活动场所很宽敞，尽量避免了一大群男孩的拥挤与碰撞。
- 在一个男女混班的幼儿园里，每天早上男孩都不受管束，这样的混乱往往会持续两个小时，一直到饭前休息。幼儿园老师说她的办法很简单——把午休时间提前到上午。晨读课后，她带着孩子们去室外玩耍，然后再带他们回来继续上课。男孩在消耗体能以后更容易安静下来，而且无论男孩还是女孩都很喜欢上午的活动时间。
- 有的老师说他们重新摆放了教室活动区，给男孩腾出更大的活动空间，或者将桌椅摆成一条“自然缓冲带”，这样就减少了男孩因为奔跑产生的麻烦。
- 一位三年级老师说，她会给坐立不安的男孩或女孩分配“跑腿”的差事。她还把那些想靠近老师、获得亲近感的孩子安排在她的讲桌附近。

- 一位幼儿园老师说她每天早上都给孩子一个拥抱。她说，这个行为很简单，效果却很神奇，就算是最调皮捣蛋的男生也会平静下来。她解释说："其实就是向孩子们传递他们最重视的信息，让他们感受到你的感觉。只要男孩们感受到了你的尊重、爱与关心，他们就很好相处，因为这些是他们的根本需求，那些冷漠而愤怒的心会在你的拥抱中融化。"

迎接挑战：男孩的精力和潜能

历史上有很多伟人的学习生涯都不太如意。罗伯特·佩恩在《圣雄甘地的生与死》一书中写道：甘地上学的时候是个"淘气包"，长大以后，他说学生时代是他"生命中最悲惨的几年"。他回忆自己"除了做一个平庸的学生，其他一无是处。他对哪门功课都提不起兴趣，也没几个他喜欢的老师。他说自己没有学习天赋，不上学说不定反倒更好"。

我们愿意尊重男孩及其天性，使他按照自己的方式成长为正直、友爱又成功的人。但是学校应该怎样要求男孩，是对他们更严格还是更宽松呢？这是学校长久以来的难解之谜，也是每天都在纠结的问题。不能将答案简单地归为"男孩不如女孩"，也不能说男孩太野蛮，要强行驯化他们。

我家附近有一个冰场，那里不限制滑冰者的年龄和水平，因此形形色色的滑冰者都有。每个星期六的晚上，冰场不允许玩冰上捉人的游戏（男孩的最爱）。这个规定是对的，因为捉人时男孩们会冲进冲出或是反向滑行，结果会影响到那些沿着同一个方向前进的初学者，还会干扰到那些在冰场中央练习花样滑冰的人。

为了执行这项禁令，冰场的监督员像警察一样绕着冰场巡逻，一旦发现捉人游戏的苗头就加以制止。但是男孩们很喜欢这个游戏，禁令只会增加游戏难度，平添一份刺激。所以你常常会看到一群孩子偷偷摸摸地在滑冰的人群中间穿梭，大部分是男孩，有时会有一两个女孩。显然他们很喜欢这个停停走走、四下躲闪的奇妙游戏。总有一些时候，监督员拎着几个人的领子把他们撵出冰场，而他们总会容光焕发地回到冰场上，毫不顾忌地重新上演“速度与激情”。

在课堂环境中，我们就很难容许这种“理性反抗”——哪怕这种勇气与精力代表了旺盛的生命力。要是你从未体会过这种生命力，你将永远错失它。要是每个人都沿着相同的轨道一圈又一圈地滑行，或是只在中间优雅地转圈，这将是一个死气沉沉的世界。无论是在冰场上，还是在学校里，我们都需要一些“无政府主义”时刻，来一场精神上的狂奔。不仅男孩需要，我们所有人都需要。

小结

1. 男孩和女孩存在着重要的生理差异：男孩发育成熟得晚；男孩虽然更活跃，但是控制冲动的能力比女孩的发展得慢。

2. 如果学校在教学时能顾及男孩高度的活跃性、特有的认知发展水平，那么“男孩问题”就能得到极大改善。比如：

• 给男孩充分的自由活动时间，他们可以做到高水平的自我控制和遵守纪律。

• 增加男性教职人员，他们是男孩学习的榜样，能更好地帮男孩镇定情绪。

3. 虽然男孩过剩的精力会在教育初期带来麻烦，但这种旺盛的生命力也是生活创新的源泉。

第三章

严厉管教的巨大代价

施暴与辱骂，不过是大棒与毒箭的区别，都会令人受伤。

——塞缪尔·约翰逊

（Samuel Johnson）

许多时候，严厉管教不仅不能锻炼男孩的自控力，还会在男孩心里强化这样一种观念：人要守规矩就得靠外力，比如父母、学校、警察和法庭。正因如此，这种管教方式难以在男孩内心形成良好的价值观，如有主见、有责任、有理想，也难以帮助男孩形成同理心和对他人的尊重。这些内在品质的缺失将成为男孩成长过程中的薄弱环节。

马特的房里只剩下了床、书桌和椅子，对一个 13 岁的孩子来说，这算得上是所剩无几。他最喜欢的海报已经从墙上撕了下来，还有随身听，电子游戏机，成摞的漫画书、杂志和飞镖盘，以及装在衣柜门上的迷你篮球筐，都已经被没收了。一个月前，马特在放学后还可以去找朋友玩，晚上可以看电视、玩电脑和打电话，这些权利现在也一起被剥夺了。马特成了一名被关在家中的囚徒。

马特与家人的交流也只剩下这些：

“你完成作业了吗？”

“没有。”

“你什么时候去做作业？”

“我会做的，别烦了。少啰唆两句行吗？！”

于是，马特、爸爸、妈妈，还有姐姐玛丽——陷入绝望的一家人来找我咨询。

“我们把能没收的都没收了，好像适得其反。”马特的妈妈说道，声音里满是担忧和疲惫。她望向马特，小伙子抱臂而坐，时而瞪着前方，时而盯着地板。因为他们的所有管教手段都失败了，所以这家人决定试试家庭心理治疗，看能不能见点儿成效。但马特置若罔闻，没人能从他嘴里问出些什么，得到什么回应，他这是无声的抗议。在这场痛苦的折磨结束前，他的情感之门将会一直紧闭。

马特爸爸生气地说：“我们不能再惯着他了，这对谁都不好。他在学校里成绩越来越差，在家里又调皮任性，现在我们发现他竟然开始逃学了。和他一起鬼混的那帮男孩也都不是什么好孩子，有些没准儿已经开始吸毒了。”

马特瞪着爸爸，当听见爸爸提到他的好朋友时，他按捺不住了，从牙缝里挤出一句话：“你一点儿都不了解我的朋友。”

“我知道他们对你没什么好处就行了。”父亲厉声说道。

“你也一点儿都不了解我。”马特的声音越来越大，“你从来都不在家。妈妈多少还懂一点儿我。你呢？就会没收我的东西。你以为这样能伤害我？我根本就不在乎。都拿走吧！把我的床也收走呀！我还可以睡地板呢！”

姐姐玛丽马上帮爸爸反驳道：“马特，你怎么能这么说话呢？爸爸是关心你，你这么说太恶毒了。”

“得了吧，你这个乖乖女。你根本就没有朋友，没人打电话给你，你天天就知道写作业。你就是个书呆子，和爸爸一样。”

显然，马特的父母陷入了一个常见的误区，他们想用家长权威来控制马特的行为举止。但越是控制，就越是制造出更多的愤怒与叛逆，以及更多的“出格”行为。

只有马特的母亲没有参与到这场争吵中。虽然她偶尔也会生气和沮丧，但我看得出，大多数时候她是在伤心。“这一切让我们很痛苦，”她说，“马特很不开心，我们也是。但我是不会放弃他的，我知道他对自己很失望，我们的所作所为只会增加他的挫败感。有时……在他有限几次和我聊天的时候，我能看出他心情很糟糕。”说着，她哭了起来，玛丽走过去安慰她。

这时马特从椅子上站了起来，开始在房间里踱步。如果不这样走来走去，他显然也禁不住要哭。“你们知道做家里唯一的废物是什么感受吗？”他说，“天啊！你们每个人都很完美，你们从来没有在学校招惹过麻烦！”

马特终于敞开了心扉。现在每个人都能看见他愤怒之下的悲伤，看见他的自我憎恨，还有因此而产生的痛苦。毫无疑问，惩罚不能让马特回归家庭，也无法帮他建立自尊。为了防止这个在社会边缘徘徊的男孩陷得更深，甚至染上毒品，监督和限制当然是在所难免，但是马特的父母也不能再用层层升级的高压管制方式，这种惩罚并不适合这个男孩。

严厉管教既包括拳脚相加的体罚，也包括口头恐吓（贬损、诋毁、嫁祸和威胁），但无论是谁，无论在什么时候，它从来就没有在哪个孩子身上适用过。然而大人的“雷电”更容易劈到男孩头上，很多父母承认，他们对儿子采用的管教方法要比对女儿的更严格。我们在前文也提到过，男孩比女孩更容易把老师惹烦，因此老师对他们也更严厉。而父母和老师往往不太愿意训斥女孩，他们会怀着歉意，低声细语，有时候甚至会担心女孩的“玻璃心”受不了这种责备。

人们认为严厉管教可以帮助男孩蜕变为男人，正所谓“不打不成才”。传统观念认为，与女孩相比，男孩有某些“特别之处”——好言相劝不管用，他们更禁得起打骂。这种对不同性别区别对待的方式体现了我们潜在的文化理念。但当考虑到男孩表达愤怒或承受伤害的能力时，这种“特别说”并不成立，因为无论是男孩还是女孩，被人刻薄地对待，或是遭遇不公平，或是遭遇身体及语言暴力，他们的反应都是一样的，要么愤怒反抗，要么黯然神伤。那些被打过、被嘲笑过、被羞辱过的男孩，等他们长成了男人，会反过来报复这个世界的。

惩罚文化里的小受害者们

为了让男孩们适应勇士的角色，北美原住民波尼族印第安人会把男孩一大早叫醒，并丢到雪地里去。今天，雪地被我们换成了严厉的管教和不容分说的要求，我们还拿拒绝来威胁男孩，以此来把他们磨炼得更“坚强”。

这就是我们强加给男孩和男人的“唯坚强论”。在我们的文化里，男孩的行为更有可能被误解为威胁或是反抗，男孩比女孩更容易受到惩罚或教训。虽然我们都知道男孩天生就喜欢挑战，但是我们依然会用比对待女孩更加严厉的方式对待他们，而且常常严厉得毫无道理。

如果成年男性和成年女性犯同样的罪，男性的判刑通常更重。司法部门的数据显示，男性谋杀犯被判死刑的概率是女性谋杀犯的20倍。总体而言，即便双方所犯罪行相似，男性的监禁时间也总是长于女性的。男孩和女孩犯同样的罪时，法官更可能把男孩送进少管所。比如，同样是贩卖毒品，男孩被拘留的概率是女孩的1.5倍。

一些公立学校在惩罚男孩和女孩的时候也有明显的性别偏见。一项关于美国公立学校管理者的调查（这些学校学生总人数约为2500万）发现：非裔男孩最容易在学校受到体罚。其实，各种族群体都有性别偏向：非裔群体中男孩比女孩挨打的概率高3.1倍；白人男孩与女孩的体罚比例为6:1；在亚裔群体中，这个比例为8:1。

研究者还提出，“人们普遍认为体罚只是轻轻打一下屁股而已，这其实是一种误解”。根据“美国体罚及替代法研究协会”的说法，体罚包括拳打、脚踢、扇耳光、扭胳膊、摇晃、用孩子的头撞桌子、把孩子推到柜子或是墙上等，而进行体罚的工具包括遥控器、棍子、棒子、绳子、木拍、皮带、大头针、棒球棍、箭、书本、写字板等。这样的体罚在全美1/3以上的州都是合法的！

这项研究还表明，即使在家里，体罚也倾向于针对男孩——挨打次数更多，程度更严重。罗曼·罗克韦尔（Norman Rockwell）曾把20世纪50年代描绘为家庭生活的理想图景，但在这一时期，99%的家庭都会体罚孩子。直至1985年，这一数字依旧超过90%。也有某些研究发现，男孩受到体罚的次数仅仅略微高于女孩的（男孩平均每年13.3次，女孩平均每年11.5次），但更多研究则显示出较大的性别差异。最近一项针对加拿大安大略省超过

13000 名居民的调查显示，男孩遭到体罚的概率是女孩的 1.5 倍。值得一提的是，青春期儿子被父亲打的概率远远超过了青春期女儿的。

虽然反对体罚的呼声日渐高涨，但很多成年人依旧会用拳打脚踢和威胁辱骂的方式来控制孩子，要求孩子屈服——尤其是对男孩。体罚只是问题的一面，严厉或暗含威胁的话语也会在男孩心里留下伤痕，更不用说劈头盖脸的责骂。即便那些从未想过体罚男孩的父母也承认，在他们生气或烦躁的时候，他们说的话或者其他形式的处罚一样让孩子感到痛苦。无论是打屁股、掌掴、脚踹和猛拽，还是充满羞辱的批评、嘲讽、贬损，这些做法的伤害性都是相似的。

一项针对家庭成员逛商场时的互动的研究发现，父母和其他成年看护人最常用的管教方法就是对孩子进行言语攻击。和体罚一样，成人更普遍使用言语来攻击男孩而不是女孩，而且往往说得很难听。老师和父母常常解释说，之所以严厉地对待男孩，原因很简单，因为这样做能引起男孩的注意，果断地表达大人的不满，迅速明确谁才是这里的主宰。

一个男孩的生活中若是充满了惩罚和辱骂，他将在羞愧、悔恨和愤怒中不停挣扎。许多这样的男孩早早地关闭了情感之门，成年后，他们很难处理工作、婚姻和家庭中的各种关系，不能表达自己的感受和情绪，时间并不能抚平他们的伤痛。我们之所以知道这些，是因为我们在治疗时面对的就是这样的男人，他们在小时候就是愤怒、焦虑和抑郁的，长大后还是这样。

在学校或家庭的案例中，我们看到成人对严厉管教“还嫌不够”，而男孩则报以消极接受或者顽抗的态度。进一步研究案例就会发现，与男孩相关的学校问题、家庭问题和情绪问题，其背后的深层次原因，十有八九都是严厉管教埋下的祸根。

严厉管教是雷电，男孩是避雷针

说起心理治疗，你会想到电影或漫画里那些经典画面：坐在小沙发上展开一场自我探索，看看内心最深最黑暗角落里的冲突、冲动、欲望和难言的愤怒。心理治疗能让你更好地认识自己，但要想来一场内心的暗黑之旅，生几个孩子也能实现——同样会让你感受到最糟糕的冲动情绪。我们都是过来人，难免会遇到这样糟糕的一天：老板颐指气使，前任胡搅蛮缠，下班路上堵到心塞，好不容易回到家，还要面对一个傲慢无礼的儿子。这时，只要“一点儿小事”就可以把你引爆。

研究表明，父母会用权威来严厉惩罚孩子，多数情况是因为孩子做错了事，比如弄坏东西、跑上机动车道或者打了兄弟姐妹，很少是因为哭喊、骂人等失礼行为。男孩的行为更活跃更放得开，他们和同龄女孩相比较为晚熟、自制力较差，常常忽视大人的规则和要求，不服从大人的指挥。因此，脾气再好的父母也常常对男孩忍无可忍。

一项针对4—10岁儿童父母的调查发现，“高应激违规行为”（比如跑上机动车道或者打碎贵重物品）最有可能招致体罚，这种情况下，普通的父母与因体罚孩子而接受心理治疗的父母，同样会对孩子进行严厉的惩罚。

捣蛋鬼的伤心事：无人试图了解其动机

迈克尔谈尼克

尼克在一所男女混校上学，他是班里被罚留校最多的孩子。教务主任向我们介绍尼克的所作所为时，对尼克的憎恶显露无遗：“他已经上九年级了，可还像个七年级的孩子。很多女孩投诉他，我们差点认为他是性骚扰，其实他只是喜欢招惹别人。他个子不高，女孩们经常嘲笑他这一点，他不知道怎么应对，就动手动脚。学生中就数他喜欢搞小破坏，我们只得惩罚他三周不许坐校车。上周他往另一个男孩的书本上泼水，我们罚他一天不许上学。我跟他谈过很多次，他每次都承认了错误，保证不再犯错，但不到一周就恢复了老样子。”

“你为什么想让他看心理医生呢？”我问，“我也不一定能帮得上忙，我能做的你都做了。如果真是因为他不成熟的话，那么我们就只能等。他的成绩怎么样？”

“他非常聪明但有点儿马虎，成绩不太稳定但总体还不错。我就想知道他是不是有别的什么问题，跟他谈话我一无所获。”

虽然尼克是在教务主任的要求下才来见我的，但第一次会面他并没有放我鸽子，也不像很多男孩那样，需要我跟他约法三章。他来到我的办公室，彬彬有礼地坐下，表情坦率，想给我留个好印象。

“教务主任为什么让你来见我？”

“我不知道。我想可能是上周洒水那件事吧。”

“什么事呢？”

“噢，那天我和别人打水仗来着，把同学的书弄湿了。他跑去告诉老师，老师气坏了。”

“真的是打水仗吗？我的意思是，那个男孩也向你泼水了？”

“没有，他叫我……他骂我来着，把我惹急了，正好手上有一个带吸管瓶盖的水瓶，所以我就用水滋他，但是……好像也滋到了他的东西。有什么大不了的呀，一会儿不就都干了嘛。”

“教务主任说你因此被停课了？”

“是的。”

“你父母什么反应？”

“我妈妈还好，不像上次学校禁止我坐校车那么生气，但我爸爸气得够呛。”

“校车那次又是怎么回事呢？”

“那次啊，我不能坐校车，我妈妈就得开车接送我，搞得她挺烦的。”

“这不是教务主任第一次找家长了吧？”

“学校总是小题大做。”

“跟我说说这些天你过得怎样，还有你父母的情况。最近你的生活里有什么大事吗？我觉得你好像因为某件事而很生气。你讨厌这所学校吗？想离开这里吗？”

尼克的故事终于完整呈现在我的面前了。他父亲最近一年半总是出差，母亲以前只做兼职，现在找到一份全职的新工作。所以，尼克下午放学回家，家里一个人也没有。父母担心这种变化会影响到他，但又觉得尼克没准儿会喜欢这样，毕竟九年级的孩子可能需要更多自由。他们和尼克说过这事，尼克看起来不介意做一个“挂钥匙的孩子”，还开玩笑说以后要吃很多外卖了。父亲出差时，也尽量通过电子邮件和他保持联系。

但问题开始出现了，并渐渐多起来。尼克不能按时交作业，他答应母亲出门要打电话，可是有一周里居然有三次放学后去朋友家玩而没有告诉母亲。现在尼克每天都弄出点儿事情来。母亲失去了一贯的耐心和幽默，大吼大叫的次数比过去任何时候都多。母亲跟父亲抱怨过很多次：这个年纪的男孩应该从父亲那儿得到更多引导。她有时会当着尼克的面跟父亲这样抱怨。

我问尼克担不担心父母的婚姻出问题。

“没有……还好吧。我觉得妈妈现在比以前更容易生爸爸的气了。”

“是因为他经常出差吗？”

“我想是吧。”

“你担心他们会离婚吗？”

尼克瞪着我，好像我打开了一个本不应该打开的秘密抽屉。

“不……我也不知道……有点儿担心吧。”

“你今年闯了这么多祸。他们如果离婚，你会不会担心部分责任在自己？”

尼克愣了一下。

“我倒没有这么想过，但可能吧……”

“你怀念每天和爸爸在一起的日子吗？怀念过去妈妈下午在家的生活吗？”

“反正一切都变了。”

我向他掷去一连串标准的心理学问题——都是老师该问却没有问的问题，他们也有可能问过，只是男孩不愿回答，或者他的回答让人没法接话。尼克确实像别人说的那样调皮捣蛋不成熟，简单粗暴地给他贴上“小混蛋”的标签也可以，但更重要的一点就会被忽略，那就是在尼克身上到底发生了什么事。如果九年级的讨厌鬼是个女孩，那就不一样了，每个人都会想要了解她的想法和感受；但现在讨厌鬼是个男孩，很多人就会简单地想：“老天啊，这孩子真讨厌，得有人来教训他。”许多成年人对男孩做事的动机不感兴趣，他们更喜欢捡本书向男孩头上砸过去。

严厉管教可能暂时有效，但终非良方

男孩精力过剩，活泼好动，在学校不安分守己，在家里也大闹天宫。他们刚学会走路就往大马路上跑；长大一点儿后就跟别人打架，瞎跑乱撞四处搞破坏；青春期更是无视家规，对父母的要求充耳不闻。从男孩自由地迈出第一步开始，许多父母就把养育男孩当作一场“到底谁说了算”的斗争。

一位灵长类研究员天天跟猿类打交道，她开玩笑地跟我们说，当她下班回家后，面对 3 个活蹦乱跳的儿子，她竟分不清自己是在家里还是在实验室里。另一位父亲有 4 个儿子，他说起一次“洗澡闹剧”：3 岁的和 5 岁的在浴缸里一边尖叫一边玩“潮起潮落”；7 岁的和 9 岁的一边追逐一边用毛巾打对方的屁股。就在夫妇二人深吸了一口气准备介入的时候，这位父亲苦笑着对他妻子说：“就当是欣赏一场演出吧，因为有一天你会怀念这一切的。”

然而更多父母招架不住男孩的欢腾喧闹，他们觉得这太不顾及别人的感受了，太招人烦了，甚至太粗野了。有一位父亲说：“我受够了那些没礼貌的孩子，他们被宠坏了，必须对他们严肃起来。”另一位父亲则说：“别人都说打孩子不好，但我认为必须给儿子亮出我的撒手锏。”

一位苦恼的母亲给咨询专栏写了一封信，她谈起自己在管教孩子的时候那种进退两难的困境：“我已经没辙了。我是一个单亲妈妈，有一对 15 岁的双胞胎儿子。他们把我搞疯了，在学校不守规矩，在家里只会捣乱。我得使劲儿催，使劲儿吼，嗓子都喊哑了也没用。我想让他们上军校，可是又交不起学费。”

喜欢严厉管教的父母，有的是因为禁不起男孩折腾，有的觉得就应该对男孩严厉。他们觉得严厉管教就像给自己的话装了把小锤子，抛出去的时候掷地有声：我是大人你是小孩，我讲道理你不讲道理。还有，你在扔棒球的时候把车库门砸出了坑，我就得出钱修它。

据说人把心智用完了才会动用武力，父母与孩子都是这样。情感表达能让男孩把自己的感受分享给别人，从而释放出一些害怕和孤单。如果一个男孩像尼克那样不知道通过倾诉让自己放松下来，他的情感就会变得疲软，就会“有苦说不出”（因为不知道怎么说）。当他不能用话语表达的时候，就只能通过行动来发泄，结果进一步激怒了家长或老师。

研究表明，父母压力过大的时候就更容易采取严厉管教的方式。举个例子，经济大萧条时期父亲们经济负担加重，他们变得焦躁易怒，就容易把气撒到孩子头上，一个后果就是“管教升级”——用鞭子抽，拳打脚踢。反过来，孩子也变得更容易愤怒，表现为更常见的情绪爆发、泄愤和报复。财富与健康等问题让父母压力很大，他们在心理治疗中坦言，压力是他们对孩子态度恶劣的主要原因。

我们每个人都有疲惫、无助和生气的时候，此时我们会迁怒于男孩，这便是男孩行为不端的根源。

一堂传授“恐惧、愤怒与冷漠”的课

“我不想当‘虎妈’，”一位4岁男孩的母亲告诉我们，“但有时好像只有这样，才能引起他的注意，让他明白我是认真的。”她描述了一个典型的场景：她开车从学前班接儿子回家，儿子坐在副驾驶座位上。“不知道为什么，他说话声音特别大。我让他安静点儿，可是他却变本加厉，很快就尖声大叫起来。我冲他吼让他安静，但他充耳不闻。我简直要疯了，最后给了他一巴掌。他立马闭嘴了，大气也不敢出。”

毫无疑问，扇耳光能让孩子马上消停，打屁股会让孩子立刻听话，但是次数多了，这些方法都会失效。武力之下的严惩让亲子联结断裂，并忽略了男孩行为与态度背后的核心——情感因素。我们在实施严厉管教的时候，并不是在教导孩子要有责任感和道德心，甚至都算不上是“教育”。教育方法影响着男孩道德观的塑造，正所谓“种瓜得瓜，种豆得豆”。另外，犯错误本来是一个让他们反思与改进的契机，现在连这个机会也被剥夺了。

成人越是简单粗暴，男孩（即便是年龄很小的男孩）的反应就越是与父母期望适得其反。一个男孩在父母的勒令下不再捣乱了，也许父母觉得这件事结束了，但它在孩子的心里却持续发酵。孩子受到了无端的指责和羞辱，这种不公平的感受在心里挥之不去，让他寝食难安，直到几小时、几天甚至更长时间才可能逐渐淡化。严厉管教与反抗之间的对峙还会升级，就像军备竞赛中双方都努力研制更强大的武器一样。

孩子因为不守家规和不听话被严厉地惩罚，这与我们管教的初衷背道而驰，我们本来是要引导孩子对自己的行为有所担当、有责任感。严厉管教不仅不能锻炼男孩的自控力，还会在男孩心里强化这样一种观念：人要守规矩就得靠外力，比如父母、学校、警察和法庭。这种管教方式难以在男孩内心形成良好的价值观，如有主见、有责任、有理想，也难以帮助男孩形成同理心和对他人的尊重。这些内在品质的缺失将成为男孩道德发展过程中的薄弱环节。

研究学习与记忆的科学家提出，道德发展过程中有两种学习方式：语义学习和偶然学习。语义学习以规则为基础，依靠他人的授课、解释和指导来获得信息资源和学习体验，常常发生在学校环境中。

偶然学习和感官认知有着密切关系，我们通过视、听、触、嗅等切身的感觉体验，将记忆保存下来。比如，在一个悠闲自在的午后，你和孩子一起烤饼干。孩子可能记不住饼干的配方，但烤箱的热气让玻璃看起来雾蒙蒙的，饼干摸起来的手感、闻起来的芬芳、吃起来的甜美都会深深印入他的脑海。

与情感伤害有关的记忆也是如此。遭受虐待或性侵的受害者，以及重大灾难的幸存者，往往保留了关于事发现场的种种感觉——当时的画面、气味、触感、光线和声音——汇聚而成的深刻记忆。

一位 36 岁的男人回忆起小时候被爷爷打的经历。“我不记得自己具体做错了什么事，”他说，“反正就是闯祸了。爷爷抽出皮带追我们，我们想跑开，可是被逼到了角落里。我记得哥哥爬到床底下想躲开的画面，它就好像发生在昨天。爷爷其实没打过我们几次，说实在的，我都不记得是不是真的被打疼了，只是忘不了那种被吓蒙了的感觉。”

在孩子眼中，父母有着巨大的力量。从记忆初始，成人的高大与聪明让孩子们觉得相形见绌。我们是巨人，我们无所不能，我们主宰着他们的世界。想象一下你面对着一个身高 3 米的怒发冲冠的巨人，就能体会到孩子的渺小感。我们能破口大骂半分钟，却不妨碍下一秒平静地接听电话。但对孩子，尤其是幼儿，这愤怒简直响彻云霄长达一个世纪。他们不仅被我们的身躯和力量吓倒，还因为不明白我们的行为而感到沮丧。在很长的一段时间里，孩子会坚信大人所说的话——即便是丧失理智的气话，他们也照单全收——并为这些话感到害怕。你过了糟糕的一天，情绪马上就要爆发，可是你的孩子并不一定知道。他所知道的是（或者他自认为如此），他让父母不开心了。

严厉管教这种方法，因为十分激烈，会在偶然记忆里留下印象。所以，一个孩子记得自己说了什么错话、做了什么错事被惩罚，多半是记住了当时他有多么害怕以及父母因为愤怒或嫌弃而扭曲的脸，而不太可能是心悦诚服地听取“要好好玩”“不要打架”这样空洞的教训。所以，用一记耳光让4岁的小男孩安静，母亲赢了，孩子震惊的眼泪却一直在流，屈辱与愤怒挥之不去。

成年男人的感受：即使到40岁，我也不够好

丹谈查克

查克坐在他常坐的那个位子上——一把带有木头靠背、竹编椅垫的棕色椅子，那是我办公室里最不舒服的椅子。

他讲起过去：“或许我的人生和很多人的一样。小时候我父亲一直忙工作。他的确事业有成，从一个小车库起家，主要从事机油更换，后来发展成了连锁店。我想他现在有了10家分店，最近还在沃塞斯特新开了一家。他把自己逼得挺狠的，挣了好多钱，没有停下来的意思。我母亲说他迟早得犯心脏病。”

“你有没有想过和他一起工作呢？”

“你的意思是给他打工吧，我想过。我和姐姐过去一直在店里干活，我负责打扫卫生，给修理工找零件，诸如此类。时不时哪个修理工会让我把引

擎里的油抽干。这些事对小孩来说酷极了，这帮人总是脏兮兮的，和他们混在一起，不出15秒你也会满身油污，这简直就是男孩的天堂。姐姐负责整理档案或是接电话，她现在还在给父亲打工，做采购或是收账什么的，干得挺不错。”

“为什么她能做而你不能做呢？”

“她和父亲相处得比我好多了。我总是闯祸，他会对我大喊大叫，有时当着那些伙计的面，可能是他想让别人看到，他不会惯着我。我现在知道他经营这些生意非常不容易，他小时候家里很穷，赌上一切才有了现在的成就。他就好像在不停地打仗，总是绷着神经，就怕走错一步满盘皆输。可能他是对的吧，我也不知道。我想他以前也琢磨着让我将来接手他的生意，而且他希望我也是这么想。但是，老天啊，那时我还是个孩子啊。”

“你还记着是什么事让他冲你叫嚷吗？”

“当然了——就好像发生在昨天。那是我九年级结束后的暑假，父亲让我清点库存。他当时有两三家店，有很多事情需要打理。我想他总是在担心库存太多或不够。不过反正对我来说，清点库存真是太无聊了，就那么坐着数这样或那样型号的机油盒，有时也要数车灯泡。我很难集中注意力，总是走神，经常要重新来过——我还想当飞机起落指挥员呢，幸亏没当。我那时常常是整天都要数数，于是我总溜到店铺后面去，和一个伙计一起抽烟。那个伙计大约19岁吧，他的摩托车停在店铺后面，当时这样的摩托车就是全世界我最想要的东西，我不停地问一些关于引擎和机械原理的问题。

“有一次，父亲查岗时发现我在后面偷懒，不知道他是不是看到我抽烟了，我猜应该是。他检查了我的库存清单，据他说我错得离谱，然后他开始教训我，说零部件都是钱，这些盒子里装的不是灯泡，而是一张张5美元的钞票……他越说越激动，可能当时生意并不好吧，我也不太清楚。然后他说：‘你当自己是个大人了吗？我告诉你，要是连数数都数不好，你还能干什么？现在滚回去重新数，这回要给我数对了！’然后他用写字板打了一下我的屁股。”

我们聊得越多，我就越发现这种情况已经不是发生一次两次了。

“如果我在学校得的都是B，他们就想让我得A。如果我得的都是A，他们又会挑其他毛病。你问我记得什么？我就记得自己经常担惊受怕。担心他们看见我的成绩单，担心他们知道我做过的坏事。初中时，老师经常要求家长签字，我父亲的签名不难模仿，我就一直练，后来终于学得挺像了。签名大部分时候都不会被发现，只有一次被抓到了。但我还是花了很多时间来掩藏这些事，我怕得要命，也想尽量做得好一点儿。我常常在9月学期开始的时候立下誓言，你知道的，就像‘今年一切都会不一样，我要考出好成绩，要听老师的话，要遵守家规’之类。

“一般我最多乖乖过上一个月，之后就又有麻烦了。我会漏交作业，或者课间和同学打架，然后一切又变回老样子。我就想：‘去你的，才不值得呢。反正怎么做都不对，学校不满意，父母不高兴。’到了圣诞节，我会再下一次决心，但是也不管用。有时在教堂里，我会特别虔诚地向上帝保证以后会表现得更好。然后，我又搞砸了。我不再想了，没什么大不了的，反正我是要下地狱的。

“我还记得，离开家后是多么甜蜜，要是在朋友家里过夜，就不用担心父母冲我大喊大叫了。但是这也有麻烦，我比同龄孩子更早开始喝酒，喝酒对我来说就像度假，是一种放松，直到我被抓了。我父亲自己也常常酗酒，可是第一次抓到我喝酒时，他罚我清除院子里的毒藤。我干了近一周，快被这玩意儿活埋了。我怨恨他，但也觉得自己活该。我心里总是躁动不安，就想搞事情，有时是蠢事，比如喝酒；有时是坏事，比如欺负弟弟或者同学。我想我是可以更懂事的，但我没有。”

查克在责骂、羞辱和体罚中度过了童年和青春期。他父亲从不放过任何提醒他很失败的机会，可能也有过表扬，但查克几乎想不起来了。在某种程度上，他的确像他父亲一样觉得“人生处处是战场”，但他的敌人既不是商业对手也不是供货的奸商。查克总是敏感地捕捉到他不如别人的地方，证据无处不在，因为父母把这个念头植入了他内心深处。他觉得姐姐做什么都好，自己却一无是处。和大多数对自己不满的人一样，他在身边的人和事上总是看到自己的缺点。

男孩的损失：同理心，道德感，亲密关系

保罗非常聪明，受过很好的教育，是一名公司高管，他妻子也同样事业有成，两人育有 3 个聪明的孩子——一个 12 岁的男孩，还有两个小一些的女儿。这个家庭是那片富人区里的模范家庭，备受大家尊敬。保罗的儿子聪明、体贴、乐于取悦他人，父子俩大多数时间相处得不错。但有时候，要是儿子什么事做得不恰当，保罗会狠狠扇他一巴掌，这给两个人都带来了灾难性的影响。保罗震惊于自己的暴力，悔恨交加，事后几分钟总是会去儿子房间道歉。儿子深受伤害，既害怕又愤怒，拒绝原谅父亲，好几天都不和他说话。只要保罗在场，他就默不作声，一副冷漠的样子。

谈话过程中，保罗一直避而不谈自己的童年，不谈父母对他的管教，他只是说自己没怎么挨过揍，就算被揍“也对他没什么影响”。但随着谈话的深入，他的童年呈现出了另一副模样。

保罗生于 20 世纪 50 年代的一个普通家庭，在 5 个兄弟中排行老三。父亲是一家油漆公司的销售代表，工作勤勉。母亲是一名传统的全职主妇，照顾五儿一女可不是件容易事。保罗的父母都是虔诚的信徒，保罗说他们都纪律严明。在这个家里，不同性别的子女管教方式不同，女儿犯错由母亲掌嘴，儿子调皮会被父亲用皮带抽。惩罚不分场合，无论在外面还是在家里，该抽

就抽。保罗记得有一次在开车旅行中，爸爸把儿子们叫下车，要动手抽他们。五兄弟中除了 5 岁的小弟外，其他人都走下布满灰尘的旅行车，等着接受惩罚。但是小弟不愿配合，他疯狂地爬过旅行车拥挤的后备厢，爸爸手拿皮带紧追不舍。最后，爸爸费了好大劲抓到了尖声惊叫的小弟，在车里啪啪地抽，然后走出来，对另外几个乖乖等着的儿子们如法炮制。他们一个接一个地在路边挨打后再爬回车里。车继续开，除了小弟的哀号声，没人说话。

保罗一边笑着一边回忆这件事，就好像在讲从电视上看来的情景喜剧。但当我问起他小时候见过的或是挨过的惩罚时，他不想再进一步描述。

保罗并不是那种我们在犯罪报道里看到的暴力狂，但事实上，每一次爆发都让他离这个群体更近一步。因为他从小就接受了这样的“培训”——来自父母的严格要求和严厉管教。虽然他下定决心要忘记这一段往事，但他的脾气已经是“培训成品”了。他曾经跪着遭受的教训，虽然自己对此不胜厌恶，却下意识地照搬到了儿子身上。

其他男人分享的成长经历也很相似，严格的家教往往出自父亲，但很多时候也来自母亲。与此同时，这些父母也在和自己的愤怒或沮丧较劲。

“我不会因为没考好而挨打，但只要我父母真的生气了，他们就会打我一顿，打屁股或是打脸。”一位 50 岁的工程师告诉我们，“我爸常常用手，有时候也用皮带或者拖鞋。皮带打人更疼，但是拖鞋也够扎人的，而且那‘啪’的一声响，让我至今难忘。我妈一般只用手，但她会边打边骂，骂的话同样伤人。我记得 9 岁那年我冲她吼：‘你就会说我哪里做得不对！你怎么不说说我哪里做得不错呢？’我不怎么打孩子，因为我发誓自己绝不能落到这一步。但我知道，以前的经历造成了我这副暴脾气。有时就算能好好跟孩子说话，我也会粗声粗气地呵斥他们，这时候我仿佛又感受到了我父母当年的怒火，这让我气愤，让我失控，让我变得跟他们一样。”

一项研究发现，男性暴力罪犯大多成长于严厉又喜怒无常的家庭。这些人满怀愤怒地提到他们在家里受到的摧残。在《做坏事的青年们》这本关于年轻罪犯的访谈录中，作者阿诺德·戈德斯坦收录了一位男青年的话："父母觉得他们打孩子是为孩子好，但这只会让孩子变得更坏……孩子的愤怒找不到发泄口，这种痛苦让孩子无法承受。"

研究显示，"正常"的孩子也是这样。研究者发现在家经常挨打的孩子，在幼儿园里更具攻击性，更有可能成为"校园小霸王"。不管打他们的是父亲还是母亲，也不管打他们的程度是轻是重，孩子的反应是用同样粗暴的态度对待别人。

当然，并不是每个在铁拳下长大的孩子都会把屈辱转化成愤怒，再把愤怒转化成暴力。很多人怀着屈辱与愤怒忍气吞声，他们觉得人生惨淡，与别人的亲密关系蒙上了一层阴影，生活到处都是悲哀，他们没有办法感受到哪怕是最简单的快乐。

真正的管教有方

尚恩：请给我底线

尚恩在9岁时就是一个大名鼎鼎的淘气包了，一开始在学校，后来发展到社区。他其实是个可爱的男孩，机灵、健谈，就是有点儿野。他最近又在社区闯了祸，和鲍比搞了点儿小破坏。鲍比是他们那一带的小混混，离被拘留的日子不远了。尚恩惹的麻烦越来越大，老师和父母束手无策，只好把他送到了我这里。尚恩小的时候生过一场大病，他父母（尤其是他母亲）觉得他能活下来就谢天谢地了，因此在他的成长过程中，父母对他百依百顺。

在一次心理治疗中，尚恩说他其实也没有那么喜欢和鲍比一起玩，他感到自己前景不妙，但又不知道怎样摆脱这段关系，怎样停止做坏事。他知道自己需要帮助。静静地坐了一会儿后，尚恩问我能不能叫他母亲进来，他有话想跟她说。等她进来后，尚恩让她坐下，直视着她的眼睛，说："如果你任由我胡来的话，最后我就会和鲍比一样。"

真正的"管教有方"，首先要考虑到男孩具有旺盛的精力，给男孩提供身心上的安全感，然后他才能面对自控力、道德感这样更大的课题并进行学习。真正的"管教有方"，是始终如一的管教，对孩子提出清晰的、合情合理的要求，给予坚定的、共情的指导；大人无论是面对孩子还是面对他人，都要言行一致，以身作则。真正的"管教有方"，是让孩子乐在其中，让他产生一种与你交流和讨论的愿望，而不是让他感到被孤立、被排斥。你可以开门见山地问："关于这个规定，你有什么不懂或是不满意的地方吗？"或者问："你需要什么来改变这种行为呢？"父母应该根据男孩的性格特点和现实情况因材施教。

和男孩沟通时，我们需要尊重他们的经历和感受，通过对话传达我们的具体要求和期望。我们帮他们学习自我觉察，分辨各种情绪，表达出真实的情绪和感受，使他们和周围人的关系更融洽，而不是变得更孤立。与男孩谈话的时候不要暗含威慑力，这样的谈话才能帮助我们加深对男孩的理解，加强与男孩的联结。

引用一句老掉牙的喜剧台词："你要是真聪明，怎么会没钱呢？"同样，如果管教真能"有方"，我们为什么不这么做呢？因为要做到管教有方并不是一件容易的事。我们对孩子吼完了，接着就去干活或是看肥皂剧，这多么容易。但是要是让我们在儿子需要的时候陪伴着他，则需要花上很多的时间和精力。在心理治疗的时候，父母往往信誓旦旦地说会改掉不好的管教方式，但是要坚持下来很困难，因为积习难改。的确，没有谁是完美的，是人就会犯错。但是，只要我们的目标是促进父母与男孩对彼此的理解，那么父母就能成为更好的父母，男孩也会更好地做自己。

小结

1. 一个男孩的生活中如果充满了惩罚和辱骂，他将在羞愧、悔恨和愤怒中不停挣扎，早早地关闭上情感之门。这样的男孩成年后很难处理工作、婚姻和家庭中的各种关系。

2. 不要打骂孩子，在家被严厉管教的孩子，在学校通常更具有攻击性。孩子可能会用同样粗暴的态度对待他人。

3. 真正的管教有方，要考虑男孩旺盛的精力，尊重他们的感受，让他们愿意交流和讨论；要帮助他们自我觉察，分辨各种情绪，与周围的人更融洽地相处。

第四章

男孩之间的残酷文化

残忍和恐惧相伴相生。

——奥诺雷·德·巴尔扎克

（Honore de Balzac）

一个男孩能否在残酷文化中生存下来，要看他能否辨别和了解自己、他人的情绪与感受，也就是他是否具有情感认知能力。一个拥有强大的情感认知能力和同理心的男孩不会随便伤害他人，被欺负以后也能很快恢复。

几乎每个男人都愿意谈一谈年少时的兄弟情，那些一起走过的、难忘的岁月——常常与三五好友或是一群死党，骑车、打球、看电影，或是漫无目的地闲逛。或许男人想谈的不是朋友，而是记忆里的一件事、一个瞬间，虽然时隔多年，它却历历在目，仿若昨日，至今仍可以侃侃而谈。

然而，男人们的记忆里有些事情（即便时隔多年）会让他们吞吞吐吐，甚至压根儿不想提。虽然这些事发生在他们十几岁的年纪，但其中的痛苦情绪时至今日都让他们深深不安。这些是关于“男孩残酷”的故事，关于主宰、羞辱、恐惧和背叛的故事，是女人几乎闻所未闻，男人和男孩不愿分享的故事。

男孩从 10 岁左右开始进入青春期，在这一阶段的认知发展中，他会更关注自我，关注自己在群体中的地位，纷至沓来的竞争令他们着迷而跃跃欲试。谁更强壮，谁更受女生欢迎，谁成绩更好，谁篮球打得更好，谁更有钱，谁的好东西更多，谁的口才更厉害……此时，老师的监管有所放松，男孩渴望自己做主，急于摆脱父母的影响，盼望着和同龄人打成一片。同时，群体成员必须保持高度统一，稍有差池就会遭到嘲笑。不管是他看的电视节目，还是他读的书，还是鞋的款式、袜子的颜色，或是短裤的长度，乃至发型、笑声、步幅……任何细节的差错都会被别人拿来当成武器攻击自己。青春期的身体发育，如身高、肌肉、声音、发质，都让他很在意，它们成为男孩自我意识的一部分。几乎每个男孩都即使受了伤也不愿说出来，因为承认受伤就意味着示弱认输。每个男孩都想着先发制人，将注意力从自己转移到别人身上。在这场心理战中，几乎没有一个男孩幸免于难，也没有一个男孩是真正的“赢家”。

在步入青春期的“迷茫岁月”以前，男孩们急切地寻找一个榜样。大多数情况下，他们更青睐男子汉形象，因为男子汉看起来是那么坚韧和强壮。青春期少年从来不停止彼此的心理较量。年纪大的仗着身体优势，捉弄年纪小的；年纪小的又效仿年纪大的，如法炮制。结果形成了一种风气，强壮的欺负弱小的，人缘好的欺负没朋友的，有权力的欺负没权力的，高度统一的欺负异己分子。

美国东海岸地区一所寄宿制学校的校长给我们写了一封信，信中她表达出对恶意玩笑的担心。学校里男生之间的恶意玩笑变得越来越严重，不是随便骂骂或是取个外号就算了，而是更为微妙的“心理恶作剧”——不动声色地造成情感上的残酷伤害。

一天下午，学生宿舍的公共休息室内发生了这样一件事。一个十一年级的男生假装自己因为父亲的去世精神崩溃，而他身边的几个朋友也装出一脸悲痛的样子。另一个男生上当了，他真心相信这男生沉浸在悲痛之中，走上前去安慰他。几分钟后，等他们把他的爱心玩弄够了，装作丧父的男生坦白了他的骗局——其实他的父母好端端的。真相大白的时候，他和他的朋友狂笑了一顿。那个有同情心的男生沦为了笑柄，他对这个恶作剧感到很恼火，同时也觉得自己太傻了。他从中得到了教训，下次绝不会轻易付出真心。

女校长在信中还讲述了另外一些令人不安的事，这些事情在美国任何一所中学或是有青少年居住的社区都很常见。

有个男孩人缘不太好。在他的生日聚会上，一群男孩为他唱生日歌，唱到最后一句，他们故意喊错了他的名字。男孩显得很尴尬，他们道了歉，然后拿出了送给他的“蛋糕”——一块撒了糖霜的冰。

在学校体育馆更衣室里，有些男孩在其他男孩的物品上或者洗发水瓶里撒尿；更衣室里还发生过“拧乳头”事件，它让受害的男孩感到又痛又羞；男孩们还冲着某个男孩露出屁股，或是光着屁股蹭那些成为骚扰目标的男孩；一些男孩把用过的安全套或垃圾放进其他男孩的衣服里或储物柜里。

被欺负的男孩和他的朋友们轻易不会把这些事告诉老师。一个原因是他们知道这些侵犯隐私的恶作剧太伤人了，老师家长若是知道了，必然要追查下去，用惩罚让那些坏孩子付出代价。然而这样一来，事情会变得比原来还糟糕。向别人展示自己的伤口，就相当于承认了失败，这会让受害者显得更加脆弱，并遭到新一轮嘲笑和攻击。每个男孩都明白这个道理。有个男孩说，他宁愿在教室里憋一下午尿也不愿意去洗手间，因为那排开放的小便池就是招来羞辱的绝佳场所。谁在背后猛推他一下，他就会失去平衡，弄湿裤子，成为永久的笑料——不只是霸凌者，任何看到或听说这件事的人都会嘲笑他。他们会用这件事对他穷追猛打，直到另一个倒霉鬼沦为新笑柄。

在向我们求助的一所学校里，兜网球队的队员们过一段时间就会叫两个身材矮小的九年级男生到操场上，强迫他俩打架。要是他们不从，围观的队员就会揍他们。反正怎样都是打架，于是两个男孩就动起手来，高年级男生则录下他们打架的视频，在学校里到处给人看。

学校本该是公正、平等、人人和谐相处的地方，但却孕育着令男孩生畏的残酷文化。男孩必须遵循它的法则，信仰它的教条，而且是不容置疑的，这是成为“男子汉”的必经之路。

一次次支配、恐惧与背叛的教训之后，男孩慢慢抛弃了信任、同情和联结，残酷文化让男孩失去一些东西的同时，也让他们得到了另一些东西——情感枷锁。终其一生，小心翼翼，不再敞开心扉。

这是一种没有安全感可言的文化。有的男孩常常带头攻击别人，有的男孩常常成为众矢之的，但是每一个男孩都知道自己的弱点。正如一个沉着冷静、受人欢迎的男孩所言："每个人都以为登上山顶就成功了，其实保江山比打江山更难，你要留心自己别栽跟头，还要担心别人觊觎你的位置。各路人马等着你犯一次错，或者碰上一个倒霉日，他们就能扳倒你。"对那些山脚下的男孩来说，他们的身心成长环境更是残酷。当男孩帮跟他过不去的时候，或者当被羞辱的男孩过不了自己这一关的时候（这样更糟），严重的情绪问题随之而来，甚至会导致暴力或自杀事件发生。有的男孩总是被人要求"像个男人的样子"，或者被贴上了"弱小者"的标签，他们的暴力行为更容易一触即发。他们在施暴的时候完全意识不到或者根本不会考虑到别人的感受。总之，男孩之所以残酷，往往是因为害怕，他们认为只有武装起来才能抵御这种害怕。

十一年级的科林在反思自己七年级经历的时候，说出了一番颇有见地的话："骂人成了一种习惯，有时张口就来。比如'你这笨蛋'，骂得越多，就越觉得'笨蛋'和'你''我''他'一样是个普通单词。我们会觉得，一个单词能有多少伤害呢？谁又能看见这种伤害呢？眼不见心不烦嘛。要是一拳打在某人的眼睛上，让他成了乌眼青，这种伤害我们都能看见；三十几号人一起天天叫某人是'废物'，他的难过或自卑没有人能看见。直到他哭了，我们才知道他伤心了。但是，哭泣的男孩就像落水狗一样，人人都会上去打一棒子。眼泪就好比火上浇油。"

我们都明白现实是怎么回事。强权主义塑造了残酷文化，使之经久不衰。它的影响之深广，让每个孩子从青春期走向成年的时候，都会经历身心上的剧烈变化，他们丢失自我，寻找自我，心里觉得不安全。男孩无可避免地成为彼此的对手、朋友、敌人。随便一句嘲讽或许就会戳中谁的痛处。倘若能有几个人拒绝跟风起哄，或是为受害者挺身而出，哪怕只有几个，也能让阳光照进校园来。如果说男孩对脆弱的恐惧是滋长残酷文化的温床，那么，想要改变这种状况，就要用觉察代替恐惧，去正视和更好地了解自己的情感挣扎，最终做到自己不做残酷的事，也不容忍别人的残酷行为。

帮助和保护情感丰富的男孩，灵活应对不同社交场合

迈克尔谈七年级男生

一所郊区初中的校长请我和七年级的男生们见面会谈，一共两次，每次一个小时。他说这些男生之间闹了很多次恶作剧，他希望谈话时没有女生在场，认为这样会更有效。

于是傍晚时分，我和男孩们在一个黑暗的教室里见了面。总共有40来个人，他们坐在课桌前，地上堆放着大书包。看看这些朝气蓬勃、坦率真诚的面孔，真是一幅美好的画面。他们是那么英俊，看上去就是一群成年人。然而，他们不是。

男孩们一走进教室就立刻分成了几群，少数几个男孩独自一人，还有几个靠墙而坐。和其他学校一样，这里面有一个中心团伙，成员间彼此亲密，传达出一种权力与声望。"先瞧瞧我们吧！"他们的架势这样告诉我。强权与座位的潜在关系，我还不能解释得很到位，但一看我就明白了。只需几秒钟，就知道哪些男孩想成为关注的焦点，哪些想获得我的关注，哪些想占据话语权，哪些快成了"边缘男孩"。

我一上来就问，为什么男孩要捉弄对方。他们觉得这个问题蠢透了，因为很搞笑啊，谁不知道呢。蠢人做了蠢事，明摆着就是笑料，不指出来怎么行呢。我又问，谁能说说在学校最痛苦的一次情感打击。他们环顾四周，晃着椅子，陷入了不自在的沉默。一个男孩开始讲起他有一次运动的时候受了伤，我提醒他，我们谈论的是受伤的"感觉"。另一个男孩讲述自己在科学实验室里失手打破了一支试管，里面装满了恶臭的混合物，所有人是如何奚落他是个笨蛋的。又有一个男孩说过去因为戴牙套常常遭人取笑。

史蒂文，一个独自靠墙坐着的男孩，此时发言了。他说起自己经常在校车上被人欺负，他们抢走他背包里的书，纸张撒了一地，他去捡的时候其他所有孩子都在大笑。史蒂文的声音里透出深深的还很新鲜的痛苦。教室里的气氛越发尴尬了，因为欺负他的人就在这里，他把本属于男孩之间的“秘密”告诉了一个“陌生人”。

但是，最让男孩们躁动的是史蒂文声音里的情绪，他不再掩饰自己，他说出了真情实感。男孩们开始左顾右盼，窃窃私笑，比手画脚。教室里一点点嘈杂起来。我发现，史蒂文知道他是这场议论的中心，但他并不在意；他获得了我的关注，他想继续说。

我很纠结，作为心理治疗师，我想鼓励他坦露心迹，但是史蒂文这么坦白，却遭遇了新一轮的嘲笑。他看不出这其中的端倪。要是他继续自曝弱点，男孩们就会群起而攻之。我不想我的帮助适得其反，害史蒂文变成“猪仔”——威廉·戈尔丁（William Golding）的《蝇王》里那个经典的脆弱男孩。

在讲述男孩残酷情结的小说《蝇王》里，小胖孩“猪仔”是一个典型的替罪羊。小说中，一群遭遇海难的6—13岁男孩努力想要维持文明和民主，但这种努力最终失败，文明止步于残暴的冲动，男孩们卷入相互羞辱和惩罚的混乱中。其中表现得较为公正的“大哥大”，有时也和其他人一起疯狂地嘲讽“猪仔”。戴着眼镜、又矮又胖的“猪仔”是脆弱与理智的化身。后来，因为对任务分配有争执，男孩们的暴躁不安愈演愈烈，“猪仔”大喊着让大家冷静下来商议，最后被杀害了。

这本书是很多学校七八年级英语课的必修读物。女生们觉得这本小说强烈地批判了潜伏在人性下的残酷，男生们觉得这个故事很真实，因为它就发生在拥挤的走廊或是体育课前的更衣室里。它准确地映射出男孩自己的世界，一个不比书中文明多少的世界，每个男孩（男人）都曾到此一游。在这个世界里，男孩们每天都担心“猪仔”的标签突然被贴到自己身上，更担心这个时候没有人（甚至是朋友）站出来挺自己。大多数时候，男孩不会受到生命威胁（除非是治安最差的地区），但是被边缘化的人却很多。“边缘男孩”没有价值感和存在感，总是萎靡不振。

我及时打断了史蒂文的发言，并感谢他的分享。史蒂文在后来两次会面中又发了言，一旦发现其他男孩露出鄙夷的表情，我就会引导他停下来。我会抽出时间，直接或是通过校长约他出来，和他私下谈谈。

皙做男子汉，真是难上难

孩子寻求同伴的尊重和欣赏是很正常的，友谊为男孩带来关爱，建立亲密关系，形成可靠的同盟。有了朋友，一个也好，一群也罢，你会得到实实在在的帮助，得到成长和陪伴，增强自己的价值感。群体能给人带来归属感，这是所有孩子都渴望的。

青春期临近，随着日益增强的性别认同感，男孩比以往任何时候都渴望把自己塑造为“成功男性”。住在新几内亚巴布亚岛东部高地的福克斯族印第安人将男子气概称为“难上难”。

多么贴切的说法！在许多文化中，男孩要通过一系列传统仪式，通过当地文化对他的试练，才能获得这“难上难”。其背后的含义是，真正的男人不仅拥有成熟的生理特征，而且是男孩经过考验赢得的一种地位。正如大卫·吉尔摩（David Gilmore）在《打造男子汉》中说的那样，如果把雄性定义为一种成就，那么男子气概就是“一份赢得或者抢到的奖品”，是一种“不稳定或者人为的状态”。

然而要是只有表现好才算得上男人，那么“男人”这个称号就是不稳定的，能得到也会失去。棒球赛里常常听到一句话：“打得好的永远都是上一次。”男孩们用这句话来审视自己。在男孩的世界里，你绝不能满足于当下的表现，你必须不断地重新证明自己。这种被认可、被崇拜的无尽渴望，不可避免地激起男孩（以及男人）之间的挑衅。在这些心理战中，一个方法就是通过贬低他人来抬高自己。

男孩生活在一个狭隘的世界里，人们对他们言行的评判只有“勇敢”或“弱小”。勇敢就有价值，弱小就是没用。男孩还必须把打斗当作一种爱好，就算你从没打过架，也不想打架，你也得装出跃跃欲试的样子。一个拥护非暴力主义的15岁男孩指出，令人尊敬的男孩“懂得分寸”，也就是说，他一眼就能看出对手的实力，能判断出万不得已的时候能不能把他打倒在地。

家庭里常见的一幕是给受欺负的男孩出主意。比如一个10岁的男孩，妈妈觉得“暴力解决不了问题”，爸爸理直气壮地告诉他“人若犯我，我必犯人”——不管以后还会不会受欺负，反正先打回去再说。躲避就是示弱，宁可挨打，也不要从此做胆小鬼。

男孩们不仅面临做一个男子汉的压力，还觉得有必要与“娘娘腔”划清界限，哪怕会因此给人讨厌女孩的印象。所以，只要自己或别人流露出一丝半点儿“女人味”，比如亲切、同情、怜悯，或是情感脆弱的表现，他们就会不留情面地攻击自己，攻击他人。这些压力促成了“街头霸王”的诞生，这是男子汉的标准，所有男孩都要向它看齐，用它来评判自己。

出生于教师世家，自己也成为老师的霍华德吐露了他年少时的一段经历。当时他的父母送他到享有“男子汉传统州”盛名的佛蒙特州参加营地活动。每个周五晚上，营地有一场“美国印第安人”篝火仪式。已经通过了“测试”的大男孩们扮成勇敢的印第安男人，围着篝火齐步走；头上裹着毯子的小男孩们扮成印第安女人，跟在队伍后面。小男孩只有通过“测试”——唱一首复杂晦涩的印第安之歌——才可以不再扮演印第安女人。

霍华德很紧张，因为他搞不懂这些歌词。但每个周五晚上，他还是会站起来，面对所有人，面对“印第安勇士”们，努力去唱，可是他屡试屡败。

于是整个夏天，每到周五晚上，他就得裹上毯子扮作印第安女人。

让一个男孩扮作女人，简直就是耻辱。因为记不住几句歌词就被剥夺了做男人的“荣誉”，更是奇耻大辱。虽然霍华德成年后过着功成名就的富足生活，但他依然不能忘记这段往事，不能忘记这段最残酷、最屈辱的人生经历。

男孩的命门：男子气概与性能力

在青春期早期，男孩们担心在体格、力量、表现和尚在发育的性能力等方面遭到别人攻击。反过来，这些方面也很自然地成为他们对别人的攻击目标，大多数的嘲讽针对的都是这些。

青春期男孩有着没完没了的关于性的笑话和聊天，特别是阴茎，让他们既着迷又紧张不安。梦遗和手淫的快感让男孩意识到自己的性能力在发育，同时也让他们对身体的变化产生困惑。勃起可以随时发生，男孩们担心会突然陷入尴尬中。在某些环境或群体中，如果你的性反应与其他人不一样，有可能被当作同性恋。十来岁的男孩害怕同性恋就如同害怕瘟疫，这一点儿都不夸张。他们搞不清同性恋究竟是从哪儿来的，这是最可怕的地方。但是他们明白一点，同性恋绝对“不酷”。男同性恋者是男的没错，但不是男子汉。

青春期早期的男孩之间用“你像个同性恋”来嘲讽别人的次数多到令人瞠目。不管是发型、语调或衣着不对，还是成绩考得太好，抑或是投了个差球，被骂成“同性恋”，都是家常便饭的事。这些词用得再频繁也不会冲淡它们的伤害性。男孩对同性恋的恐惧是那么深，这样的讥讽简直就是绵里藏针，戳心得很。

尽管男孩们集体手淫不是什么稀罕事，但没有哪个男孩或男人承认过。对大多数男孩来说，集体手淫或是玩玩其他性游戏，离成为同性恋还远着呢。但如果有个男孩觉得集体手淫很尴尬或羞耻（在只有两三个人参与时，这种情况很容易出现），那他就会担心自己是同性恋，或者以后会变成同性恋。

所以一个男孩不仅担心生理反应会引起身心不适，还担心别人的看法和自己内心的评价。男孩们害怕同性恋，因为这违反了男性的传统准则，大家会群起而攻之。

对同性恋的恐惧让“触碰”成为禁忌，男孩再也享受不到触摸带来的安慰感，任何本来是很自然的接触行为，都被误解为与性有关。尤其是青春期少年，他们认为自己长大了，不能再和父母拥抱、亲吻。然而事实是他们依然需要这些与性无关的抚慰来滋养心灵，青春期男孩沉迷手淫的一个原因很可能是身体的远离造成了心灵的孤独。

对一个真正是同性取向的男孩来说，这更是一个令人害怕、孤立无援的否定期。男孩文化中的“恐同”现象广泛存在而又根深蒂固，这就更加重了真正有同性恋倾向男孩的绝望感。本不是同性恋，却被人叫作同性恋，是一件“丢人”的事。可要是他本来心里就怀揣这个秘密，情况会有多糟呢？作家米开朗琪罗·西尼奥里莱（Michelangelo Signorile）在《同性恋在美国》一书中回忆：青少年时期，为了抵制自己是同性恋的直觉，他加入了一个有组织、有计划地寻找并殴打疑似同性恋男孩的黑帮。1998 年，怀俄明大学的同性恋学生马修·谢巴德的被杀事件，正是“恐同”势力存在的残酷证明。

体格说话：大就是好

体格和运动是男性心理学最重要的两个领域。男人敬佩大块头的橄榄球手、高个子的篮球手和重量级的拳击手，体格和其中隐含的力量让我们着迷。阴茎的尺寸对性功能的影响还在其次，更重要的是它被当作衡量男子气概的标准。在男人世界的方方面面，体格就是力量的化身。在男孩文化中，单是体格这一件事就能为你攒足口碑。

“6 岁以前，我因为个子小，挨了不少打。”一位来自南波士顿的男孩一边笑着，一边回忆自己被大个子当作出气筒的往事，“等我快 7 岁的时候，我越来越壮，所有人都不敢惹我了，认识我的人都尊重我。”

从城市里最光鲜靓丽的街道到最穷困潦倒的角落，男人们都有着相同的残酷回忆。奈杰尔说，他在英语寄宿学校上六年级时，因为个头很矮，总是被一个八年级的男孩欺负。有一天他打了回去。一位老师来了，提议用传统方式解决——放学时两个人戴着拳击手套来一场正式较量。下课后，男孩们成群结队地涌向操场，奈杰尔和比他高大得多的对手戴上了拳击手套。他们打了一架，但因为体格不在一个重量级上，大个子选手把小个子选手打倒了。

然而，一种心照不宣的社会契约就是这样，奈杰尔因为公开展现勇气而获得了好评，对手不应当也确实没有再欺负过奈杰尔。他的勇气为他赢得了安全通道，这果然有效。不过，他那天是真心想要打败欺负他的人，但是他失败了。多年以后，奈杰尔仍然清晰地记得，当他面对人高马大的校园霸王，知道自己必败无疑时那种身陷困境的绝望感。

无论是否与性有关，体格对男孩来说都非常重要。男孩们感受到对方的差距，于是找到对方的弱点。体格上高人一等，是获得尊重的决定因素。男孩的个头越大，就越被人尊敬。男孩非常清楚这种生理等级制度，也清楚自己排行老几。个头小的男孩容易在心理上也觉得低人一等，这种感受将生理上的不足放大了好几倍。于是他们拼命通过获得各种成就来弥补，而且从孩提时代开始就在心里修筑防线，来抵御身材矮小的痛苦。他们给自己创造了许多“补偿机制”，自我感觉高大起来。

输在发育线上的孩子

丹谈博比

博比上小学的时候就是班上个头最小的孩子，他没有运动员的天赋，也不太喜欢体育。他喜欢自娱自乐，看看书或是打打电子游戏。父母注意到博比没有什么朋友，但是他们觉得他总有一天会有自己的社交圈。而且博比的成绩很好，没什么理由去担心。

博比 12 岁时上了初中。同班男生已经处于第二次生理发育期，身高蹿得很快，但博比的身体还没有发育，越发显得矮小了。“鲨鱼们”开始围着他打转，躲都躲不过去。他们多数时候是给他起外号，比如“无毛怪”和“吱吱叫”，并在男生间流传。博比说那时候几乎每天都冒出一个关于他的新外号，他到 25 岁的时候，依然清楚地记得每一个外号。

这他也就忍了，至少他没被打过，也没人偷他的饭钱。有时他甚至也会被放过，攻击目标暂时转移到别人身上。但是日子一长，嘲笑是会造成心理阴影的。尤其因为博比没有朋友，没有哪个群体真正接纳过他。

博比终于开始发育了。他的身高从 137 厘米蹿到近 170 厘米，也不再是澡堂里那个没毛的孩子了。但是九年级的时候，他长了一脸青春痘。他的外号变成了“月球皮”“可伶可俐（一种祛痘产品）”“比萨脸”。到了高二，霸凌者渐渐对取笑他失去了兴趣。博比依然没有太多朋友，但至少也不再有什么敌人了。在后来的高中生涯里，他基本都是独自一人。

现在，博比和同龄人之间没有什么共同语言，父母再也不能坐视不管了。他不喜欢约会（根本就是害怕），身边没有一个算得上好朋友的人。多年的嘲笑在他心里留下了伤疤。就像一吃饱就怕胖的女孩一样，博比很在意外貌的任何一处瑕疵。他不断对着镜子检查自己的脸，看看有没有可能出现粉刺。一旦他找到快化脓的粉刺，就会花上好一番工夫地把它挑破，再对着伤口一遍遍地抹药膏。本来他的粉刺并不显眼，但是在这种拙劣的自我治疗下，他简直快要破相了。虽然他和大多数人一样高，但总是穿着最厚底的鞋子或者靴子。他非常害怕女孩嘲笑他的阴茎，因此竭力避免各种性爱机会。

博比总是疑神疑鬼，觉得别人对他的外貌窃窃私语。猜忌心严重地干扰了他的生活。他几乎不相信任何人，觉得大家都等着看他出丑。他总是丢掉工作，这进一步侵蚀了他的自尊心。最近几年，博比的处境越来越不好，我担心他的未来只会更糟。

博比的例子属于极少数的案例。没有人料到他会如此脆弱，如此绝望地嫌弃自己的体格。体格是遗传因子的结果，谁也控制不了。但本不重要的小困扰，无疑被残酷文化放大了百倍。幸好大多数男孩不至于走到如此严重的地步，但是在这样残酷的成人礼中，每一个男孩都曾受到过伤害。冷酷无情的嘲笑一波波袭来，绵绵不绝的痛苦流进内心，扭曲了男孩看自己、看世界的心灵之窗。

男孩的必修课：运动，让人欢喜让人忧

有的男孩喜欢运动，有的男孩擅长运动，总之每个男孩都与运动绑在一起。学校要求学生必须运动，比如上体育课，因此你的运动能力怎么样，其他人一目了然。在美国东北部的城镇里，一到秋天男孩们就分成了两类：踢足球的和不踢足球的。有些地区可能不是足球而是橄榄球。许多男孩觉得运动是一种享受，也许是生活中最大的享受。但是也有一些男孩，运动对他们来说顶多是喜忧参半。“运动文化”如影随形，它能让一些男孩扬眉吐气，也能让另一些男孩抬不起头。在运动上才华横溢或者技压群芳，你就能获得其他才华所不能获得的好处，因为运动所得到的重视比其他方面的要多得多。

一位即将上任的私立学校的校长告诉过我："在这所新学校里，橄榄球教练的薪水比其他老师的高出50%，一项橄榄球活动所花费的金额是其他运动项目总和的5倍，然而全校只有1/4的男孩在打橄榄球。"这种将大量资源、关注和精力分配给某项运动的教育政策，对那些不擅长运动的男孩来说，简直算得上是一种苛政。

在学校里，运动才华带来的声望滋生出一种"等级制度"。运动场上的"残酷文化"得到了多数成人的支持。体育成绩不好的男生被人瞧不起，这已经不算什么了。更严重的，以运动来划分地位，地位高的男生会欺负地位低的男生。不擅长运动的男生不仅人缘差，桃花运也差，只能眼巴巴地看着那些明星运动员将校花们拥入怀中。

迈克是一位英俊、精干的成功企业家，他有个13岁的儿子瑞克。迈克身材不高，瑞克也是。多少年来，迈克几乎每天敦促瑞克晨跑，给他报各种体育班，哪怕儿子一脸兴趣索然的样子。"看，他正在训练。"迈克向我们解释，"我是在为他的人生做准备。要是他体育优秀，就会赢得尊重，拿到奖学金，上个好大学。要不然，他永远都是'小矮个儿'，别人会将他生吞活剥。我懂得这个是因为我经历过，所以我不希望我儿子重蹈覆辙。"瑞克听从了安排，搁置下其他兴趣爱好，一直参加各种运动班。但是他对爸爸的怨恨也在滋长，等到初中的时候，瑞克成为一个强壮、敏捷又暴躁的男孩。然而，迈克依然要求儿子坚持运动，坚持"赢"。

男孩在残酷文化里的生存指南

丹谈康纳

康纳看起来并不像是典型的"靶子"。这个13岁的七年级男生有一头红发，长着一张圆脸，相貌平平，个头适中，衣着普通，属于放进人群中就找不到的那种。康纳的家庭属于殷实的中产阶层，父亲是销售员，母亲在药店兼职。然而在他们居住的波士顿富人区，当他们把吉优（一款平价汽车品牌）开进学校的停车场停稳，一看身边全是奔驰、宝马的时候，他们与邻居的阶层差距就凸显出来了。康纳是班里最好的篮球手之一，这本应保护他免受嘲讽，但事实并非如此。

在康纳连续几星期遭受人身攻击以后，几个老师最终向我求助。后来我终于能在办公室里见到康纳，会面只有短短的20分钟。学校这天要为一个有关增强禁毒意识的集会做准备，所以要早点儿放学。在这20分钟里，我一直在想办法帮助康纳摆脱“习惯了就好”的借口。“有什么大不了的。”他说。

后来我想，他大概是真的习惯了。看来他不会出现小便失禁、偷窃成瘾、吸食大麻等问题——这些是心理咨询师、心理医生和社工们在手册里倒背如流的“危害”。但是他正在设法找到一劳永逸的防御状态，他正摸索着如何封锁自己的情感，不信任所有人。这些危害是不会出现在诊断手册里的。

我看着康纳的一头红发消失在走廊里，突然想起一个多年没想起过的人——米克，一个以前和我做伴上学、备受嘲笑的男孩。我那时是一个小有名气的团体里的一分子，得以跟他们在一张桌子上吃午饭。米克也是这个小团体中的一员，也一起吃午饭，大家彼此都是朋友。一年春天，在很长一段时间里，他们总是会在吃午饭时欺负米克。米克是那种很低调的小伙子，人很不错，非常敏感。他长着一头粗粗的红发，这就够他受的了。团体的头目想出一招，每天给他起个新绰号（我记得的两个是“钢刷”和“头盔”），当然是为了取笑他的头发，他们都觉得米克的头发很滑稽。有时他们一起喊“别让米克吃饭！”，就像战斗口号一样。他们把鼻涕擤在米克的三明治上，或者干脆偷走他的食物。有一次他们从生物实验室里偷来一只蜜蜂，放在米克的金枪鱼三明治里。我没有参与过这些事，但回想起来，真不敢相信我竟然就坐在那里，任凭他们捉弄米克。

回想过去，残酷成了我们世界中稀松平常的一部分，我们几乎没想过要质疑它。我不知道之后的日子里，米克的生活是否依旧如故。我相信他没有精神失常，也没有出现暴力倾向，但是他一定伤心过。我现在想想都难过，他伤了心，然后变成一个硬心肠的人。

放下米克，我却放不下康纳，我想找出康纳背后更多的故事。为了获取更多信息，我找到我在七年级的“线人”——开学以来就定期和我会面的男孩们。亚当，在前年开学前他父亲去世了，我一直在引导他表达自己的感受；雷昂，一个被这所私立学校录取、从重点公立学校转学过来的非裔美国男孩，是班里唯一的有色人种，我作为“有色人种学生俱乐部”的教师负责人，帮助他完成在新学校的过渡。亚当和雷昂的校园生活都没什么大问题，但是得到我的特别关照让他们更有安全感。一小份付出就会收获长足回报。我经常和亚当、雷昂一起吃午饭，这天我带他俩去吃汉堡，谈了谈他们每个人的近况，接着我谈起康纳。

“你们班的康纳最近怎样？孩子们都嘲笑他什么？”

“你正在给他做治疗吗？”亚当问道。

“哥们儿，我得保密，你懂的。有老师觉得他日子不太好过。”

“没那么严重吧。”亚当说，“别人也没少被欺负啊。”

雷昂的看法不一样：“你真这么想吗？他和我一起上体育课，他们天天折磨他，他们叫他‘红衣战士’。”

“为什么？”

“噢，是这样，”亚当说，“我记得他有一个印着‘超凡战队’的旧数学本，每个人都笑话他，说他看幼稚儿童片。现在所有人都叫他杰森或者佐藤（杰森是一代红衣战士，佐藤是超凡战队的领袖），他快气死了。”

现在我明白了。对七年级的男孩来说，“超凡战队”彻底过时了，康纳犯了“幼稚”的罪。8岁的男孩会笑话弟弟妹妹喜欢紫色恐龙班尼，同样，七年级男生不能再留恋超凡战队。我猜，康纳并不是为了超凡战队而使用这个数学本，是因为他的父母觉得好好的本子扔了太浪费。我还猜想，这个本子不久就会“不翼而飞”了。康纳感到伤心的一个原因是他觉得不公平。他知道要想合群，自己应该显得够酷。我同意他，但是我也知道这个年纪的男孩很少能躲过这些烦恼。作为一个新生，他就更容易成为众矢之的。

亚当承认自己有时也会嘲笑康纳，他也很清楚自己的软肋，他的姓氏与“无能”这个单词谐音。

雷昂采取的是明哲保身的态度。他是黑人，有时会被“流弹”划伤——班上偶尔会有关于非裔美国人的愚蠢评价——他通常选择默默忍受。我想知道，亚当和雷昂是否愿意增加一个共进午餐的小伙伴，我也不知道康纳会不会同意。我认为，这个团体人那么少，所以只要有我在中间，他们就不会起什么冲突。

这两个男孩帮了我很大的忙，至少我现在知道康纳的烦恼是什么。种族歧视在中学男生圈子里依然十分普遍，这可能是学校管理者们面临的最困难的也是最难改变的局面。

心理治疗师的工作就像侦探，我们在男孩的故事里仔细钻研、跟踪事件、采访当事人、走访亲朋好友、摸清感受，梳理种种线索之后，找到事件背后的合理解释，而不是将大事化小、小事化无——这是成人喜欢的方式。当孩子矢口否认、拒绝心理治疗的时候，当他们给出模棱两可的回答，说什么都是“没问题”（明明有问题）的时候，很多成人只用一句“成长的烦恼”来解释男孩的困扰，然后听之任之。但是对心理治疗师来说，大事化小是不行的。正相反，我们探索康纳这样的男孩们的世界，花时间、花心思弄清楚他们的感受，顺藤摸瓜找到困扰的根源。这是个体力活儿，需要跟家长探讨好的抚养方式，跟学校沟通有效的教育手段，跟孩子进行心理上的交流……总之没有捷径可走。

一个男孩是否能够在残酷文化中生存下来，要看他是否能够辨别和了解自己、他人的情绪与感受，也就是他是否具有情感认知能力。一个拥有强大的情感认知能力和同理心的男孩不会随便伤害别人，被欺负以后也能很快恢复。

残酷文化里的友情与背叛

1937 年，“左撇子”“快枪手”“红玫瑰”“乖宝宝”还有其他十几个少年成为一群亲密无间的朋友。60 年后，他们因登上了《纽约时报》的故事专栏而一举成名，不是因为他们在战场、工作、家庭取得的成就，而是因为他们直到现在还是挚友。

其中两位年过七旬的老人告诉了记者他们的友谊缘何而起。“4 岁的时候，他把我从自行车上打了下来。”一位老人回忆道，“大人把我们叫上楼，说‘你们这是不打不相识’。果然，我们成了朋友。”另一位老人补充说：“我们成了朋友，我们肝胆相照。就这么简单，但也不简单。”

六十载的友情相当不简单，更令人钦佩的是他们现在依然无话不谈。这件事真的挺新鲜，因为他们是男人。男人不是都得孑然一身、形影相吊吗？信任的结局是苦涩的，很多男孩的友情故事总被风吹雨打去，落得一场失望与困惑。友情越深，走得越近，嘲笑、欺负和排挤也随之而来。从 7 岁开始，“友谊”与“背叛”这两个主题就会并行出现在男孩的生活里，在不如意的环境下甚至更早。在青少年早期，随着父母和其他成人的庇护逐渐减少，友谊滋生残忍的风险逐渐增高。

真正的友谊可以让你做自己，相信朋友不会利用他知道的事情攻击你。男孩一方面渴望在友情中表达自我，另一方面又得在世俗的目光下装出自信、坚定或是寡言少语的样子。男孩之间分享秘密，这会不会太出格了？但是，首先，任何孩子在表达感受上都有着强烈的需求；其次，当男孩有了自己的生活，与父母渐行渐远时，找到知己就变得格外重要。男孩要是和父母双方或一方有着亲密的联结，通常会跟好朋友各抒己见，无话不谈。

就算是想要成为朋友的两个男孩，也必须抵制残酷文化的蚕食鲸吞。团体要求男孩将集体置于个人友谊之上，而且要时时表忠心。在这种氛围下，朋友之间的背叛随处可见。有时候他们纯粹是为背叛而背叛，比如组织一个活动而故意不叫上某人，一起出去玩的时候“不小心”让某人走丢，看他出洋相，或是把某人的秘密散布出去。有时候他们是不得已为之，比如在朋友受到整个团体的嘲弄时不敢挺身而出。男孩遭到背叛，失去对别人的信任的，那一刻在他心里产生了深远的影响。同时背叛者收获了另一种痛苦，因为他知道下一个可能就会轮到自己。在互相揭短又彼此提防的较量中，双方的信任感被一点点消磨。儿童时代的友谊原本充满了信任，可以为一生的人际交往奠定良好的基石，但是它现在受到青春期残酷文化的打击，摇摇欲坠，这真是令人悲伤。

42 岁的加里回顾了他青少年时期的转折点。一开始，他和一个朋友绝交了，因为那个男孩人缘不好，跟他做朋友“风险很大”。到后来，他自己也尝到了被朋友抛弃的苦果。

“四年级的时候，我最好的朋友是彼得。每天放学后，我们都一块儿学习、聊天，要么在他家，要么在我家。周末的时候，我们就在附近的树林玩狩猎跟踪游戏，他是我最好的朋友。彼得是班上最矮的男生，其实他体育还不错，但是六年级的时候，其他男孩开始嘲笑他太矮。起初彼得根本不理睬，我也替他说了几次话。但是渐渐地，我觉得自己有点儿像是母鸡在保护小鸡，挺别扭的。有一天，我俩在更衣室里换衣服，一些男孩把彼得围住，用毛巾抽他的裆部。彼得护着身体，努力想把裤子提上。我记得他向我看过来，他不完全是恳求我帮助他，倒像是看看我会怎么做。我的做法就是穿好衣服，走出了更衣室。后来我们对这件事绝口不谈，但是我们的友谊也就此画上了句号。说实话，他当时就像是我的债务一样，而我没有勇气去处理。”

加里后来又交到一个“好哥们儿”李，他擅长体育，成绩优异，是一位真正的学生领袖。他们穿同样尺码的衣服，会互赠领带甚至是夹克，这是友谊和忠诚的重要标志。七年级的时候，加里要准备自己的受戒礼——这是犹太少年的成人礼，证明自己已经做好了准备，承担成年信徒的责任。在此之前，他是犹太人这件事从来没给他带来麻烦，但是那一年，在那所犹太人占少数的规模不大的学校里，这件事成为“可以被嘲笑”的信号。

“各种‘犹太笑话’开始冒泡了，我不知道应该冷淡处理还是反击。”加里说，“我记得我曾向李求助，但他只是和其他孩子一起笑，虽然他笑得很不安。等我行受戒礼时，我邀请了班里的五六个男孩，他们都是我视为朋友的人，但是没有一个人到场——包括李在内。后来我问起过他，他承认自己和其他男孩讨论过这件事，其他人最终还是决定不去犹太会堂，因为他们不想戴犹太帽。我猜李的想法也一样。在成人礼上我成为男人，那一刻我意识到只能依靠自己，后来我就再也没和谁交过心。”

走向沉默的男孩

所有这些失去（友谊、信任和自尊），所有情感上的封闭，都是为了成为男子汉，为了这个“难上难”。残酷文化将沉默主义强加在男孩身上，让他们有苦难言，或者袖手旁观。这一准则在男性群体里如此强大、如此普遍，男孩们将其视为理所当然。男孩有各种各样沉默的理由：他们害怕成为下一个受害者，他们不想替别人代罚受过，他们不希望被同龄人放逐，他们已经饱受教训。保持沉默使他们显得既坚强又像个男人，吐露真心则不会。

男孩们有自己保持沉默的理由，老师和家长也有他们的理由。

布莱恩七年级的时候受过几个月的欺负，一开始他打碎牙往肚里吞。这些攻击包括嘲笑他的身高、发型与衣服，吃午饭的时候被冷落，课本和文具被偷，回座位时被绊倒，排队的时候被人“不小心”撞倒。布莱恩越是坚决不理睬，这些嘲弄就越是变本加厉。有一天，在操场上，一群男孩抢走了布莱恩最心爱的用皮革缝制的沙包球，扔来扔去不还给他，后来引得几乎所有人过来围观。随着追逐变得狂热起来，其中一个男孩把球扔在地上，重重踩下去，其他人也跟着一块儿踩，转眼间球就瘪了，在泥里碎成一团。布莱恩羞愤交加，抓住一个坏小子的衬衫，猛地把它扯开。这下子操场监督员把布莱恩送到了校长那儿，经过谈话，校长了解到事情的来龙去脉。

当布莱恩的班主任被告知这个男孩面临的麻烦时，这位和蔼可亲的老师说，他平时并没有在教室里发现任何不对劲。但是学校的心理老师证实布莱恩确实在“方方面面”受尽了嘲讽——从他早读的书到课堂上的发言。

根据经验，我们发现有些老师会无视这样的骚扰行为。他们要么觉得男孩们吵吵闹闹很正常，要么对这样的行为爱莫能助。老师们没有接受过相关的专业训练，不知道如何进行心理干预，校方也没有把这类职责归为教师的工作。我们也知道，有些男老师自己在上中学的时候就留下了心理创伤，他们没有勇气去直面那些挑衅的男生，担心失去自己的权威。有些老师童年过得很糟糕，他们不想让这些事件勾起他们强烈的情绪共鸣。他们如今有权威也知道保持理性，但是过去的伤痛令他们不堪回首。

和老师一样，许多父母也有情感阴影，这阻碍了他们积极面对儿子生活中的残酷迹象。做母亲的总是不确定是该告诉学校，还是按照儿子的意愿撒手不管；做父亲的往往不动声色——他是过来人，他知道处理不好会给儿子帮倒忙。有的父亲自己就在“欺负”儿子，自己的社交问题还没捋清（这些问题同样出自残酷文化），又来了一个“没出息”的儿子，简直令他气不打一处来。于是他将愤恨都发泄在儿子身上。青春期是男孩最关键的成长期，父亲本来应该成为儿子的精神支柱，可是这样的父亲却背叛了孩子。这就是残酷文化给家庭带来的悲伤的后果。

男孩并不一定总是需要成人伸手援助，但成人的无动于衷会让男孩认为残酷文化可以凌驾于法律之上，认为霸凌者不需要为他们的行为付出代价。父母与教学人员应当联手营造一种氛围，明确指出这一点：从道德上看，我们既不容忍残酷行为，也不忽视霸凌的存在。学校与家庭应当为学生提供情感教育，帮助学生认识自己的情感，并明白做事需要承担责任。只要成年人以身作则，一起来倡导这些价值观，男孩们也将打破沉默，进而抵制沉默幕后的残酷文化。

小结

1. 男孩之间有着难忘的兄弟情，但也存在着羞辱、恐惧、背叛等残酷的文化。

2. 不要用“勇敢”或“弱小”这种单一的标准来评判男孩。

3. 男孩很在意身体发育的程度：身高、肌肉、声音、体格等。

4. 梦遗和手淫让男孩意识到自己的性能力在发育，但同时也让他们产生困惑。

5. 当男孩遭遇残酷文化的伤害时，父母和学校老师不应该容忍，也不能忽视霸凌的存在。

第五章

父与子：
“渴望与距离”的传承

于是我们奋力前行，小舟逆水而上，不断地被浪潮推回到过往……

——弗朗西斯·斯科特·菲茨杰拉德《了不起的盖茨比》

（Francis Scott Fitzgerald, *The Great Gatsby*）

大多数男孩和父亲之间隔着一道情感的鸿沟，这对男孩伤害尤甚，因为父亲一直占据着男孩自我认知发展的核心。对很多男孩来说，父子情感隔阂是他们一生悲伤、愤怒、痛苦和羞耻的来源。无论父亲有多么不想当父亲，儿子都想爱父亲，想得到父亲的爱和理解。

很少有什么事情能让一个男人流泪。他可以倾诉，谈失败的婚姻，谈不争气的孩子，谈工作上的不顺，谈生意是怎么搞砸的，谈身体哪里不舒服……但他不会流泪。能让一个男人在心理治疗中号啕大哭的，几乎都是因为父亲——那个让男人又爱又恨的老男人，无论他是否在世。有的父亲从未露面，有的一出现就带来痛苦，有的则带着心理或情感缺陷。"爱"这个字眼很少出现，但它正是所有故事的全部。无论故事背后是怎样的感情——渴望也好，愤怒也罢，或是种种悲伤、羞辱——它们其实都是一个故事，角色只有父子二人，故事的名字叫作"得不到回应的爱"。

大多数男孩和父亲之间隔着一道情感的鸿沟，这对男孩伤害尤甚，因为父亲一直占据着男孩自我认知发展的核心。

对很多男孩来说，父子情感隔阂是他们一生悲伤、愤怒、痛苦和羞耻的来源。它让很多好男人做不成好父亲，但却不能磨灭很多儿子想做"爸爸的好儿子"的渴望。无论父亲有多么不想当父亲，儿子都想爱父亲，想得到父亲的爱和理解。

美国诗人卡尔·桑德堡（Carl Sandburg）在自传《永远陌生的年轻人》中，描述了这样一个时刻，那一刻他和父亲的情感鸿沟跨越了小男孩的整个宇宙：

> 我记得，那是一个圣诞节的早晨，父亲牵着我的手去散步。那段时间，我一直在读关于星星的书，而这个清早我终于有机会看到漫天闪烁的繁星。我抬起头，望着父亲的脸，一只手指着天上的星星说："你知

道吗，有些星星离我们有几百万公里那么远呢。”父亲看都不看我一眼，“哼”了一声，好像我是个无理取闹的小家伙，说：“看那个干什么……”我们又走过几条街，谁也没有说话，尽管还是手牵着手，但我感觉我们之间隔着几百万公里的距离。

尽管诗人和父亲的情感隔着几百万公里的距离，但是诗人说自己对父爱的渴求永不停止，这是“一种丰富的、柔软的渴求”。

心理治疗师是这种渴求的见证者：儿子再大都需要父亲的爱与尊重。男人们说，他们想当尽职尽责的爸爸，想要比自己的父亲做得更好，可是儿子却“不听劝”“不懂事”，让他们恼火而失望。男孩们抱怨的时候说了类似的话，说父亲“不认真倾听”，“不理解”他们，一味索求却不给予尊敬。母亲们说，她们想尽办法让父子之间和睦相处。但是，她们往往充当了裁判或者保姆的角色，顶多是起到缓和怒气或者安抚情绪的作用。还有一些女人跟丈夫发脾气，说他们对儿子不够关心。

我听安德里亚讲述丈夫罗恩和儿子大卫之间的裂痕，她的担心正是诸多母亲的担心，而且这裂痕在日益扩大。大卫小的时候，罗恩（就像他自己的父亲当年那样）每天起早贪黑地上班，家里整日只有安德里亚陪伴儿子。本来生活还算如意，直到大卫 9 岁了，他开始总是设法去找他的爸爸。他努力想获得爸爸的关注，但是罗恩觉得做爸爸太辛苦，他拒绝了大卫提出的周末看电影、打保龄球这些建议。

“大卫几乎是不惜一切要赢得爸爸的好感，但是他做的一切都让罗恩不高兴。”安德里亚说，“罗恩总是对大卫横挑鼻子竖挑眼。大卫想告诉罗恩他玩的电子游戏有多棒，罗恩却嫌大卫说话声音太刺耳；只有在大卫汇报成绩的时候，罗恩才会用心听，语重心长地叮嘱他再接再厉。两个人总是鸡同鸭讲，罗恩因为大卫没有倒垃圾而朝他嚷嚷，而下一分钟大卫就会问罗恩要不要一起去看电影。

"我担心的是，如果一直这样，等大卫再长大一些了，他最终会讨厌爸爸，等那个时候他们就再也找不回亲密有爱的父子关系了。"

我们可以明确一点，那就是情感丰富、自愈能力强的男孩都拥有一个情感丰富的父亲。这样的父亲是家庭情感力量的中坚，他始终如一地关心儿子，表达关心的方式也让人舒服。不幸的是，只有少数父亲会和儿子建立这种关系。

我们的文化将"人际关系"的工种分配给了女人，长此以往，男人的情感变成了鸡肋似的"第二语言"，结果大多数男人都不能完全理解自己或别人的感受。因为从来没有从自己的父亲那里得到过教导，所以男人们并不知道如何从爱的角度考虑问题，以及如何表达他们对儿子的爱。他们对待自己的儿子像对待其他成年男人一样，试图去打败他、控制他、批评他。当父亲的权威受到青春期少年的挑战时，这种控制行为变得更常见，即便早几年前两人之间还算亲密。这些行为损害了父子关系的发展，阻碍了男孩对自身情感变化的理解。

大部分男人对父亲怀有一种不能言喻的情结，无论他们之间相隔多远，哪怕生死茫茫两不相见，这份渴望与失望相交织的悲伤模式，将父传子，子传孙，一代代传承下去。

有其父必有其子

著名作家马克·吐温有一次说，男孩在 12 岁左右的时候，会找到一个男人，去崇拜他、模仿他，把他作为自己一生的榜样。这个男人十有八九就是他的父亲，尽管他不一定意识得到，甚至不愿承认。无论儿子如何扬帆远航去过自己的生活，到头来他还是得回来，和他的"老爸"面对面。

美国最伟大的布鲁斯吉他大师巴迪·盖伊（Buddy Guy）在电台采访中曾

讲述到自己和儿子的故事。他生了这个儿子却没有养育他，当儿子长大成人，巴迪找到他，希望走近他。他的儿子也是个吉他手，但是对父亲的“长期缺席”，他心怀痛苦，不想和父亲扯上任何关系，哪怕是音乐。他有自己的偶像，就是当时最负盛名的摇滚巨星“王子”普林斯。他找到一位老师，要他把自己打造成普林斯的样子，这位老师说，要想成为另一个普林斯，先要了解他模仿的吉他手吉米·亨德里克斯，而要了解亨德里克斯，就得先了解他的偶像——吉他大师巴迪·盖伊。

许多男人发现他们一路绕行，最后还是成为和父亲同路的人。杰克的父亲在政府工作，是一名赌徒。杰克 6 岁的时候被他遗弃，杰克决心长大了一定不能变成父亲那样。高中他获得全 A 的成绩，申请到了大学奖学金，考上了医学院，最后成为一名急诊室医生，在一家大型医疗中心工作。但是对成功的渴望耗尽了他所有精力，他没有时间交朋友，在社交场合中如坐针毡。

终于，杰克结婚了，有了两个儿子。他发现，他宁可在急诊室里忙得团团转，也不想待在家里陪妻儿。工作至少是有回报的，同事敬重他，救死扶伤让人充满价值感，还有 6 位数的高薪。回到家，妻子批评他陪儿子的时间太少，这让他倍感压力。升职后，增加的工作量占用了杰克周末的时间，很快他忙到三顾家门而不入。事业有成、家庭富足的杰克没有变得像父亲那样潦倒一生。但是当大儿子快 6 岁时，杰克似乎被父亲的阴影笼罩了，因为他也日复一日地逃出家庭，躲进了他自己那个更有价值、更受欢迎的小世界里。

爸爸，你真的重要吗？

1998 年 7 月，一篇名为《最亲爱的爸爸，你真的重要吗？》的文章提到，论母子关系重要性的文章可以填满一卡车，而关于父子关系的研究只需要一个后备厢就足够了。但是，随着联邦政府将“父亲失职”列为当今美国“最大的社会问题"，这种情况正在改变。据调查，约 1/3 以上的孩子没有和父亲住在一起，1/2 的孩子在童年里的某一段时期看不到父亲。这些数据引发了越来越多以"父亲"为对象的研究兴趣与研究活动。

两个重要事件标志着这一轮"研究父亲"新浪潮的开始：一是 1996 年 10 月，美国国家卫生研究院赞助举办了一次关于父亲的研究大会；二是 1998 年 5 月，《人口学》期刊专门出了一期关于父亲的新研究特刊。新的研究证据表明，成长中父亲的陪伴和关心对孩子是有好处的，有父亲陪伴的孩子更聪明，心理更健康，在学校中的表现更好，更容易找到好工作。当这些研究成果公布的时候，一些研究人员甚至放弃了严谨的文献语言，而改用"显著的""令人震惊的"等类似的词语去描绘父亲对孩子成长的深刻影响。

规模最大的研究项目之一是由西北大学的格雷格·邓肯连同密歇根大学的同人们一起完成的。27 年来，他们研究了 1000 多个双亲家庭的诸多方面，如父母职业、收入、教育水平、智商等，这些因素被认定会影响孩子将来的职业与收入。他们还研究了很多不那么被重视的因素，如父亲干多少家务活，父亲空闲时间是否去酒吧或看电视，家人一起吃晚餐的次数，全家会不会一起去教堂，父亲会不会去参加家长会，等等。研究结果甚至让他们自己都吃了一惊，"父亲是否参加家长会"这一因素与"孩子长到 27 岁时的收入"之间最具相关性。

《人口学》发表过一篇"全美儿童调查研究"下属的子研究，北卡罗来纳大学和宾夕法尼亚州立大学的研究人员在 11 年间观察了 584 个来自双亲家庭的孩子。研究开始时这些孩子的年龄在 7—11 岁，结束时他们的年龄在 18—22 岁。

研究人员的兴趣点包括父子关系的亲密程度、母子关系的亲密程度，以及父母各自参与青少年学习和心理成长的情况。研究发现，孩子如果与父亲建立了亲密的感情，或是经常有父亲的陪伴，孩子的学习造诣更高，较少出现破坏公物、吸毒贩毒等十分恶劣的行为。母亲的陪伴与孩子上述行为之间的关联不明显，这并不是说母亲不重要，而是因为所有参与研究的母亲对孩子的陪伴都差不多，所以父亲高质量的陪伴会给家庭带来很高的加分。

有一项关于“情感教育与同情心”的研究，其结果恐怕是最令人难忘的。这项研究跨时 26 年，研究对象开始时 5 岁，后来成长到 31 岁。研究人员对父母在几个方面所扮演的角色进行了研究，包括母亲保护孩子不受性侵的努力程度、母亲对自己的家庭角色的满意度以及父亲在育儿中的参与度。虽然母亲的各项因素与孩子在 31 岁时呈现出的同情心之间呈现出相关性，但影响力最大的因素——比所有母亲因素加起来都更重要的因素——是父亲在育儿中的参与度。

研究还表明，当父亲参与育儿的时候，他们会在儿子身上投入更多时间和精力，特别是在儿子青春期的时候。父亲对男孩的情感成长可以说是至关重要的，尤其在男孩不如女孩的地方，如共情能力。此外，父亲能够保护男孩在某些方面（如违法犯罪的判决上）免受不公正的待遇。

尽管在双亲家庭里，父亲参与养育子女的程度相比20年前有所提升（增幅约 15%），但是这种参与并不一定都能满足男孩的情感需求。如果男孩觉得父亲陪伴的时间不够，给予的关爱不够，这种缺失感会伴随着他们成年。在一项调查中，300 名企业高管与中层管理者被问道：假如回到童年面对父亲，他们希望哪一点能发生改变。大多数男人的首选答案是：希望可以和父亲再亲近一些，希望父亲可以表达出更多情感和更多感受。

婴儿期：父亲失去了权力

20 世纪 50 年代，当我们还是孩子的时候，准爸爸的形象是搞笑的。在电视喜剧或漫画中，准爸爸在产房外踱来踱去，一根接一根地抽烟，等着胖胖的女护士探出头来宣布："是个男孩！"在他的孩子降临世间的这一刻，他是个门外汉，是个旁观者。

这幅画面就是那个时代的写照：在孩子的成长中，爸爸往往是个门外汉。照顾孩子是妈妈的职责，在玩接球游戏或者周末钓鱼的时候，爸爸才派得上用场。更多时候，他是家庭的经济支柱和家规订立者——这是做父亲最重要的角色和被认定的职责。

如今，社会对新手爸爸的期望和过去的不一样了。男人常常陪着妻子一起上产前准备课（一些医院甚至有这样的规定），分娩那天他必须在产房里陪产，握着妻子的手，阵痛的时候引导她做深呼吸。今天的父亲不仅是分娩之痛的见证者，往往还是第一个将新生儿捧在怀里的人。

但是等婴儿回家了，这种亲密陪伴便结束了，婴儿没完没了地吃喝拉撒，各种需求让没有养育经验的新手爸爸乱了套。此时此刻，不管母亲是否情愿，她都要扮演起育儿专家的角色。

即便是一个愿意帮忙换尿布或者在凌晨两点起来喂奶的爸爸，在孩子生病或者不开心的时候，还是会主动让位给"专家"妻子，这就让爸爸错失了机会，无法与孩子形成更加亲密的联结。对男孩来说，这些养育任务原本可以在父子之间建立起某种联结，让父亲在儿子生命的初期留下一个强壮有爱的身影。没有早期的这些参与，男人很容易退化为"不合格的爸爸"，进一步退化为养家糊口的角色。男人会始终不知道应该如何与家人共处，这会让他们自己，有时也让家人们质疑他努力工作的意义。

"我是看着本出生的，我觉得我真的在仙蒂分娩的时候帮上了忙，每个人都觉得这很伟大。"49 岁的马克回忆道，"但是在我们回家以后，我就不知道该做什么了，真的。仙蒂很累，但是她似乎知道本何时何地需要什么，也知道该怎么做，而我则无所适从。有时我会给他喂奶、洗澡、陪他玩，却感觉妻子在我背后锐利的目光，她似乎在监视我有没有犯错。本哭的时候经常是仙蒂来哄他，要是我做的不一样，她就会喋喋不休。所以我忙忙碌碌去干其他容易得多的事情，比如洗衣服，起码衣服不会朝我抱怨。”

许多母亲在跟我们聊天的时候都承认，她们不放心把孩子完完全全留给丈夫照顾。有一位父亲，他把 3 个月大的宝宝独自留在尿布台上，自己去接电话了，结果宝宝滚了下来，所幸只受了点儿擦伤。

大部分男人都没有学过如何照顾婴儿，他们也不想让自己看起来很傻。所以，尽管在婴儿期，他们本可以通过充满关爱的肢体接触与儿子建立早期情感纽带，但他们却要么步步后退，要么被推到了一边。这真是不幸，因为父亲对孩子的成长是独一无二的，哪怕父亲只会把宝宝抱在腿上骑大马，或是只会把宝宝抛起来逗他开心。研究显示，许多父亲的一项重要贡献就是充当孩子的玩伴，尤其是陪儿子玩一些刺激有趣的打闹游戏。这样的玩耍是非常鼓舞孩子的，非常有利于孩子的认知发展和情感发展。母亲为了“保护”孩子常常一遍遍提醒父亲别瞎闹，其实是在阻止一种真正难能可贵的养育方式。

童年期：做个足够好的父亲

童年时期，父亲在玩闹或参加活动时的表现教会了孩子如何处理自己的情绪。在游乐场和家里，男孩从父亲那里学到了解决问题的策略，并将这些策略用于青春期和成年后的社交活动。研究表明，那些有攻击性的、不愿分享（社交愿望低）的男孩，在家里往往有一位臭脾气的爸爸，父子之间也总是吼来吼去的。

男孩观察父亲如何化解冲突，如何与人合作，在婚姻和家庭中、在社区、在工作场合如何跟别人打交道。在生活的方方面面，父亲的行动高过语言，而“言”和“行”都是男孩想要仔细观摩的。如果父亲对儿子的回应诚实坦率、机智而灵活，儿子会由衷地尊敬父亲。夸大自己的力量成就、拒绝情感交流的男人，将与儿子渐行渐远，因为他无法走进男孩的内心世界——一个对丰富的情感和经历有感知力的世界。

假如父亲和儿子打网球的时候，父亲有个球没打好，他的反应是什么？他会咒骂一番，还是捡起球接着打？假如父亲和儿子一起做手工的时候，儿子失手打翻了一个工具，或者犯了个错，父亲是会耸耸肩就算了，还是会趁机说一番道理，还是会惩罚儿子呢？当父亲和 8 岁的儿子摔跤时，父亲会不会趁机向儿子展示自己更强壮？父亲的语气是开玩笑的，还是带着威胁的？6 岁的儿子正伤心或是在气头上，父亲会怎么做？他也回报以生气，还是不理不睬，还是拍拍儿子的肩膀，问问什么原因。

有时父母迫切地想要让家里重新安静有序，会忘记娱乐活动的初衷就是"释放"。摔跤、打球或是别的什么，都会搅动人的心绪。孩子也许会摔跤，会受伤，失了手，又投个好球，心情在游戏里起伏不定。这其实有利于大脑的发育，学习用批判的方式思考问题和解决问题，在安全的环境下释放各种情绪——总之，"玩出感觉来"。父亲往往富有游戏精神，有着积极乐观的心态，有助于儿子探索广阔的情感天地，学习接受沮丧、接受输赢，学习控制脾气。

心理学家埃里克·埃里克森（Eric Eriksen）用了三个词，恰如其分地描绘出少年的样貌：意志坚定、多才多艺和骄傲自信。成长是一项颇具挑战的任务，男孩需要相信自己有胜任的能力。在这个非常时期，男孩对每一件事刚刚上手的时候，父亲对他的看法的影响简直重如泰山。无论是踢足球、当乐队鼓手，还是当着父亲的面造一个船模，父亲的任何反应都会被儿子异常敏感地捕捉到。

劳尔说，自己带着不擅长运动的 6 岁儿子去滑雪，回来后问儿子这次经历最让他开心的是什么。儿子回答："看见你看着我滑雪！"对这个男孩来说，滑得好不好是其次，更重要的是父亲的看法。这就是大部分少年的想法：一切取决于爸爸，他认为我行，我就行。

男孩想要效仿和崇拜自己的父亲，他需要相信父亲是有能力的，这会让他相信自己终有一天也会变得有能力；男孩希望拥有一个不吝赞赏的父亲，这样的父亲知道他年纪还小会失手，但照样爱他、呵护他。

一位父亲若是能坦然面对自己的缺点和失败，这样的言传身教远远胜过假装自己无所不能。因为等男孩到了八九岁的时候，父亲再怎么伪装也瞒不住他了。一个总是虚张声势或者不肯认错的父亲，儿子从他那里学到的是怎样装成一个男子汉。

有些父亲担心满足儿子的情感需求会养出一个“爱哭鬼”，但事实并非如此，当儿子悲伤的时候，做一个接纳他、帮助他的父亲，反而会让儿子日后更坚强。马克·吐温笔下描述过这类父亲：“所谓勇气，指的是直面恐惧、掌控恐惧，而非消灭恐惧。”懂得情感的父亲会轻推儿子面对成长的难题，而不会刻意“锻炼”或打击孩子，让他提前尝到世间艰辛。在我们治疗过的男孩中，那些被灌输“承认脆弱你就输了”的男孩，恰好就是最害怕困难、最容易崩溃的孩子。

“男孩”依然是“孩子”

迈克尔谈威尔

记得我儿子威尔 6 岁那年，我们开车带他去看望他在露营的姐姐。我们要穿过佛蒙特州的绿山区，恰逢一阵短暂却很猛烈的暴风雨，雷电交加，暴雨如注，要看清路面、继续前行很困难。我要十分专注地慢慢驾驶，尽管如此，我还是抽空扫了几眼后视镜，看看坐在后座上的威尔。显然，他很害怕。

在我们穿过暴风雨后，我想问问威尔的感受。我的脑海里下意识冒出几种问法，比如："你刚才不害怕，对吧，小伙子？"（诱使男孩否认自己的感觉）但我最后决定这么问："刚刚有点儿吓人，对不对，威尔？"他回答说："何止呀爸爸，是非常吓人。"

这一刻，在大人的鼓励下，男孩将情感的脆弱时刻释放了出来。

青春期：父亲与男孩在两个世界，互不相连

对大多数男孩来说，青春期是一个情绪起伏不定、为摆脱控制（或者假想中的控制）而挣扎的时期。青春期男孩无时无处不在提防，他要努力藏好他的脆弱——包括在家里，特别是和父亲在一起的时候。十几岁的孩子在情感上依然是需要父亲的，但是他不会承认这一点。对青少年来说，父亲的存在提醒着他还不够独立，某些时候还是个小孩。对来自父亲的关爱和支持，他既期待又拒绝。对同龄团体日益增长的忠诚与对父亲的忠诚，这两者在他内心产生了冲突。这种紧张情绪造成了父子之间的隔膜，加深了误会的鸿沟。

研究表明，竞争、批评和缺少理解是父子之间情感隔阂的主要原因。一些观察青少年与父亲一起生活的研究也印证了这一点。比如在一项研究中，要求青少年就一些现实问题向父亲寻求建议，然而据他们说，父亲没有太多反馈，而且连和他们交流的兴趣也没有。父亲与青春期男孩，有时就像活在两个不同的世界里。

有一项关于家庭生活的研究被我们称作"寻呼机研究"：家庭成员随身带着寻呼机。研究人员随机选取时间，让寻呼机"哔哔"地响，此时研究对象就要记录下当时正在做什么，感觉如何。结果是家庭成员经常在同一时刻做着各不相干的事，或者在同一件事中感受完全不同，这有力地证明了亲子之间的情感隔阂。父子俩在同一时刻感受全然不同，这种概率占到了50%。

究其原因，是父亲在亲子关系里总想占据主导地位。比如，父子正在干

家务活儿，这时寻呼机响了。父亲写“我正在享受天伦之乐，我在教儿子一项手艺”；儿子写“这会儿真无聊，爸爸正朝我嚷嚷”。真正让青少年享受的时光，是在他说了算的时候，比如“我正在教爸爸一项手艺，他学得很开心”。

类似研究发现，大多数青少年觉得父亲不再像以前那样贴心了，可是大多数父亲没有觉察到这种距离感。研究人员里德·拉森和梅兹·理查德得出一个结论：父亲是家庭情感生活中的“薄弱环节”。他们发现，男人在儿子面前通常扮演着三种角色：领导（有时是老师）、推手和警察。父亲不愿意放弃对青少年的掌控，而且他也不像母亲那样会灵活变通。

无论是父亲还是母亲，在儿子捣乱的时候都会生气，也会因为儿子不理睬或反抗感到伤心。但母亲会始终尽力去修复与儿子的情感桥梁，这条路不通，就试那条路；而父亲的反应往往是生气，再夺回控制权。

对于女儿，父亲往往不会和她们僵持到这种程度。研究发现，父亲对女宝宝和对男宝宝的方式有明显差别，父亲对女儿的态度和语气明显比对儿子的温柔得多。随着孩子年龄的增长，父亲和儿子之间的嬉戏打闹变得多起来，但是少有亲密的肢体接触。此外，父亲总是会纠正儿子的错误，玩对抗性游戏的时候更较真。每过一年，父亲对女儿的呵护就会增加一分，同时和儿子之间的竞争也会增加一分。

所以，青少年势必不再和父亲讲感情了。一项大型研究发现，男孩身边的人里——包括双亲、兄弟姐妹和朋友——他最不愿意跟爸爸讲心里话。因为，青少年最喜欢天马行空地聊，而父亲则不喜欢听十来岁的儿子胡说八道——他不知道这是男孩的一种思维实验，是自我认知发展的必经之路。听见孩子那一番蠢话，父亲以为自己看到了一个傻瓜，担心儿子要么脑子有问题，要么心理有问题，又或者不能忍受儿子玩世不恭的态度。父亲迫不及待地想要把男孩拉回到正轨上。

不明智的父亲：控制、竞争和批评

早期一个最受欢迎的荧屏父亲形象是罗伯特·杨（Robert Young）在《老爸最明智》中塑造的吉姆·安德森。我们常常嘲笑以前的电视剧现实不足、理想有余，但是《老爸最明智》的人气之高，反映出的正是我们心中的理想父亲，他不仅能让我们填饱肚子，还能像贴心小马甲一样温暖我们的心灵。然而现实却是另一回事。父亲对情感和情绪缺乏充分的了解，以至于在儿子进入青春期后，父亲觉得自己渐渐处于下风——家里的"小男人"日益强壮起来，父亲作为一家之主，当然要压制这个势头。父亲要控制，要竞争，要批评，这就叫"老爸最明智"。

控制

我们治疗过许多青少年的父亲，主要是帮助他们控制自己的情绪，让他们知道儿子的很多行为是正常的，这样他们就不会产生过激反应。比如，一个十三四岁的男孩回到家中，跟父亲说学数学真没用，他从小就只想当个职业滑板手。儿子说着说着，父亲就开始浮想联翩了：好大学没了，好工作没了，儿子成年后的生活一败涂地，做父母的真是抬不起头啊。父亲内心一阵激动，忍不住教训起儿子："我告诉你，要做一个真正成功的男人，你必须……"

再来看看相反的画面。父亲聆听儿子说话，是那么坦诚而专注。听着听着，他发现"职业滑板手"只是儿子的一首即兴狂想曲。父亲倾听着，与儿子交谈，儿子终于释放了热情，也学会了分享。

但是在这个阶段，父子之间确实不容易产生强烈的情感共鸣，因此父子关系常常表现为一种更为现实的交易：父亲满足儿子的物质需求，儿子服从和尊敬父亲。但是我们应该再斟酌一下这件事。青春期正是男孩寻找自我、寻求独立的时期，如果在这个时期得不到认可与支持，他可能会陷入迷失和沉默。因此在这场控制权的争夺战中，父亲能赢得一时，但儿子将付出巨大的代价。

丹谈杰克逊：运动，食之无味

“这孩子有天分，他是队里挥杆最好的。”杰克逊的高尔夫教练告诉我，“但是我叫他上场比赛的时候，就好像要他去送死一样，一点儿斗志也没有。”在学校里，杰克逊的老师有一次也这么说：“杰克逊不会不及格，他就是不想努力。”

杰克逊上十年级，他瘦瘦高高的，有一头深棕色的头发，一双蓝眼睛明亮而活泼。他说话的时候总是东张西望，时不时飞快地瞟我一眼。但是他不像一些男孩子，恨不能马上逃出我的办公室；正相反，他像是松了一口气，就好像终于能够敞开心扉了。我并不知道杰克逊的过往，但他确实看起来心事重重的样子。

我们才聊了几分钟，杰克逊就讲起了他父亲：“当我还很小的时候，他就逼着我打高尔夫球，他说打球可以让我申请到大学的奖学金，就算没申请到，打球也是为了我好。他说总有一天我会感激他的一番苦心。我也很想让自己喜欢上打球，但是我爸总是扫我的兴。”

“他高尔夫球打得好吗？”

“他以前打得挺好的，现在我老是赢他。但是，小时候我觉得他关心高尔夫球胜过一切。”

“他做了什么事让你觉得扫兴？”

“他老是说要赢赢赢，老是让我练练练。我想随意发挥，那是不允许的。”

“但是，你现在高尔夫打得很好，不是吗？”

"还可以吧。但是我并不是很喜欢打高尔夫，我更喜欢打棒球，但是他会杀了我的。"

杰克逊快13岁的时候，他跟父亲表达了他对高尔夫球的想法，还有关于其他事情的一些意见，显然父子之间争吵得更厉害了，有时简直要大打出手。

杰克逊的父母最近分居了，分居协议里要求杰克逊每隔一周去父亲那里过周末。不久之后，他就开始犹豫了。

"我不想去那儿。到了那里，我只能跟爸爸和妹妹待着，他不让我去找朋友玩。更何况他总是那么凶，从来不承认自己有错。"杰克逊说。

"他跟我就会说那么几句话。他说，我的一切都是他买的，所以我就该跟他过，就该爱他。哪有这么简单。如果我说我这个周末不想去找他了，他就会朝我吼。难道他吼，我就会想去吗？他说我必须尊敬他，但我真心做不到。他说他会做出改变，结果他也就坚持一天，然后就和原来一样了。"

在这个学期里，我和杰克逊每周谈话40分钟，但还是不足以修复他和父亲之间的关系，所以现在杰克逊一家也去做家庭心理治疗，偶尔也去做针对父子关系的治疗，但治来治去还是老样子。杰克逊的父亲认为，做做心理治疗什么的，杰克逊应该就会愿意见他了，却没有想过自己该做点儿什么来增进父子感情。虽然杰克逊脾气也不小（正值叛逆的青春期），但导致父子疏离的根本原因，还是父亲从来不为儿子着想，听不进儿子的真心话，对儿子的想法、感受和希望嗤之以鼻，难怪杰克逊在父亲面前找不到存在感。所以他就不好好打高尔夫，用消极怠工来表示抗议，这样他多少能为自己的生活找回一点儿控制权。

竞争

男人会为了主导权、地位和权力展开竞争，这是他们的一种乐趣。青春期男孩和父亲之间的竞争达到了白热化程度，其结局不难预见——两败俱伤。

青春期男孩变得越来越自信，越来越有力量感，而父亲的情感戒备心则越来越重，这两方面一定会产生冲突。这时候的男人开始走下坡路，尤其在步入不惑之年后，岁月不仅爬上了他的额头，还反映在他生活的方方面面，比如体质变差了，工作没有干劲，就连玩兴也大不如从前。虽然他嘴里还要逞强，但是心里早已意识到韶华已逝。

与此同时，儿子正全力以赴冲进青春期，他的身高、体重和肌肉几乎日新月异，整个人充满了无限可能、无限憧憬。儿子的体能每向前跃进一步，父子之间就拉开一寸距离。更不要说两个人的情感距离——虽然这不是什么好事，但也值得一提，青春期男孩日渐强大的力量感成了父子关系的一座里程碑。正是在这个时期，少年第一次意识到自己真的可以打败父亲，大多数男人对那一刻的醒悟都终生难忘。

50 岁的汤姆回忆道："那是我和爸爸最后一次摔跤的时候。当时我 16 岁，我弟弟 14 岁。我们俩各自跟他单挑的时候，都使出了全身力气，我爸爸也开始认真起来。最后，他终于把我摔倒了，后来也把我弟弟摔倒了。然后他喊了停。第二天我们才知道，他断了两根肋骨。"

20 岁出头的戴夫也有相似的回忆："我 17 岁的时候和爸爸吵了一架，他不让我在周六开他的车。他说我吊儿郎当，不负责任，所以不让我用车。他简直就是在胡说八道，我哪里是那个样子，所以我也生气了。他骂我，我就回骂他。我拿手指着他的脸，这一下把他惹急了。他把我猛推到厨房墙上，我也狠狠推了他一把，他摔倒了，我冲出了家。后来我们冷战了很久。两个月后，他得了心脏病，幸好不算严重。从那时起，我知道——而且他也清楚我知道——我再也不会像小时候那样怕他了。"

40 岁的里克回忆道："我记得那时自己刚上高中，我和爸爸在起居室里玩摔跤。他比我重，但是我俩差不多高，我们摔到了地板上，我用胳膊扣住他，不让他起来。然后他抽出一只胳膊开始用拳头打我，虽然只打在我的胳膊上，但却是使尽了全部力气。我蒙了，这次摔跤显然和以往的不大一样。以前摔跤很有趣，我俩几乎总是开怀大笑，但这次爸爸却很恼火。后来我明白过来，他已经不太能摔倒我了，他对我已经失去了身体上的优势。我当时感觉怪怪的，自打那以后我们就再也没有摔过跤。"

当儿子成功的时候，父亲应该在一旁喝彩。不为别的，只为他是自己的儿子。但父子关系要想再进一步，父亲不能把儿子当作炫耀的资本，而应该带领儿子一起走向赛场，共同赢取胜利。

一位中年朋友谈起他们镇上的垒球队，队伍里有好几对父子，包括 4 个 50 多岁的男人和 7 个 10 多岁到 20 岁出头的男孩。父亲们一起打了 20 多年的球，儿子们也在社区少年棒球队里训练。一开始，由父亲们轮流教儿子，后来儿子进入了高中代表队。棒球和垒球是他们生活中重要的组成部分，父子之间这种共同的爱好给了他们彼此支持、一同庆祝的机会。

循环赛从 4 月开始。赛季之初，好几个儿子去了外地上学。父亲们虽然球技不如从前，而且都患有慢性病，但还是承担起了大部分比赛。5 月结束，6 月伊始，儿子们回到赛场上，开始大显身手。他们有时与父亲们并肩作战，有时让父亲们在场下休息，由儿子代父上场。

观赛的女人们可能留意不到这种充满阳刚之气的父子情。没有拥抱，没有话语，但这无疑就是爱。儿子打出一个全垒打，父亲微微一笑。父亲受到岁月的侵蚀，儿子出手相助——一个儿子到外地打工半年，为的是给他父亲买一副垒球专用眼镜，这样父亲在挥棒时就能看清楚球了；另一个儿子为父亲量身制订了赛后健身计划。

去年，这支垒球队在全镇比赛中赢得了冠军。这个赛季里，男人们在球场上分享着胜利的荣耀，举手投足间尽是默契。这就是爱。

批评

要是父亲认为必须掌控儿子，他不会放过任何一个使用权力的机会。有时候是惩罚式限制——不准用车，不准打电话，不给钱，不给自由。就算儿子清楚自己的体力已经占了上风，但在情感上仍然受制于父亲。父亲的终极武器是批评，因为未成年人往往都十分在意父亲的批评。

在父子大战中“幸存”下来的人里，有愤怒、抑郁的儿子，有从小在父亲的独裁统治中长大的男人，有在夹缝里左右为难的女人，她们小时候经历了父亲与兄弟之间的冲突，长大又要面对丈夫和儿子之间的矛盾。

十一年级的路易斯坦言说他恨父亲。“我爸什么都不懂！我俩说不到一块儿去。他觉得我做什么都是错的，要么看不起我，要么只顾着谈他自己，净说些跟我无关的事情。我说的话他都不好好听，偶尔听进去了吧，更糟糕，他就开始骂我。无论我说什么，他都能跟我吵起来，非要吵赢不可。”路易斯只好尽可能地躲着他父亲。他等到了可以打工的年纪，就决定夜里出去工作，这样一周可以有三个晚上不用在家里待着。路易斯终于等到了长大成人的那天，如今他可以出去开辟自己的事业和生活了。他的人生画卷将翻开新的一页，但是父子的感情隔阂却没有消除的迹象。

琼有个尽职尽责的爸爸，他打两份工来养活妻子和 4 个孩子。爸爸对琼很和善，他不爱说话，但“修理”她哥哥时例外。“我爸很少跟我们说话，但是他对我哥却非常挑剔。我哥的头发、衣装、表情……都能招来爸爸的指责。我哥主意很多，聪明又幽默。在我和妹妹看来，我哥并没有什么过错。直到我有了儿子，我才能体会到我哥当时有多伤心。我发现，当我丈夫疼爱儿子的时候，哪怕是一点点爱，儿子都会很开心。要是我丈夫发脾气或者挑儿子的错，他就会很伤心。我真为我哥感到难过。他和爸爸之间从来没有和解过。哥哥离家以后总是回避爸爸。去年，我爸离世了，哥哥第三次结了婚，他的 4 个孩子判给了两位前妻。他和这几个孩子的关系也都不好。我爱我哥，他对我很不错，但是他自己却过得一团糟。我也不想去责怪我爸，但是我有儿子，我能察觉到这其中的联系。"

吝于表扬，过度批评，父亲的这种做法会带来严重后果。男人到了 40 岁以后，小时候那些伤心、愤怒与困惑的感受依然难以忘却。一位 52 岁的访客告诉我们，他曾经是一所知名大学的优秀学生，毕业那一天，他告诉父母，他决定把自己的知识和热情奉献给教室，当一名教师。父亲的反应（唯一的反应）是震怒："你什么意思？我们培养了你这么久，你就想当个老师？为什么不干点儿男人该干的事？"

一位朋友回想自己的青春期，发现时刻都是父子大战。"我只想听到他说，就像上帝在耶稣洗礼时对耶稣说的话，'这是我的爱子，我所喜悦的'（这个朋友一家人经常做礼拜），哪怕一次也好。"

父亲应该向儿子表达这个简单的信息：我爱你，我珍视你。

和解：跨过代沟

但是我们也见过父子之间将冲突转化为联结的，而且父亲和儿子各自都越来越好。有时候，一场家庭危机（比如母亲生病或去世）可能让父子重归于好。其实，是分享与包容让父子二人的感情更亲密，比如一起做点儿什么，或者怀着尊敬倾听与交谈。

强健的父子关系有别于母子关系，具体来说，母子之间更容易形成亲密的情感联结，而父子之间少有对感情的探讨，肢体接触也不多。父亲会和儿子讨论采取哪些具体行动，而不会去谈论情绪和感受。父亲与儿子之间传递关爱的方式是拥有同一个空间——比如肩并肩坐在一起安装模型，或者站在两边玩接球游戏，球划过的弧度无疑代表着爱的轨迹。

一位父亲说，他和 13 岁的儿子一起修理东西的时候，是两个人的亲密时光。他愉快地讲述，有一天他帮儿子换滑冰鞋上的冰刀，他略加炫耀地把冰刀支架卸下来以后，儿子拍了拍他的后背，脱口而出："你真男人！"

另一位父亲说他和儿子从小就下象棋。现在儿子10多岁了，当两个人坐在棋盘前的时候，他们静静地享受着趣味竞技，一天的疲劳紧张消散无踪，小矛盾也随之化解了。象棋提供了一个安全、放松的空间，让父子二人享受彼此的陪伴。

父子之间很少谈及爱与矛盾，所以他们的感情就很淡吗？那可不一定。我们认为，总的来说，强烈感受还是说出来的好，因为语言是用来表达感情的最准确、最直接的工具。但是要想父子关系变得更好，就必须把感情说出来吗？心理治疗师最清楚答案：爱（以及矛盾）不一定要说出来，有时言语会起到反作用。除了说话，还有别的方式表达爱。

比如再普通不过的日常小事。有位父亲陪儿子去看"虫子爬"，他们总是装模作样地四下寻找，然后高高兴兴地空手而归。另一位父亲带着儿子每个月去剪一次头发。还有一位父亲，每周六早上带着儿子到熟食店去买香肠和黑面包，用来做三明治。这些简单的、小小的陪伴，日积月累之后，形成了稳健的父子关系。许多父亲和儿子重新拾起旧日习惯，恢复了失去的友谊。听起来是不是太简单了？但是我们这些心理治疗师就是见证人，两人同做一件日常小事，父子关系就能经受住青春期的考验，雷雨过后便是晴天。

父子感情再疏远也是可以拉近的，这主要取决于父亲。如果想改善与儿子的关系，建议父亲从身边的小事做起，比如一个睡前故事，一场接球游戏，一句赞扬，一个微笑。这种努力本身就是好的开端，希望父亲们守得云开见日出。

小结

1. 儿子需要父亲的爱与尊重，父亲不要总是批评和控制儿子，要给予儿子更多的关心，建立亲密的感情。

2. 母亲要放手，给父亲更多的机会参与到育儿中。让父亲陪儿子多玩一些刺激有趣的打闹游戏，有利于孩子的认知和情感发展。

3. 父亲是男孩重要的榜样，男孩从父亲身上学习如何处理情绪、解决问题的策略，学习如何化解冲突、与人合作。

4. 对于青春期的男孩，父亲要尽量放下控制、竞争和批评的心态。

5. 父亲如果要改善与儿子的关系，可以从身边的小事做起，比如一个睡前故事，一个游戏，一句赞扬或一个微笑。

第六章

母与子：
“联结与改变”的故事

母亲对儿子的爱，蕴含着历久弥坚的柔情，其他感情加在一起，都不能与之相比。

——华盛顿·欧文

（Washington Irving）

在男孩成长的每个转折点，母亲都要调整母子之间的关系，既要做男孩成长道路上不可或缺的情感大本营，也要给予男孩足够的情感自由和信任，让男孩感受到，母亲相信他有能力打理他的新生活。

一位母亲和她两岁的儿子在公园里享受亲子时光。母亲静静地坐着看书，儿子热情地四下张望，看看有没有值得他探索的东西。他鼓起勇气，冒险走到一米开外，研究了一下草地、树枝、小虫子和脚下几块石头，然后回到妈妈身边。他搂着妈妈的脖子，爬到她的背上，然后又一次跑开了。每次离开妈妈，他都会比上一次远一点儿，稍稍扩大他的探索领域。妈妈一直留着神，要是觉得他跑得太远了，就会一面叫他回来，一面走上去迎接他。

这是母子相处的基本模式。儿子是探索者，母亲是大本营。整个童年期，男孩都在一边向外探索，一边从母亲那里汲取身心需要的亲密感和安全感。随着男孩慢慢长大，他能远离而不失母爱，回归而不失自我。母亲的爱与儿子的成长并行，母亲尽力去理解和回应儿子不同人生阶段的不同需求。当一种关系达到这样的平衡时，我们称之为"亲子同步"。

养育孩子的最终目的就是在亲密与距离之间找到平衡，但这平衡并不好找。比如，要是母亲不了解儿子行为和思想会呈现阶段性变化，用一成不变的养育方式，可能就无法满足儿子变化中的需求。因此很多女性觉得养育男孩是个棘手活儿，她们对男孩不甚了解，因为她们从未亲身经历过男孩的世界，或者她们对男孩的印象仅仅来自她们的父亲和兄弟。这些都造成母亲对儿子不切实际的期望。

更糟糕的是文化的误导。有一种观念认为，母子联结是一种情感拖累，是"男子汉"道路上的一块绊脚石。男孩在成长过程中对母亲的依恋确实会转到父亲身上，他竭力把自己打造成男人的模样。但是，要是认为到了某个阶段母亲或儿子应该放弃母子情，那就有点儿荒谬了。成长的任何阶段都离不开亲子同步，改变的只是它的表现形式。我们认为，男孩与母亲的联结断裂是有风险的。然而还是有很多男孩看起来似乎要把妈妈连同其代名词（亲密、温暖、爱、哺育）统统拒之门外，让曾经的亲密时光一去不复返。许多女人害怕这种失去，无数母亲害怕失去这份亲密关系，但她们不知道该如何挽留。她们爱儿子，害怕失去儿子，想跟儿子亲近却又不敢。她们不得不忍痛割爱，因为在大男子主义文化的挟持下，她们担心会养出“巨婴”或是“娘娘腔”的儿子来。

从儿子的立场来看，他离不开母亲的爱与接纳，却又想和母亲保持距离，做一个独立的、有能力的、有魄力的“大男孩”。这种纠结太正常了，但并不是说男孩就要拒绝母亲的爱与理解。许多母亲不了解儿子这种摇摆的状态，结果，母亲的育儿节奏跟不上儿子成长变化的规律。母子关系出现了不一样的两个版本——母亲的和儿子的。

当母子关系不同步时

男孩们经常抱怨：“我妈妈不懂我。”其实他们也不需要母亲完全去懂——母亲是长辈，总有些事“不懂”。但是，男孩们还是会沮丧，因为母亲越来越不通情达理了。在男孩眼里很正常的事，母亲却会大惊小怪。

山姆和母亲以前一直都很亲密。那时候，父亲带哥哥去打少年棒球联盟赛，母亲带年幼的山姆去她的雕刻室，给他一堆黏土，让他随便玩。晚上，父亲和哥哥钻进美国内战的历史书里读呀读，山姆搂着母亲蜷在沙发里，听母亲读她小时候喜欢的诗。

山姆12岁了。几乎就在一夜之间，他开始疏远母亲。他说那些诗是给小宝宝听的，玩黏土也没意思了。他避开母亲的拥抱，晚饭后以最快的速度躲回自己的房间，几乎每晚如此。母亲尽量不去多想，她提醒自己需要给儿子留出成长的空间，但儿子的情感大撤退还是让她难以接受。因此，山姆每后退一步，她都要前进一步。

这天，为了重温母子二人珍贵的睡前时光，母亲敲响了山姆的门，想要进来与他聊聊。她在他的床边坐下，开始找话题，山姆表现出一脸不耐烦的样子，不加掩饰。母亲说，她只是怀念与山姆聊天的时光，他却说："妈妈，我得去学习了，你可以走了吗？"

"我后来开始锁门了，这成了压倒她的最后一根稻草。"山姆回忆说。

接下来一个星期，每次母亲敲门，山姆都喊"走开"。直到有一天，母亲气急败坏地一边猛敲，一边喊道："打开门！该死，我是你妈！"

母亲会把儿子寻求独立的第一个举动当作对自己的拒绝，但是事实并非如此。山姆的母亲想要抓紧儿子不放，她激烈的情绪反而加重了儿子逃离的欲望，最后伤害了母子关系。30年后的今天，山姆对当年这场母子拉锯战的场景依然记忆犹新。

很多母亲说，儿子的成长曲线每出现一个新的转折点，母亲就得去调整自己的想法或反应来适应儿子，这有时真的很难做到。我们都听说过"毛衣的故事"：天凉了，母亲觉得自己冷，就赶快买一件毛衣给儿子。这是怎样的一种情感依附啊！母亲有时要留给儿子自己做决定的余地，哪怕这个决定会让他冻得嘴唇发紫、牙齿打抖，那也是值得的。

成长中的变化与期待

“最初的几年对生命具有决定性的作用。母亲是孩子的全世界，是孩子寻求保护和滋养的中坚力量。”哲学家、心理学家埃里希·弗罗姆（Erich Fromm）写道，“母亲是食物，母亲是温暖，母亲是爱，母亲是大地。被母亲爱着就是活着，有母亲就有家。”当母亲敏锐又准确地回应婴儿的需求时，婴儿对母亲形成了一种内在联结——心理学家称之为“安全依附关系”——为更宽泛的信任与爱打下了坚实的基础。在此基础上，孩子得以建立起与他人之间的关系。

从男孩出生被母亲搂在怀里开始，他一生中会有几个重要的里程碑，标志着母子关系的转变。首先是学步阶段，男孩有了行动能力，可以开始探索自己的世界；然后是幼儿园，在这个新世界里，新的成年养育者影响着男孩的成长；接着是青春期，此时少年开始对少女产生兴趣，在同龄人的影响下，男孩开始挑战母亲的权威；最后是高中毕业时，男孩们往往在此时离开了家，走进更广阔的世界。在每个转折点中，母亲都要调整母子之间的关系，既要做男孩成长道路上不可或缺的情感大本营，又要给予男孩足够的情感自由和信任，让男孩感受到，母亲相信他有能力打理他的新生活。

玛格丽特·怀兹·布朗（Margaret Wise Brown）的经典儿童故事《逃家小兔》就展示了这种进退自如、优美如双人舞的母子情。小兔半是玩笑半是认真地跟妈妈说他要逃跑，这样她就再也找不到他了。他要变成很多东西——一座山、一朵花、一艘帆船、一只鸟、一条鲑鱼。儿子异想天开，妈妈也拿想象回应他，保证每一次都能找到他。儿子变成山，妈妈就变成登山者；儿子变成鱼，妈妈就变成渔夫；儿子变成“一朵藏在花园里的番红花”，妈妈就变成花匠；“如果你变成一只鸟从我身边飞走，”妈妈说，“我就变成树让你栖息。”

《逃家小兔》是个让 3 岁孩子沉醉的故事，那些冒险的画面伴随着母亲坚定的爱和陪伴，是多么令人雀跃啊。但是，尽管男孩从未抛弃这个情感大本营，随着年龄和心智的变化，他的期望值也在发生变化。对 15 岁的男孩来说，《逃家小兔》就是"每个转角遇到妈"的翻版噩梦。

权力的斗争：母权 vs 男孩自主权

迈克尔谈杰森的母亲

杰森从前是个完美的儿子。他度过了欢快的婴儿期和活泼好奇的学步期。两岁多时他经历过一个独立意识的萌芽阶段，虽然有时会做出大胆的事情，但他的母亲安妮并不担心，只觉得有趣。在他不听话或是闹脾气的时候，母亲总是能设法转移他的注意力，或者哄他乖乖听话。

杰森 10 岁时父亲开始频繁地出差，有时一连几个星期不在家。杰森更加自律、更加听话了。母亲说 6 点前回家吃晚饭，他就准时到家；母亲说先练单簧管再玩电脑，他就先练习后玩。

杰森 14 岁时，"完美儿子"变了。他开始事事都和母亲叫板。他的发条慢慢松懈了，要是母亲不催促，他就不写作业，不练单簧管。他开始违抗母命：要是母亲说 6 点回家，他就 7 点回；要是她说 7 点回家，他就拖到 7 点半。他们还会因为杰森的头发而争吵不断。

安妮自以为还算管得住儿子，直到这天，杰森顶着一头宝蓝色的头发走进家门。母亲命令儿子洗掉这蓝色，他洗了——但又染作乌黑一团。然后，一天晚上安妮下班回家，发现杰森的脑袋上，黑色不见了，连头发都不见了，杰森干脆剃了个光头。安妮立马约见了我。母子之间的拉锯战变得如此痛苦，她的决策力和自信心开始动摇了，她开始扪心自问是不是一个好母亲。像许多青春期男孩的母亲一样，安妮想知道杰森是否还喜欢她，是否在意她的话。

“我不知道他怎么了。”安妮说，“他几乎不跟我说话，一张嘴就是对着干。我们总是吵架。我不知道该怎么办。”

一开始，安妮以为杰森的变化是因为父亲的长期缺席，但是，她发现其他家庭也面临着相似的青春期叛逆。她又想杰森是不是因为学习负担太重了，但老师说他其实成绩还不错。

“想来想去，只剩下一个原因——我。”安妮说，“那好吧，但是总不该全是我一个人的错吧。我不是个坏妈妈。”安妮确实不是个坏妈妈，但是她害怕了，有点儿缩手缩脚，不知该如何养育杰森。她很茫然，无所适从。

杰森的独立精神一冒头，就被安妮压回去。她害怕失去控制。说得再深一点儿，她害怕失去母子的情感纽带。

“抬杠”或“讨价还价”是青少年追求独立的正常表现，但是安妮不了解这一点。青春期的杰森就和他两岁多的时候一样，喜欢试探大人底线，想看看什么事家长反应不大，什么事会把家长逼疯。有一次我跟一群孩子谈话，其中有一位十几岁的男孩，他说了句很严重的关于性别歧视的话。我严厉地批评他，可他一句话就说得我哑口无言：“嘿，你看，我是个青少年，轻狂一点儿不是挺正常的吗？”当母亲的权威受到挑衅时，她必须做好两手准备：一方面，她要一如既往为男孩提供支持，但是又不能戳穿男孩这种情感需求；另一方面，她要能够接受男孩追求独立的小叛逆，不要做出过激反应，不要大惊小怪。

自主权抢得越凶的男孩，其实内心越脆弱。自信的男孩不害怕承认自己的依赖心。安妮和杰森之间的矛盾多少来自安妮对儿子青春期独立意识的压制。安妮的丈夫常常出差，安妮作为家长的责任比以往任何时候都大，而处于青春期的杰森比任何时候都渴望独立。母子之间必然矛盾不断，这场拉锯战一打就是两年。杰森高中生活的最后两年，母子二人终于和好如初。毕业前一周，杰森又把头发染成了宝蓝色——宣告他的"最后一战"。安妮笑着告诉我，杰森的头发让他在毕业典礼上出尽了风头。这时她的自信早已回来了，她欣然接受了儿子无伤大雅的挑衅。

就算儿子和你长得很像，就算你们脾气相合又兴趣一致，当关系到自主权、决定权的时候，请不要理所当然地以为他一定会站在你这边。你的儿子可能会迫切地想要夺取自主权，想要与自己的"依赖史"连同母亲这个主要见证人一起划清界限。

母亲：情感教育的导师

母亲对儿子的心理影响力是巨大的。和母亲之间的情感纽带，可能是男人一生中最根深蒂固的联结。对很多男孩来说，母亲是唯一可以信任的人。如果这种亲密的母子关系没有建立起来，男孩会遭受灾难性的损失。

一天下午，14 岁的安德鲁随父母一起来做家庭心理治疗。从他一走进来，这个好动的男孩就没闲下来。他在房间里窜来窜去，开门关门，转转椅子，翻翻桌上的纸。妈妈让他坐下来，他就坐下来，可是又用脚踢起妈妈的腿。妈妈有点儿不高兴。但她没有指责他，只是抓住他的脚，继续跟我说话。不一会儿，安德鲁就安静了下来。妈妈这种安抚的方式让他平静了下来，随后积极参与到讨论中。

我们让两个和母亲很亲近的九年级学生描述他们和母亲的关系。他俩绝口不提"爱"这个字眼（这个年龄的男孩就是这样），但都说和母亲的关系让他们"舒服"。其中一个男孩最后总结道："妈妈几乎每件事都是对的。"他又进一步解释说母亲总是很懂他。母亲怎样才能让儿子感觉很"对"呢？那就是把儿子的情感与自己的区分开来。

虽然“害怕”，但是“必须”，放手让孩子自己做判断

丹谈道格的母亲

彤和丈夫里克分居几个月后来找我。她说这么多年里克对她越来越冷漠疏离，终于，她决定分居，开始办离婚手续。我们谈话的时候，我不知道分居只是彤另一场内心斗争的开始，因为她最后必然要做出一个最艰难的决定：放手儿子。

彤一开始来找我，为的是想要从情感上摆脱这段婚姻。虽然离婚是彤提出来的——里克过去几年里过着拈花惹草、放浪形骸的生活——但是在婚姻将尽的时候，里克没有挽留的意思，显得很洒脱，让她有点儿伤心。同时，里克还不想完全放过她——他认为她某种程度上归他所有，想控制她的一举一动。他打电话冲她嚷嚷，说让他来支付生活费和抚养费，这要求是多么不公平。里克与小姑娘调情的放浪举止以及中年男人反复无常的坏脾气，都会影响到彤的心情。她生里克的气，生自己的气（怪自己还去在意这些），还禁不住内疚地想，要是自己以前再努力一把，事情或许不会发展到这一步。内疚归内疚，彤还是期待自己的新生活：重新当护士，重新谈恋爱，重新面对亲朋好友，尤其面对自己的母亲——母亲把离婚怪罪到她头上，而且母亲还与里克保持着亲密的关系。彤很想跟我谈论她自己的情感挣扎，但是聊着聊着她就不由自主地开始谈论儿子道格，而且根本停不下来。道格13岁时，父母闹离婚搞得他心烦意乱，他的学习和生活出了问题。

“我担心道格。”有一天，彤说，“有时我会在他身上看到里克的影子，有时他的话里带着性别歧视的色彩，就像里克那样。我很害怕。我不想让他学里克，让他以为男人就该这个样子。我希望我可以保护他，不让他变成他爸那个样子。”

"现在监护权的情况怎么样了，里克还继续争取，想让道格跟他一起生活吗？"

"已经确定了新的开庭日期，但是我的律师说里克根本没戏。实际上，里克的律师也一直劝他放弃抚养权，说他只是在浪费钱。"

"听起来他像是要想尽一切办法跟你保持联系。"

"真的很讨厌，但我不会让步的。我觉得让道格每隔一个周末去找他，那就是我的底线了。我并不是想让道格彻底离开他爸，但是一想到他在那里的样子，我就要疯了。我敢说，里克的公寓就像漫画中的花花公子殿堂，道格在那里会学到些什么，我不敢想象。我知道，里克会跟道格讲我的坏话，用谎言中伤我，让道格做他的间谍，问他我有没有跟人约会，有没有男人打电话找我，等等。他干吗要让道格左右为难呢？"

彤像许多单亲家长那样面临忐忑的前途：法律要求她把儿子送到对孩子有害的人那里。这就像是让母亲把 4 岁的孩子送到车来车往的大马路上玩耍一样。

里克毕竟是道格的父亲。将来总有一天，道格会看清父亲的本来面目。但那是将来的事；现在，道格渴望与父亲保持亲密关系。彤非常明白道格的感受，但是她对她丈夫的品行也看得很清楚。她迫切地想要保护道格不受到父亲的坏影响。

接下来几年，彤的生活渐渐步入正轨。她做起了兼职护理工作，去教堂的时候认识了鲍勃，并与他认真交往起来。彤和母亲也更加理解对方。里克也不再那么讨人嫌了。有一段时间，他差点就又结婚了，那时他停止了对彤的骚扰。可是现在他又卷土重来：打电话骚扰彤，满口谎言，在彤和儿子之间恶意挑拨。有一次，他成功了。

"道格想搬去和里克一起住。"

"为什么？"

彤擦掉眼泪，“我不知道。我想是里克一直在对他说我的坏话，要么就是道格想搬到一个没人管他的地方。他越来越不好好学习了，也很难投入其他家庭活动。”

“你觉得道格真的会走吗？”

“啊，这个真是太难判断了……我觉得他可能也不得不走，里克毕竟是他的亲生父亲啊，道格愿意去相信他。有时候我想是我坚决不愿放手，他可能察觉到了我对他的依赖和关注，他怕我伤心，所以才迟迟不走。”

彤最初的想法是不遗余力地留住道格，她认为自己可以留住他，可以帮助他减少内心的痛苦。但是她也从另一面来想这件事：道格眼看就要16岁了，再过几年他就要到外地上大学去了。母子关系的改变迫在眉睫。儿子依旧可以占据她内心最重要的位置，但是不能也不应该一直是她的生活重心了。彤还想到，道格也需要去了解父亲。虽然里克曾经是个糟糕的丈夫，但他未见得是个糟糕的父亲，彤知道自己不应该去破坏父子关系。而且，道格从父亲那里搬来了一套关于享乐主义和性别歧视的言论，彤越来越听不下去了。所以，当儿子提出要走，她同意了。

“我告诉他，我会一直想着他，但不会阻拦他。我也告诉他，无论他做任何事，我都爱他。我知道，要是有一天他需要谁来为他挡风避雨，那就是我。”

道格只离开了4个月。“有一天，他来看我，我觉得他过得不太好。那个时候是我第一次意识到他可能会搬回来。”彤说，“他跟我聊天的时候，他的嘴唇在颤抖。看来他在那边很难熬。但是我必须给他时间，让他彻底体验他爸爸的生活，才知道那是多么荒唐。我知道他爸爸对他完全撒手不管，当他的成绩下滑得很厉害的时候，他开始感到不妙了。我很惊讶他只用了4个月就清醒了。说实话，我都不敢相信他的判断力竟然这么好。”

一年多以后，我参加了彤和鲍勃的婚礼。她见到我的第一件事就是把我拉到一边说："你看他——我真的太骄傲了。"她不是在说她的新郎，而是道格。我惊讶于时间的流逝，道格长成了一个帅小伙，他在读大学，各方面茁壮成长。他再也不是我记忆中愤怒阴沉的样子，他微笑着，看起来那么平和。

结婚仪式后，道格站起来向新郎新娘行祝酒词。我不记得他说的话，但我记得他说完后俯下身吻了一下母亲。无论对母亲还是对儿子而言，他们终于走出了一段艰难而又坚决的路程。现在，他们可以好好庆祝了。

母子争执：当期望成为阻碍

如果女孩小时候没有兄弟陪伴，等她成为母亲以后，可能会对自己的儿子知之甚少；如果女孩曾经与男孩或是男人相处得不愉快，她可能会带着偏见看待自己的儿子。这就是母亲在养育儿子的时候所面临的两个心理障碍，也是导致母子不同步的重要原因。要是母亲能努力克服这些障碍，把儿子当作独立的个体看待，她就能更好地去了解他、适应他，以及欣赏他（这一点是最重要的）。

6 岁的汤姆患有学习障碍症，此外，他还很难控制自己的冲动行为。他的母亲爱丽丝没有一天不担心他。不仅如此，她还悲观地认定她儿子已经无可救药了。

在爱丽丝自己的童年，哥哥的死给她的心灵留下了不可磨灭的印记。吸毒成瘾的哥哥夜里飙车，摩托车撞到树上意外身亡。哥哥小时候也患有学习障碍症和存在行为失控的问题，爱丽丝从小就为哥哥担惊受怕，现在她把这份担心转移到儿子汤姆身上，而且越发变本加厉：她认为冥冥中汤姆正在走向堕落，她觉得这是天意，谁也无力挽回。

经过心理治疗，爱丽丝意识到了她恐惧背后的深层原因，她不再把哥哥和儿子联系在一起。现在，爱丽丝能够看到儿子的具体需求，并给予直接的、有意义的回应。她请了一位学习障碍症专家来给汤姆做有针对性的指导。渐渐地，爱丽丝不再用否定的眼光看待儿子，不再漠视儿子的情绪和感受（她父母对她哥哥就曾经报以漠视的态度）。最好的呵护方式就是这样：母亲去回应儿子的情感需求，而不是回应自己的恐惧。

母亲对待男人的态度也会传递给儿子。如果一个女人对她的丈夫或前夫感到失望，并把这种失望态度传达给儿子，那她不仅破坏了儿子和父亲之间的关系，也暗含了对儿子的责怪。

如果一个女孩小时候与兄弟之间相处融洽，在她成为母亲以后，她面对家里的男孩也会感到轻松自在。此时儿子获得的信息是：妈妈理解我的行为，她喜欢我。如果一个女孩把兄弟当作童年“克星”，那么等她有了儿子，要是儿子对她的情感稍有怠慢，她就会表现得十分介意，耿耿于怀。

母亲总是想要尽量去理解男孩的生活和想法，比如男孩为什么不能乖乖坐好，为什么要把烤面包片咬成枪或者匕首的形状，为什么不计后果就贸然行动，为什么他们很少谈自己的生活。男孩的生活是母亲们不曾经历过的，所以对她们来说，了解男孩不那么容易。

易怒、好动、话少、喜欢冒险，等等，这些都是男孩的性格特点，需要女性努力去了解。

5 岁儿子最近大发脾气，芙兰感到十分头疼。儿子把抽屉里所有的衣服都拽出来，把玩具扔得满屋子都是。每次儿子这么大闹一场，芙兰都会喊他住手，命令他去楼上的房间里关禁闭。但是最近，这种惩罚越来越适得其反了：儿子明目张胆地违背她的命令，从禁闭的房间跑回来继续“战斗”。这孩子怎么了，芙兰想，他怎么会这么粗野和肆无忌惮？

芙兰被儿子吓到了，因为她从来没有意识到男孩本来就是这个样子。她以为她生养了一个“小野人”，试图对他严厉管教，结果引来男孩更为激烈的对抗。男孩的对抗其实是与母亲保持联结的一种需要。芙兰应当记住，她的孩子只有 5 岁，只能接受与其年龄相称的约束。但芙兰不知所措，因为她从来没有养育儿子的经验，不理解男孩。她觉得自己的儿子虽然才 5 岁，表现得却像一个小怪物。

母亲对男孩的生活是欣赏还是担忧，不管她有没有说出来，都会被男孩察觉到。母亲对儿子的态度直接影响到他对自己的认知，也会影响到母子关系。

蓉达的两个儿子如今都是大学里的尖子生。她回忆说，兄弟俩小时候性格不太一样，大儿子乔纳森与母亲相处起来更容易，也更舒服。乔纳森很像母亲，健谈而感情丰富。"他回家以后，总是跟我们谈论他一天的所见所闻。"

而小儿子马克则比较安静、谦逊，喜欢沉思，像他父亲一样。他循规蹈矩，很少与父母谈论学校生活或者谈论他的朋友。马克上大学两个月后，就和高中时的女友分手了，但是他没有告诉父母这件事，直到蓉达在杂货店遇到了女孩的母亲。蓉达打电话问马克为什么不说。马克道了歉，但他觉得这事不值得一提。他说他不是有意要瞒着她，还安慰她说："要是哪天我跟谁私奔了，我一定告诉你们。"蓉达心里很难过，因为儿子失恋了却没有告诉她，后来为这事她又跟马克抱怨了几次。

马克并不是有意回避母亲，但他的沉默还是伤害了她。她伤心而失望地说马克不应该这么做。而马克却不能理解，不知道自己错在哪里。蓉达的伤心是她自己一手造成的：女人重视感情，认为感情出了问题，第一时间应该告诉她最亲密的人。她站在女性的角度分析儿子的行为，难免会感到失落。

做母亲的首先要明白一点：男性和女性有着不同的思考方式和行为方式。这就是为什么母亲无法看清儿子的动机。让女性彼此疏远的原因，不能用来解释母子关系的若即若离。最好换个方式想：男孩不把自己的事告诉母亲，首先是因为男性与女性不一样的行为方式，其次是因为母子关系有一定的特殊性。如果母亲误以为儿子对她很冷漠，并向儿子表达出自己的伤心或是愤怒，那么误会就会愈演愈烈，最终破坏母子的同步关系。

母亲与儿子肢体接触的变化过程

母亲们发现，从什么时候起，儿子就开始回避与母亲的肢体接触。母亲也是。到了某个时候，如果还像从前那样拥抱、亲吻或者爱抚儿子，会觉得别扭。母子虽然都出现了这种变化，但双方有着大不相同的体验。

在一次父母小组讨论中，3 个孩子的母亲仙蒂就讲到她的担心。“孩子们小时候总是跳到我的床上，跟我挤在一起聊天。一直如此。但是现在布莱恩特 13 岁了，这就别扭了——我觉着别扭了，而他却没感觉。这对他是不公平的，他不过就是 13 岁了，这有什么错呢。但我就是觉得不舒服。”

我问她担心什么，她说：“我不知道。他一直是个喜欢亲昵的孩子，但是现在我会想：‘他碰到我了。这对他会有什么影响吗？’我不想破坏我们之间的感情，但是一直摆脱不掉这种想法。也许我是担心他会有困扰却不知道怎么办，我担心这会影响到他的心理健康，影响到母子关系。他没有做错什么，完全没有。只是我会胡思乱想。我不知道我在害怕什么。我只知道我不想做错。”

少数母亲担心亲密接触会让儿子变成同性恋或“巨婴”，或者会传递错误信息、被曲解原意，尤其是儿子正处于性欲旺盛的青春期。大部分母亲没有想得那么深，只是觉得亲密接触会让儿子被其他男孩嘲笑。这些想法与担心都会给男孩的生活带来负面影响。

养育者的爱抚在一个孩子的婴儿期和童年期起到了极为重要的作用。研究表明，甚至对即将成年的青年人来说，爱抚依然是与父母交流爱与关怀的重要方式。母女之间的爱抚往往一直延续到女儿长大成人。儿子就不一样了。等儿子长到八九岁的时候，大多数母亲开始感到别扭，爱抚行为渐渐变少；

等儿子到了青春期，这种变化更是明显。

莫琳有一个儿子，今年 17 岁。她清楚地记得，在儿子 15 岁的时候，她突然感到这种不自在。"有一天我看着儿子，忽然意识到，他比我还要高大。胸口毛茸茸的，脸上长出了胡子。基本上就是我丈夫的年轻版本。从那以后，我再像往常一样拥抱他的时候，就会觉得怪怪的。"

仙蒂说她 10 岁的儿子跟她问好或说再见时依旧会亲吻她，睡觉前依旧让她按摩后背，但她自己开始退缩了。"我想很快我就不会这样做了。等到儿子 16 岁，还跟他搂搂抱抱，不太得体吧。我不想让他知道我的尴尬，因为他很自然。但我想我得适可而止，别等到他来喊停。"

亲密的肢体接触是诸多养育方法中的一种，对男孩的整个成长过程起到了至关重要的作用。对不同年龄段的男孩，虽然爱抚方式不尽相同（比如对待 5 岁男孩与 15 岁男孩是不一样的），但传递的信息是一样的：爱与联结——除此之外，不会再有任何危害。只要母亲的亲昵行为能让一个男孩感到舒适，就没有任何潜在危险：不会影响男孩的性取向，不会导致乱伦或不健康的性欲，不会削弱男子汉气概。

13 岁的亚伦从小就是一个热情的男孩。每次妈妈霍普送他上学，道别的时候，两人总会快速地拥抱和亲吻对方一下。亚伦四年级时，霍普发现大多数同学的母亲都不会这样做了。但她还会继续张开双臂，亚伦也会回应她的拥抱。

"亚伦 10 岁了。他上五年级的第一天，我们在学校门口下车。他背上书包，抓起单簧管箱子，然后尴尬地停顿了一小会儿——他没有过来接受我的拥抱。我们对视了一秒钟，扑哧笑了，我玩闹着嘘他离开，彼此大声说了再见。我想以后就是这样了，这是我们新的'拥抱和亲吻'。"

从此，他们的日常生活发生了变化。每天早晨，他们对彼此微笑，欢快地说几句道别的话，然后各自离开。大约一周后，亚伦又按自己的喜好调整了亲密程度。“傍晚他放学回家，走过来让我给他一个‘能量拥抱’。”母亲说。“这些年来，‘能量拥抱’成为我和他之间一种简单有力的亲昵动作。有时是爱的即兴表达，有时儿子需要一些士气来面对压力。”

男孩如果不愿迎合母亲“爱的告白”，往往是因为这会让他想起自己还是个“小男孩”时依赖父母的时光——每个男孩都想远离这段记忆。19 岁的马特说：“妈妈的爱让我难为情，尤其在她当着别人的面想要亲我的时候。”他甚至觉得，把母亲爱他这件事告诉别人，也让他心里“怪怪的”。但他很喜欢母亲在他小时候给他做睡前按摩。自从他九年级开始比母亲睡得晚以后，就不再有按摩了。他怀念这份亲昵，却从不启齿。

男孩们一般不会谈论这些。但事实不证自明：母亲的爱抚对男孩很重要，他们渴望它——不管是深情拥抱，还是摔跤打闹，只要“此爱绵绵无绝期”就好。在这个世界上，没有几个人能像母亲这样给予男孩与性无关的温暖，男孩对这种温暖有了切身体验，将来才能赠人余香。否则，男孩学习爱抚的任务，就只能留待橄榄球教练、摔跤对手和伴侣去教他了。

母亲的养育之道不同，传递的信息就不同

我经常带孩子去小公园玩。在那里，我看到了母亲们的各种带娃方式。随着男孩长大，他们的活动范围从小公园扩大到学校、赛场与情场，母亲们也有着各种反应。有的母亲是紧张而随时待命的“直升机”，一见势头不对，就冲到儿子身边，就算儿子已经大到可以自由活动了，母亲也死不放手；有的母亲不闻不问，哪怕儿子显然遇到了麻烦，或正在找别人的麻烦；有的母亲带着游戏力参与到亲子互动中，看起来乐趣无穷；有的母亲在远处专注地观望，跟儿子挥手、交流想法，允许他在自己喜欢的领域里追风逐浪。

大多数母亲都怀着同样的初衷——希望男孩成长为快乐、成功的男人。

有的母亲在男孩小时候能保持亲子同步，但等儿子到了青春期就做不到了；有的却正好相反。当我在小公园里看着形形色色的母亲，我不胜感慨：男孩的成长道路是多么不同啊。

16 岁的路易斯是高中光荣榜上的常客。他还参加了网球队和辩论队，并且热心于教堂活动。他很喜欢他的女朋友，喜欢她充满关怀的温暖的家，这常令他流连忘返。事实上，他做了这么多，为的就是避免回到自己的家。在赛场边，在社区的果蔬店里，他母亲总是跟朋友们自豪地讲起儿子是多么优秀。但当母子俩单独相处的时候，她却不断地质疑和批评他——从吃穿到学习计划再到家庭作业。

有一天，我和路易斯聊天的时候，他讲述了他母亲是怎样不停地批评自己的。他显得很茫然："她对我从来没说过好话。为什么一个妈妈会这样对待自己的儿子呢？"

男孩要是觉得母亲不相信他的能力或是不爱他，他会很受伤。我们经常在学校（一个竞争激烈的环境下）见到背负这种伤痛的男孩。他们已经很努力了。但他们的母亲要么太苛刻，要么太担忧。

当母亲表达出"不信任"

春天过后，杰瑞就要转到我工作的这所私立高中来上学，因为他父母觉得他在上一所私立学校的表现令他们失望。杰瑞的妈妈是个律师。她要求与教职人员面谈，其中包括几个主要老师、新生年级主任和我。她之所以提出面谈，是因为她觉得上一所学校的老师们对杰瑞的关注不够，不了解杰瑞的特殊需求。在她看来，那些老师很清楚杰瑞因为患有轻度学习障碍症而表现不佳，可他们从来没有为杰瑞提供过相应的帮助。

杰瑞又高又瘦，衣着整洁。他彬彬有礼地走了进来。他看起来很不自在，明显是讨厌这次会面。他妈妈坐下来，又拉出她旁边的一把椅子，让杰瑞也坐下。杰瑞快速扫视桌子四周，好像在寻找其他选择，他的视线落在对面的一把椅子上，但旁边堆放着东西。于是他最后在母亲身边坐了下来。年级主任做了自我介绍，又把老师们一一介绍给母子俩，然后问杰瑞有没有参观过教学楼。

他母亲回答说他们行程很紧，没能早点儿过来看看，但是他们希望会议结束后能到处走走。在整个会面期间，只要我们直接向杰瑞提问，他的母亲要么代他回答，要么替他把话说完——她觉得他的表达不够清楚。

杰瑞的母亲在随后一年的心理治疗中都是如此。她总会替杰瑞把话说完，杰瑞干脆闭上了嘴。母亲明摆着就是不信任杰瑞，不相信他对自己情绪和感受的判断力。杰瑞变得越发退缩和消沉，也越来越寡言少语。

很多孩子都有过类似体会。无论母亲多么用心耕耘，儿子内心依旧一片混乱。打小起母亲就总是替杰瑞做主，而且一开始对他帮助很大——杰瑞也不是不知道。既然她以前一直在帮助自己，那现在也不至于有错吧？问题是杰瑞已经 14 岁了。他觉得有能力为自己代言，也想更好地管理自己的学业。但是现在，母亲的强势介入给他的自信投了否定票。于是，杰瑞觉得自己没用、没希望，而且生母亲的气。

在男孩生活中，建设性意见与毁灭性控制只有一线之隔。一个男孩需要抓住各种机会（只要这机会没有致命的危险）去认识世界。身体残疾或认知障碍会加大这个挑战的难度，但各类学习体验是殊途同归的——要让男孩在相对安全的环境下，学着依靠自己、体验失败。在男孩八九年级的时候，与其为他继续铺垫成功之路，不如让他摔跤并承担后果。否则，等他成年以后，就可能会因为对失败毫无准备而束手无策。

加强联结，唤回迷失少年

在《彼得·潘》的故事里，永无岛是迷失少年的家。那里有一群吵吵闹闹的孤儿，他们为抓到小温蒂兴奋不已。他们非常渴望有一位母亲，一心希望母亲给他们唱歌、讲故事，以及做简单的日常小事，这些小事代表了母亲的爱、智慧和安慰。虽然这样的画面有煽情之嫌，但它所描述的母爱却是非常真实的，对男孩的成长也是极其重要的。没有这种母爱，男孩真的就成了"迷失少年"。

当男孩在青春期遭遇了残酷文化的打击，聪明的母亲会巧用亲子联结，让儿子感受到爱与尊重，并理解它们。母亲还会帮助儿子高瞻远瞩、拓宽思路并做出更明智的选择。母亲们的办法也各有不同：有的母亲开门见山地与儿子探讨价值观、提出自己的期望；有的母亲纯粹表达情感关爱，如只倾听不评论，帮儿子想办法，做一顿他喜欢的饭菜，和他一起打游戏，聊聊电影和书籍，送给他一份惊喜或者一份有特殊意义的小礼物。男孩身后有这样一个"情感大本营"，他就能补充能量，心里生出新希望，然后再独自面对问题并解决问题。

12 岁的达瑞尔是一个快活、幽默的男孩，在学校是个好学生。一天下午放学后，达瑞尔与妈妈简大吵了一架。妈妈提出，要是还想让她继续给他花钱上钢琴课，他就必须保证每天好好练琴。

"我做的所有事都不对！我不能让任何人开心，任何人，我真失败！"达瑞尔喊道。

简被他的反常举止吓到了，但她没有生气地反驳他，而是在他身边坐下来。她猜测儿子可能遇到了比练琴更大的烦恼。"没有。"达瑞尔说。简开始拿自己开玩笑，夸张地把刚才颐指气使的样子重新表演了一遍。母子俩都乐了。一阵大笑过后，达瑞尔告诉妈妈，他在学校里常常被“一帮得意的混蛋”取笑，这让他很郁闷。

“你多棒呀，他们笑你什么呢？”妈妈惊呼。达瑞尔说，他们取笑他的头发和衣着，他读的书，他的好成绩——任何事，只要与他有关。他想阻止这些嘲讽，但他不想打架，他知道任何抗争最后都会伤害自己。他不知所措，不知道怎样喊停；他觉得他们给他下了圈套，要是他想报复，他们肯定会报告学校，他就会被罚留校。

母亲也觉得这个情况对他很不公平，她问达瑞尔是否找到了什么办法，可以采取些行动，他说没有。他也不愿意母亲给老师打电话。第二天，简反复考虑自己该怎么办——是应该私下里和老师谈谈，还是如达瑞尔所愿不插手这件事。那天下午，达瑞尔放学回来，宣布问题解决了。他申请与带头取笑他的人一起参加同学调解会，那是学校为解决学生冲突而设立的学生法庭。校长办公室发出了通知，告知他们两次“开庭时间”，就在这时，那个人表示愿意停止嘲笑他的行为，并且也做到了。他的同党也转移了攻击目标。达瑞尔向母亲讲述了这件事的始末。他显然很高兴，因为他靠自己解决了这个问题。

母亲常常想不到，仅仅是倾听就能带来巨大的情感支持——分担情绪压力，传递信心，鼓励儿子行动起来，解决自己的问题。有了日常小事的情感联结，一旦出了大事，男孩就会心甘情愿地求助于母亲，并展开直接有效的对话交流。

夏洛特的儿子罗恩十年级的时候疯狂爱上了刚转校来的女生珀尔。珀尔又漂亮又有魅力，她接受了罗恩的追求，两个人出双入对，非常亲密。夏洛特不喜欢儿子陷入热恋的样子——他没什么食欲，显得无精打采，常常神思恍惚。让她更担心的是珀尔，她的举止打扮表现出她染上了毒品。罗恩不愿多说，他否认了这件事。

有一天，校长给夏洛特打电话，告诉她珀尔因为在学校贩毒正在接受警察盘查，警察也想跟罗恩聊聊。夏洛特害怕极了，也生气极了。夏洛特夫妇开车带着罗恩来到警察局，他们听说珀尔交代了令人失望的事实：她常常吸食海洛因，也贩卖海洛因。罗恩之前撒了谎。他知道她在吸毒，两人交往初期他也尝试过一段时间海洛因。但是他已经戒掉了，现在也想帮助珀尔戒掉毒瘾。珀尔被送往另一所城市的寄宿式戒毒中心，夏洛特认为当务之急是帮助罗恩重新找到自己的兴趣，并对未来重拾希望。

夏洛特和丈夫与儿子进行了很多次长谈。他们小心翼翼地避免让儿子产生对立情绪，清楚地表达了对他的爱和信心。他们坚信他是个心地善良、品德端正的人。罗恩一直与父母的关系都很亲密。他们与他讨论了家庭的价值观，讨论毒品、谎言与罗恩自己的是非观之间有怎样的冲突。

夏洛特理解恋爱中的罗恩会不由自主地维护珀尔，维护两个人一起编织过的美好未来。因此，夏洛特尽量不批评珀尔，而是心平气和地告诉罗恩，她作为女性、作为母亲是怎样看待这件事的。她向他解释青春期少女的立场，帮助罗恩理解珀尔的困难，以及她那些伤人伤己的行为背后的深刻意义。她引导罗恩去思考这些事情，给他机会探索和表达出自己的情绪和感受。因为夏洛特和丈夫没有指手画脚地评论，罗恩不用为自己和女友辩护，他可以将真实的感情诉说出来。

罗恩用了几周时间探索这些情绪与感受，他的生活——被这场恋爱、毒品和那个圈子所扭曲的生活——渐渐重回正轨。他开始找回以前的朋友，重拾以前的兴趣爱好，并把注意力转移到申请大学上，因此他需要更加努力地学习，提高平均分，才能进入他的目标大学。

夏洛特是个非常用心的妈妈。在罗恩需要陪伴或交谈的时候，夏洛特总能出现在他身边，开车送他去学校或是去社区，或者为他提供各种物质支持，帮助他恢复正常生活。几个月后，罗恩终于和珀尔分手了。这不是个容易的抉择，但这是他自己做出的决定。其中当然少不了他妈妈一如既往的支持，做他的情感大本营，这使得罗恩能够更加充分地探索自己的需求和愿望，从而做出明智的决定。

尊重孩子的选择，亲密而有间

丹谈母亲

我跟母亲说起我的初恋的时候，并没有把女朋友带回家，只给母亲看了她的照片。那时我上七年级，参加了学校的乐队，女孩就坐在我旁边，于是我们互相认识了。还有一次，我错拿了别人的书回家，一看，发现居然是她的书。我们后来还去同一个地方学舞蹈，不管是由女生还是男生选择舞伴，我们都会默契地选择对方。我们从没接吻过。我从没把她正式引见给我母亲，但是有一次我让母亲看了学年纪念册里的照片。我不记得那张照片拍得好不好，虽然她挺漂亮，但并不是公认的三位班花之一。

“你觉得怎么样？”我问母亲。

“她很上相。”

“这是什么意思？”

“意思是她很会拍照，在照片里很好看。”

“意思是她漂亮吗？”

“不是……只能说明那张照片里她显得很好看。”

“你觉得她漂亮吗？”

“呃，不错吧。”

母亲看着照片上这个对我来说很特别的女孩，那个时候，我大概是想听到几句赞美吧，希望她投一张赞成票。但是我当时并不知道我的想法。我记得我有点儿惊讶，都快有点儿生气了，因为我觉得她的反应很冷淡。

我母亲对我高中的爱情史一直保持这种不温不火的态度，等我上了大学之后，她依旧如故。后来我才知道，她对我的好几个女友都没什么好感，觉得这个政治上有点儿激进，那个有点儿太过现实，有一个让她担心将来得雇一个清洁工，还有一个在她看来朝三暮四，担心我会被她玩弄。但母亲的这些感受，是在我跟这些女朋友分手很久以后，我才知道的。有一次我差一点儿就要跟其中一位结婚了，我俩分手的时候，母亲对我的决定没有一句质疑。不过后来我才知道，母亲非常喜欢她。对我两个弟弟和他们生命中走过的女性，母亲也保持着相似的态度。

我最近跟母亲谈起这些事，我说我感激她当初对儿子谈恋爱这件事的处理方式，她说的话又让我惊讶了："当我意识到这辈子不会有女儿了的时候，我想我应该好好对待我的儿媳妇——不管她是谁——因为我不想失去我的儿子。你知道那句老话：'女儿一辈子都是女儿，娶了媳妇的儿子就不再是儿子了。'我可不想让事情变成这样。"

所以，这些年她对儿子的女朋友们都很平和，态度只会稍有变化，不带太多主观色彩，既不兴奋过度，也不做严厉评判。她用行动表明了她的态度：和谁谈恋爱是孩子自己的选择，与家长无关。偶尔母亲有情绪的时候，也只是因为关爱我。

当亲子同步的时候，母亲愿意把育儿当作一场类似冥想或是瑜伽的修炼。她尝试着透过儿子的眼睛看世界，从中了解儿子的需求。作为男孩的母亲，应当热切地盼望"向男孩学习"，因为母亲从未亲身经历过男孩的世界。母亲不知道的东西太多了，比如不知道男孩是如何进行自我体验的。通过"育儿功"的修炼，母亲虽然与儿子的肢体接触一天天减少，心灵的交流却会越来越多。

母爱是孩子永远的守护神，不要吝啬表达爱

迈克尔谈伊桑、泰勒和苏珊

我非常荣幸在苏珊生命的最后一年担任她的心理治疗师。苏珊因患胰腺癌和肝癌在47岁病逝。离世前18个月，她给我打电话说想回来做心理治疗，并且希望一直持续到她离开。我们谈论了很多事，其中一件就是如何帮助她的两个儿子，23岁的伊桑和19岁的泰勒，做好母亲过世的准备。苏珊离婚了，她找朋友教儿子学会支付账单、干家务活，但是儿子的心理工作得靠她自己来做。

她和儿子们度过了一段亲密的时光。伊桑读大四的那个春天，他大部分时间都和母亲一起度过，每周有三天住在母亲家。泰勒在外地读大一，学年结束时回来了。伊桑决定在母亲去世之前都住在这里；泰勒打算等秋季开学后再回学校，母子三人准备一起过暑假。

7月底，向来脾气最好的泰勒开始摔东西发脾气，有时是为一根窗帘棍挡了道，有时是为橱柜门没关好。到后来，伊桑和母亲开始讨论是什么事在困扰弟弟，伊桑建议泰勒休学一年，也和他们一起住在家里。一小时后，泰勒的心情平复下来，母亲走到他身边。

"泰勒，伊桑告诉我你在考虑休学一年，这个秋天不想回学校了。"

泰勒点头，追问道："妈妈，你什么时候去世呢？"

"呃，我也不知道，怎么啦？"

"因为我在学校里告诉每一个人，这个夏天你会去世，我秋天再回去。但是你没有去世。"

"是呀，我还好好的不是。"

"这样的话，"泰勒继续说，"如果你今年夏天没有去世，请你一定等到

明年夏天。"

"泰勒，我也不知道能不能等那么久。"

"那请你等到我放假的时候再去世——除了圣诞节，因为如果那样，每年圣诞节我们都会很难过，我们会想到你就是在那个时候去世的。"

苏珊知道这就是一个19岁男孩想问题的方式，她不介意，只是回答道："我觉得这事我没法说了算。你想休学一年跟我和伊桑一起住在这里吗？"

泰勒松了一口气，喊道："噢，是的，我想这样。"

泰勒担心母亲去世的时机不对，这是兄弟俩尽力想要控制局面的一种表现，归根结底是想控制情绪。每次苏珊都借这样的机会去了解事件之下的情绪暗流，帮助儿子们抚平恐惧、提升勇气，以此来直面即将到来的悲痛。苏珊问泰勒希望怎么做，其实她是在咨询他的意见，让他表达出自己的感受，这样就不会再像之前那样被愤怒带着横冲直撞了。

3月，苏珊做了CT扫描，确定癌细胞已经扩散到肝脏，病情已无法挽救。接下来轮到伊桑变得焦躁不安起来。一天，他告诉母亲，等一切尘埃落定后，他打算"去一趟尼泊尔什么的地方"，他问她是否可以出钱资助他这一次旅行。苏珊并没有为这样的言论感到错愕，正相反，她同情儿子，她看出儿子的旅行计划背后是一种逃离悲伤的渴望。他们谈了很久，谈论她的死亡意味着什么。最终伊桑承认他很害怕，说他不确定在那一天真的到来时，能否承受得起那样的痛苦。他把尼泊尔想象成治愈之地，把这场旅行想象成一场出离悲伤的行走。苏珊帮助他了解到，从情感中彻底出逃是不可能的——该怎样就是怎样。他需要拥抱这些感受，将纷扰的情绪理顺、抚平，为它们找到归宿。她解释给伊桑听，他的心底总是会留有一丝失落感，但温暖的回忆也会永远伴随着他。

在这次心与心的交流之后的几天，伊桑平静了许多，他的治愈之旅已经开始了，他也不再谈起旅行的话题。

后来我问伊桑，母亲过世之前，对他来说母子之间最重要的交流是哪一次，他跟我提起了这一次谈话。他多希望他们能有更多时间去交谈，哪怕她说话越来越吃力。就算不能再像这样聊天，他说：“其实你真正需要的是知道你妈妈无条件地爱你，不管你是获了奥斯卡奖，还是你55岁的时候离了婚坐在酒吧里喝酒。怎么样都好，她就是爱你。我跟她说过这个，妈妈直视着我的眼睛，认真地说：‘我全身心地爱你，百分之百地爱你。’”

苏珊去世前的一天夜里，伊桑给母亲唱起了歌：“我知道我要唱什么，我要唱‘你是我的阳光，我唯一的阳光’。”他哼了几句给我听。“我一直唱呀，唱呀，直到我唱不下去了，妈妈接着唱出了后半部分，我想那就是我最想听到的。我想让她再抱抱我，给我温柔。唱完以后，她说：‘这样真好。’我也觉得好过多了。”

苏珊在生命最后一年里以各种方式表达出对儿子的爱，她总是留心他们的需求。她带着他们一起见医生，让他们充分了解病情的发展。她意识到他们心里的情绪冲突，引导他们说出来。苏珊处处为他们树立榜样，增强他们坚强的意志力。这些是她为儿子们留下的一份历久弥新的礼物。

莫里斯·桑达克（Maurice Sendak）创作了一本广受好评的绘本《野兽国》。书中的小男孩叫马克斯，他一下午不停地捣乱，捅捅这个，捣捣那个。当他吓唬母亲说要吃掉她的时候，妈妈把他撵回房间换个清净。他被关在卧室里，“肚子空荡荡的”。不知不觉睡着了，梦见自己扬帆远行。在这片怒气萦绕的梦境中，马克斯遇到了一群可怕的野兽，它们赞美他的野性，求他留下来做它们的“野兽之王”。这片无拘无束的野蛮之地真是激动人心，但是玩够了之后，孤单油然而生。马克斯只想到此一游，不想永远待在这里，他觉得越来越孤独。野兽们邀请他留下的时候，他坚决地说了一声：“不！”——说走就走，他逃回了自己温暖的房间，这个“爱胜过一切的地方”。他闻到香味，从梦中醒来，看见床边热气腾腾的晚餐（必然是母亲送来的)。这位母亲相信只要给家里的"小野兽"一点儿时间和空间，他会找到更好的自己。

"可怕"的马克斯让我们想起男孩一次次的情感"历险"——每闯进一片陌生的情感天地，就开始一轮新的情绪波动。为了掩饰他们的困惑，他们用愤怒和好斗的样子精心伪装自己。当男孩走进青春期，面对残酷文化，他便渐渐脱离母亲的保护翼。此时，母亲被他放在了心里。那里有母爱、有安全感，还有母亲教会的情感知识。他必须确保，一旦他需要，他就能躲进这个"爱胜过一切的地方"。

小结

1. 女性从未亲身经历过男孩世界，了解男孩并不容易。母亲需要尽量理解，易怒、好动、话少、喜欢冒险等都是男孩的特点。

2. 在儿子成长的每个转折点，母亲需要不断调整自己的想法或反应来适应。既要做男孩成长道路上的情感大本营，又要给予男孩足够的自由和信任。

3. 如果母亲幼年时没有与兄弟相处的经验，成年后曾经与男孩或男人相处不愉快，那么在养育男孩时，很可能产生男孩发展与自己的期望不同步的焦虑。

4. 当男孩逐渐长大，有些母亲会担心亲密的肢体接触对男孩产生一些负面影响。对此请记住，可以通过改变爱抚的方式来正确表达爱。只要让男孩感到舒适，就不会有危险：不会影响性取向，不会导致不健康的性欲，不会削弱男子汉气概。

5. 当男孩开始恋爱，母亲要努力给他留一些空间，让男孩充分地探索自己的需求和愿望，相信他最后可以做出明智的决定。

第七章

带男孩走出孤独堡垒

我是一块礁石，我是一座孤岛。

——保罗·西蒙与阿特·加芬克尔《我是一块礁石》

（Paul Simon & Art Garfunkel, *I Am a Rock*）

男孩走进青春期的时候，已经学会了否认和掩饰自己的情感需求。他在残酷文化中长期面临羞辱，对别人的信任分崩离析。他在惶惑中会做出不明智的妥协，宁愿躲起来，也不要再受打击。压力越大，他就藏得越深。

当男孩走进青春期的时候，情感隔绝几乎成了一种下意识的条件反射。此时，他已经学会了否认和掩饰他的情感需求。他在残酷文化中长期面临羞辱，对别人的信任分崩离析。男孩在惶惑中会做出不明智的妥协，宁愿躲起来，也不要再受打击。压力越大，他就藏得越深。

来做心理治疗的青春期女孩，往往是因为情感丰富到让她们吃不消。她们太在意自己和别人的情绪感受了。青春期男孩则刚好相反。女孩谈论喜怒哀乐是很自在的事，男孩则尽量回避不谈感受。他们往往会独自挣扎，打碎牙和血往肚里吞。这种孤独甚至生出了一分浪漫的味道。

男孩们都知道电影《超人》里那座耸立在北极用冰雪砌造的孤独堡垒。当超人觉得世俗（无休止的战斗与辗转的爱情）令他太过烦恼时，他便隐退到那座孤独堡垒里。在那里，只有他和他自己的声音。

蝙蝠侠也有自己的“蝙蝠洞”。蝙蝠侠在童年时眼睁睁看着双亲遇害，这份无法释怀的悲痛驱使他成年后与邪恶展开永无止境的战斗。其间，他藏在地下的“蝙蝠洞”里。那里摆设着各种精巧的器械斗具、高科技电脑设备和一套风火轮战车——装备俱全，只缺感情。

这些漫画英雄在他们的城堡中来去自如。但现实中，男孩要是把父母、朋友、同学等情感联络切断，他就只能独自面对青春期的各种压力。他不要别人伸手援助，又无法自寻出路，身陷困境而不能自拔。他越来越深地陷入情感孤寂的状态，在自己周围砌起一道道高墙，直到谁也找不见他。逃避是一种最常见的信号，意味着青春期男孩陷入了情感困境，甚至有可能会患上抑郁症、滥用药物或做出滥性行为。

回避情感互动的男孩会错失情感成长的良机——其实谁都是这样。对任何人来说，要想获得心理与情感的成长，就要面对自己的问题，了解根源，寻找解决办法。一个情感与外界隔绝的男孩如果遇到了困难，他会找一个“替罪羊”，把自己的问题归咎到别人或环境上。但无论是父母还是男孩自己都不知道，这种与家庭、自我情感和心灵一刀两断的做法，会耗尽他所有精力，让他变得更不幸。

躲过了受伤，错失了成长

马丁戴着眼镜，他是一名视频制作技术员。他的父亲很聪明，但脾气不好，是一家公司的高管；他的母亲很顾家，但为人冷漠不易亲近。马丁的学习成绩不太好，他总是招来父亲的严厉批评。马丁甚至想不起来他和父亲哪次谈话不是以生气结束的。

高中开启了马丁人生中最痛苦的阶段。尽管他努力学习，成绩还是不理想。他也不是运动这块料，体育课的活动对他来说是强人所难。在他放学回家以后，母亲忙着照顾两个三岁大的双胞胎妹妹，根本顾不上他。而他宁可绕着父亲走，因为见到父亲就会招来一顿骂。

班上有几个男孩是他的“校园朋友”，他们在一起吃午饭，但是走出学校后就不再有来往了。马丁觉得生活中好像没有一件如意的事；无论是成绩、人际关系，还是父亲的批评，都在示意“你很失败”。

“那时，每天回家以后，我就上楼回房间‘学习’，但也就一会儿的工夫，我实在学不进去。所以我就坐在那儿恨自己，真的是痛恨，我想自己真是什么事都做不好。要是父亲知道最近我考得那么差，还不得气疯了。”

马丁唾弃自己。有时心里太难受了，他就会躲到阁楼一处角落。在那里，每过一天，他就在椽子上划一刀，数着离学期结束还有多少日子；他一待就是好几个小时，透过小天窗看过往的路人，他觉得自己并不属于下面的世界。

有一天，他在阁楼里发现了一个收纳盒，里面装满了父亲以前收集的《花花公子》杂志。性幻想让他从痛苦中稍稍解脱了一些。

"我会花一下午时间待在阁楼里，好几个小时沉浸在这种性幻想中。"马丁说，"一开始我觉得很棒，但后来，就算我才十几岁，我也知道成天在杂志上找乐子是多么可悲。这大概是我人生中最孤独的时期，性幻想像一根救命稻草，让我一把抓住。我不知道那时有谁关心过我，没有人问我去哪里了，连提都没人提过一句。我爸看到我的成绩的时候，还是一样会气炸了，但是他的声音从楼下传上来已经只是隐隐约约的。阁楼的下午时光把其他一切都挡在了门外。"

进入十二年级以后，在班主任老师的建议下，父母安排马丁去见学校辅导员。辅导员鼓励他追寻自己的职业爱好，最后他在当地一家有线电视台找到了一份视频技术员的工作。他现在有了几乎一个图书馆那么多的色情录像带，这让他继续依赖性幻想获得情感慰藉，对于真正的恋爱关系，他总是浅尝辄止。直到马丁 28 岁的时候，他的一个女朋友发现他的心里总是盘踞着痛苦的情绪，便鼓励他来做心理治疗。

当别人（老师、父母、朋友）发现男孩不对劲的时候，他们会鼓励男孩向外界求助。但是关心男孩的人们也会犹豫，到底要不要闯入这座孤独堡垒？毕竟青春期男孩希望保留更多隐私。父母有时判断不出男孩什么时候的回避是正常的，什么时候的回避说明他陷入了麻烦。

不幸的是，人们总觉得青春期男孩的叛逆是一种常态。一位 16 岁的男孩杀死了一家五口，他的奶奶告诉报社记者说这孩子"和其他任何一个同龄男孩没什么两样……他很安静；大多数时候在房间里待着。他喜欢玩音乐。"

一位15岁的男孩自杀了，他的老师说，记忆中这个男孩“沉默寡言，偶尔低落，但是和其他同龄的孩子没什么两样。”

父母们经常询问，当他们的儿子越来越喜欢独处，越来越不愿意参与家庭生活的时候，这种孤僻到哪种程度就该敲警钟了？正常的青春期确实有一定的“独立精神”——把卧室的门紧紧锁起，对别人呼来喝去，喜欢出去跟朋友混，不喜欢待在家里。此时，男孩急切地渴望获得更多隐私空间，整个人沉浸在自己的兴趣爱好里，对其他事情不闻不问。

我们建议（而且是强烈建议）父母留意一些“红色警报”，它们意味着男孩可能正在滑向情感孤寂的深渊：比如心情越来越低落，不愿跟朋友玩，成绩越来越差。这些中的任何一个都应该被当作预警信号，一旦出现，父母就应该毫不犹豫地给孩子提供帮助或者寻求专业咨询。但是我们也知道，这些红色警报不是判断情感孤寂的唯一标准。有些男孩可能终身都缩在自己的“洞穴”中，饱受心理发育滞后的痛苦。对于这样的男孩，父母一定不能懈怠：既要支持男孩学会独立自主，又要鼓励他们不要逃避，保护他们不受孤僻之苦。父母做起来不容易，因为男孩有时没办法说出他在逃避什么——有的不愿意说，有的说不清楚。

男孩为什么厌学

丹谈托尼

托尼刚满16岁，正在上十年级，他就读的学校坐落于郊区，他无论是学业成绩还是体育运动都很出色。托尼的语言才华一直很突出，他还是一名优秀的足球运动员。他个头很高，金棕色的头发盖在右眼上，讲话的时候总是盯着脚上的耐克鞋。他的声音很轻柔，时不时有点儿含糊不清。偶尔兴奋起来的时候，他会抬起头看着对方的眼睛说话。托尼就像是一位站在门外的旅客，寒风让他瑟瑟发抖，他却又迟迟不肯进屋。

正值4月，学年考试将近。托尼被送到我这里做咨询，因为最近他的成绩一直在下滑。他父母和老师搞不懂为什么会这样，想看看我能不能帮他们找出原因。我浏览了托尼的个人档案，发现老师们在评语中流露出一种担心：他的能力很强，但是学习成绩在下滑。

“有老师觉得我应该找你聊一聊。”

“我猜就是。我爸说我必须来找你。”

“跟我说说怎么了。”

“我的英语考得不好。”

“是多少呢？”

“呃，不及格。”

“为什么？”

“是这样，老师要我写一篇很重要的论文，但是我没写，所以这个学期我的成绩就完蛋了。”

不是每个案例中的考试不及格现象都需要关注，但是托尼的成绩一直都很好，阅读理解还是他的强项，他的阅读成绩可以进入全国前2%。但现在的问题显然不仅仅是那一篇论文。托尼几乎在这一整年里各门学科都表现平平，尤其是英语。这样令人不满的表现简直要把老师激怒了：他们觉得他是存心的。从评语来看，老师们是喜欢托尼的，但他们为此沮丧。在九年级的期末评语中，英语老师写道：“托尼不再像以前那样在课上积极发言，他的写作还是一如既往地好，但是积极参与课堂互动会帮助他进一步开阔自己的思路。”班主任写道：“我担心的是，托尼也在努力但是结果却不尽人意，这真的会让他沮丧。”

“你喜欢英语吗？你觉得罗伯特先生是不是一个好老师？”

“是的，我喜欢英语，但他的课有点儿无聊。他让我们读的那些书太愚蠢了。所有的书，要么就是讲我们是怎么剥削印第安人的，要么就是讲哪个女人或者黑人受到了迫害。这些书都写得不好。”

“那你喜欢什么样的书呢？”

“斯蒂芬·金的书不错。”

有一次，托尼父亲带着他和我见了面。他父亲很着急，因为十一年级对于他考大学来说尤为重要。托尼九年级的时候就进入了学校的足球队，他爸爸觉得他的运动天赋足以为他申请到名校的奖学金。

“但是他现在的成绩是在自取其辱，”托尼父亲说，“那些名校连看都不会看他一眼。我为他在足球训练场上花的钱，足够买一辆凯迪拉克了，现在这些钱眼看着就要打水漂了。”

他旁若无人地说着，就好像托尼不在场一样。

父亲这样无视托尼的感受，真是令人吃惊。在他的眼中，托尼就好像是一件商品。

我的桌子上有一堆图片，我把其中一张交给托尼，让他看图作文——这是评估中的一项。在图片中，一位穿着随意的男人独自一人倚墙而立。托尼的写作一气呵成，几乎没有拼写或语法错误，但是故事内容却令人不安：

“约翰在联邦监狱里已经待了8年，他和你平日所见的犯人不太一样。他神智正常，坦然得不像个罪犯。他安分守己，从不去招惹狱警。监狱中关押的其他犯人，即使是那些最穷凶极恶的，也都不去找他的麻烦。他有一个好朋友，名叫皮特。但是有一天狱警杀死了皮特。现在他明白了，要么越狱，要么等死。”

显然，托尼觉得自己被囚禁起来了，感到绝望。对一个男孩来说，父亲的冷淡无情应当会让他气得发疯，或者至少会很难过。他可以把这些告诉朋友，舒缓一下内心的积郁。但是，托尼并没有生气或是难过，他表现出另一副样子——困惑。他完全搞不懂自己哪里出了状况。

“你的成绩为什么变得这么差？”

“我不知道。我想可能再努力一点儿就好了。有时候我做事没什么条理。这学期开始的时候，我真的非常努力，但是那份论文真的要了我的命。我想常青藤是没戏了。”

“这一年你的感受是什么样的？”

“我说不好，我总是感到累。为了完成作业，我常常熬到深夜，可是也没什么用。白天上课的时候，我会觉得困，结果在学校里一点儿热情都没有。”

“你有什么心事吗？”

“我不知道，可能就是成绩不够好吧。”

男孩在这种讨论中要是打不起精神，往往会打击父母和老师的士气，他们会觉得他很敷衍或是不愿分享情绪或感受。通常来说，像托尼这样的男孩是真的不了解自己的情绪或感受，仅此而已。男孩的痛苦往往来自很多根源，比如亲友去世、父母离异、身心受到虐待、性侵等。与其把痛苦说给别人听，还不如赶快想办法解决问题（虽然是表面上的问题），他也会去寻找问题的原因，但就是对自己的情感不闻不问。就托尼而言，他的问题是成绩下降，他找的原因是学习不够勤奋。但是他没有意识到，作业写不完和他生父亲的气，这两者之间似乎存在着某种关联。

男孩会因为很多事而产生厌学情绪。比如像托尼这样的孩子，他花了太多精力来为自己的情感修筑一道高墙，他不断地否认或者压抑那些令他害怕的强烈情绪。如此一来，就剩不下多少精力可以用于学习了。另一种可能是男孩永远驻足不前，不想长大只想做一个孩子，这也是“孤独堡垒”的另一种表现形式。学习成绩太好了，会让父母提出更高的期望和对未来的展望，男孩为此感到害怕和焦虑。他觉得，对学习生活还是不要太过投入的好，这样就可以慢点儿成长。

沉默主义

高傲与沉默缠绕在很多男孩身上，两者彼此助长。他们不仅不善于自我表达，甚至引以为傲，把缄口不言当成一件自豪的事。心里难受时，他们就像“泰坦尼克号”的船长一样，豪迈地屹立在船头，迎接轮船的沉没——他们要表现出临危不惧的大无畏气魄。但是大多数男孩面临的并不是一艘沉船，仅仅是一些日常的问题，比如见识还太少、自我期望太高、想尽力取悦父母或者不了解自己。

因强壮而沉默，因沉默而痛苦

迈克尔谈丹尼

运动一直是丹尼的强项，然而在15岁的时候，他的球踢得不如从前了，这让大家都感到很奇怪。他的教练能察觉到他有心事，却问不出个所以然来，丹尼只怪自己不够勤奋。同时，他的学习成绩也没法保持在B以上。丹尼的父亲劝他来找我，希望我能帮他找回自己。当我们坐下来交谈的时候，丹尼流露出过高的自信。这次见面以后我可以确定的是，丹尼并没有患上临床意义上的抑郁症；他不仅不抑郁，简直是过于亢奋了。但是他也表示不满意自己这一年的比赛和学习表现，他谈起自己的时候就像站在场边评论别人一样。“我知道我是个很好的守门员，但是我没有把水平发挥出来。”他说，“我在场上的时候总是不能集中注意力。我会失误，然后就很心急，结果失误得更多了。”

丹尼在运动场上自怨自艾的情绪蔓延到了学习中，令他上课也不能集中注意力。父母的高期望值加重了他的压力，但是他认为自己与父母的关系很好。“他们是支持我的，我们之间交流起来没有问题。”他说爸爸曾经告诉他，挫折是常有的事，它是对性格的一种考验，而且他相信丹尼“一定能够打败挫折”。但是这些鼓励并没有多少用；事实上，丹尼又增添了一份担心：他不想让支持他的父母失望。他不断地向他们保证，在下次比赛或者下次考试中，他就会峰回路转，取得好成绩，但是这个转折点一直没有到来。

丹尼告诉我：“我只想赶快把过去抛在脑后，再次找回最好的状态。”

我并没有跟丹尼一起展望未来，相反，我们一起“走访”了他的过去，看能不能找到一些让他分心的原因。很快就找到了。导火索就是这一年发生的两件看似微不足道的事情。

秋天的时候，丹尼和朋友们在运动馆打篮球，他想从椅子上跳起投篮的时候不小心拉伤了小腿肌肉。这下他缺席了赛季初的3场关键比赛。在他看来，正因为他的缺席，他们队输了球。后来他的伤彻底好了，但是他始终没有摆脱自责，他为自己的愚蠢感到很恼火。

其次是一件未能如愿的事，这件事让他失望、羞愧和自卑。十年级刚开始的时候，丹尼想进入学校的冰球队。虽然他有着很好的运动天赋，之前也一直在冰球初级班训练，但这是他第一次见识到高年级男生的个头和力量，他感到胆怯了，有生以来第一次对自己产生了怀疑。他的表现还算差强人意，虽然没有完全发挥出他的实力，但最后还是勉强通过了选拔。尽管如此，丹尼还是跟教练说他决定不加入冰球队。

但是他的内心积累了畏难情绪。那天晚上，爸妈问他选拔赛的结果，他假装耸耸肩，只说出部分真相——他说他看到冰球队里那些彪形大汉，决定还是专注于自己擅长的足球，等春天的时候再练练棒球。还有一些话他说不出口：他感到自己像个胆小鬼，一个逃兵，他恨自己的畏缩。那天当他脱下了冰球手套时，内心感到再也不会碰它了。冰球——这项从他8岁起一直陪着他直到度过九年级的运动，这个给他带来过无尽欢乐的活动——到头来成了他的一种耻辱。

这一年里，各种滋味埋藏在丹尼心里，一点点侵蚀着他。但他就是不说，因为（甚至向自己）承认感觉糟糕，这也是软弱的表现，这是他所不能容忍的。就算他最后来向我求助，也只是想问我怎样才能提高学习成绩和踢球水平，而不是想面对自己的愤怒或自卑。在治疗中，丹尼渐渐明白是沉默让他藏起了痛苦，让他找不到有效的办法减轻痛苦。

丹尼首先需要承认自己的脆弱和自责，然后才能把这些情绪稀释掉。之前他没有跟任何人谈过，事情发生了差不多一年以后，在面对我时他才把这些情绪和感受表达了出来。我们谈过 4 次话，数量不多但也足以帮助他打开心扉。后来，他终于卸下背负了一年的心理负担，如今不管是在教室里还是在足球场上，甚至冰场上（是的，他又开始打冰球了），他都更加专注了。

丹尼渴望找回从前的活力与快乐，这种渴望驱使他从新的角度思考问题，并从情感上找到了失望的根源。但是很多男孩和男人始终奉行着沉默主义，他们表面上寡言少语，内心却酝酿着自卑，疏远了身边的亲朋好友。

另一类情感隔绝：先下手为强

情感孤立有很多表现形式，其中一类表现为愤怒、讽刺或者敌意——男孩认为没有谁或什么事值得他尊敬，而事实上，他们真正看不起的是自己。父母的斥责、过高的期望和同龄人的强大，这些都让男孩感到内心是那么脆弱，他们没有安静地逃走，而是表现出满不在乎的态度。这样的男孩是最难交流的。他们的行为是如此惹人讨厌，难以得到他人的同情。

愤怒、讽刺、沉默，男孩在掩饰内心恐惧

丹谈肯和阿谢尔

不管从哪个角度来看，阿谢尔都像是一个“社会的弃儿”。他手脚笨拙，感情幼稚，不懂礼节，没什么朋友。刚上学的时候，同学就把他当作一个怪

人，后来，他不仅没能摆脱这种形象，到七年级的时候反而引以为傲。他很聪明，成绩也不错——这是他仅有的优点，可是也因为他喜欢吹嘘而搞砸了。同学们都瞧不起他。他说话刻薄，在发现别人的弱点上堪称专家，攻击别人短处，并且使出浑身解数、毫不留情。

到了十年级，阿谢尔表现得越来越像一个煽动仇恨主义的电台主持人——对不同于自己的观点肆意、猛烈地批判。他的表现就好像已经自暴自弃了；就好像在说，既然世界待我不公，那我就与世界残忍相见；就好像他觉得反正一无是处了，再过分也没什么损失。老师们甚至忍不住公开表示：这孩子真是欠揍。

我有点儿喜欢阿谢尔。到现在我也不明白这好感是怎么来的。大概是因为我看得见他本性并没有表现出来的那么坏。在他张牙舞爪的外表下，是一颗希望被人接纳的心。当我明白了他的家庭状况之后，我对他更加同情了。

他父母都是喜怒无常的人。阿谢尔今天做错事，他们会大发雷霆；明天犯同样的错误，他们会一笑了之。在阿谢尔 10 岁以前，他们的酒瘾都很大，家里要么充斥着愤怒的吼叫，要么就是互不理睬。阿谢尔无论在家里还是学校里都得不到安全感，慢慢变成了一个“社会的弃儿”。

上中学之后，阿谢尔练就了一套能耐。不管他多么不招人待见，不管别人如何嘲笑他，他绝不认输。没有同龄人信任他，顶多有几个老师不算讨厌他，但也不支持他。

后来等他的行为更加出格了，学校管理层把他交给了我。与其说他们想给他提供帮助，还不如说他们拿他没辙了。

我喜欢阿谢尔，而且他也喜欢我。我不会喜怒无常，并且说话算数。我明确地表示出对他的喜爱，他也渐渐对我产生了信任。我们总是一边吃午饭一边聊天，只要他想吃比萨，我就会给他买来大大的一张，虽然我知道他肯定吃不完。我把我的随身听借给他，他生日的时候我给他送礼物。放学后我去看他在棒球队训练（这是他这个学期的必修课），哪怕他三振出局，我也坚持到场。他的童年是在拒绝和冷漠中度过的，所以我觉得，只有通过这些日常琐事，才能让他相信我是真的喜欢他，才能让他把我当作能够信任的人。他对政治非常了解，我们经常谈论发生在华盛顿的新闻。他有时会用他那些右派言论来反驳我的自由主义观点，但是我才不会上当呢。我不会随口附和他，而是认真倾听，既不显得震惊也不面露愠色（他的许多老师则不然）。

在我们见面后的头两年里，阿谢尔变化不大。在教职工大会上，我还是一如既往地要为他辩解，幸好他成绩不错，逃过一劫。他也还和从前一样没什么朋友，还是独来独往。

有一天，阿谢尔问我可不可以带一个朋友跟我们一起吃午饭："他叫肯。他比我更需要你的帮助，他爸妈简直就是疯子。"

下一次，肯跟着他一起来了。

"阿谢尔告诉我，要是我装成精神失常的样子，你就会请我吃比萨。"这就是肯给我的见面问候。

"这样吧，"我回答，"要不你装成一个正常人呗，怎么着我都会请你吃比萨。"

肯的父母（根据他的叙述）确实有点儿出格了。他们动辄大吵特吵，然后母亲就带着孩子们离家出走。他弟弟患有注意力缺乏症，已经严重到无药可医的程度了，他的病快要把他们家推向崩溃边缘了。他父亲从越南退役回来后留在自备部队，有时会在家里拿出部队的劲儿来，用操练新兵的方式教训儿子。

自从这次见面之后，肯和阿谢尔就变得形影不离，总是一起来找我。他们在彼此身上找到了契合点——还有同舟共济的友谊。他们一起搭建了一座"掩体"，供他们躲在里面向整个世界开炮。他们你一言我一语地评价这个同学、那个老师，评价与他们政治信仰不一致的群体，他们的对话灵感四射、旁征博引但是却十分刻薄。要是我不喊停，他们能聊上整整一个小时。

从肯那里我了解到阿谢尔温柔的一面，反之亦然。肯告诉我阿谢尔爱他的妈妈和他的猫，阿谢尔告诉我肯是如何任劳任怨地照顾他弟弟。天长日久，这种友情的纽带让他们能够向彼此倾诉内心的某些恐惧。他们也开着玩笑，说要租一个女朋友去参加毕业舞会，或者介绍表姐妹给彼此认识。有时我会请他们对彼此进行分析。他们俩有太多相似的地方，可以通过分析对方来更好地认识自己。

“现在，肯，你来扮演心理医生。请你分析一下，阿谢尔为什么老是欺负佩德罗同学？”

“好吧，我现在是肯医生。我认为阿谢尔缺少安全感。他抨击别人，是为了掩饰他的不足。他自己很清楚自己的弱点在哪里。佩德罗同学是拉美族裔，在我们的社会中，少数派种族群体常常扮演着替罪羊的角色。”

“这分析真是一针见血，谢谢你，肯医生。阿谢尔，对于他的分析，你有什么要说的吗？”

“他对我的分析也许有道理，但是不可否认，佩德罗同学的确是个白痴。而且肯还不是一样，不然他为什么要欺负那几个七年级的学生。”

他们俩终于能够卸下心理盾牌了。他们清晰地觉察到自己行为背后的不安全感，这开始让他们意识到自己的行为并不好玩。他们再也做不到理直气壮地指责别人了，也慢慢发现没有必要非得与老师同学对立起来。他们的政治观点并没有发生变化，但是他们把它用在了更有意义的事情上——加入辩论队。辩论指导老师发自肺腑地欣赏他们的语言才华，他们赢得了其他队员的尊重，尤其是那些低年级的队员。他们甚至与一个女校的辩论队员们交了朋友，就快谈恋爱了。

阿谢尔和肯的案例有些极端，但是很多男孩身上都或多或少有这种倾向。男孩们用五花八门的“盾牌”抵御其他人：愤怒、讽刺、漠不关心、沉默，等等。不管是语言还是身体上对别人的侵犯，冷嘲热讽也好，拳脚相向也罢，像阿谢尔和肯这样的男孩，都是通过虚张声势来掩饰自己的恐惧。

进入孤独城堡，把男孩带出来

迈克尔谈福斯特

“完全是妈妈要我来的。”福斯特一边找地方坐下一边说，“我真没什么可说的，我没有任何心理问题或是类似的问题。”

13 岁的福斯特个子不高，人很敦实。兄妹四人中，他排行老大。他以前总是亲热地跟弟弟妹妹打趣，但是最近变得冷淡了，他也不再像过去那样常常和妈妈在一起了。“我俩以前很亲密。”妈妈说，“真希望我知道他最近怎么了，希望他没什么心事。”

福斯特的妈妈患有慢性肾病，病情得到了有效控制。她的体检结果很好，但是孩子们一直在为妈妈的健康担忧受怕。福斯特的爸爸是个生意人，最近生意不太好，搞得家里气氛越来越紧张。每次妈妈提出爸爸应该多陪陪十来岁的儿子，爸爸要么就气恼地嚷嚷起来，要么固执地一声不吭。

现在，福斯特坐在我的办公室里，手中的铅笔不安地敲打着他的膝盖。很显然，他做好了闭关自守的准备，不让任何人走进他和他的生活。要想从心理咨询中有所收获，首先需要放松。在征得他父母的同意后，我带着福斯特走到一家在这一带小负盛名的、充满粉棕系现代艺术气息的零售店。我让福斯特任选两样零食。这是我对待男孩的小秘诀，这样我们之间可以找点儿轻松的话题，也就可以让他们放下戒心。当然，只能是一些不过分的东西，饮料、薯片之类，或者曲奇饼干。但是选择余地还是很大的，男孩们可以充分发挥自己的想象。经过仔细考虑和认真挑选之后，福斯特挑了一瓶激浪牌运动饮料和一盒辣味肉桂糖。在回办公室的路上，我们像真正的美食家那样给各种零食评分，比较瑞福薯片和品客薯片的口感差别，小熊软糖和毛虫软糖哪个更好吃，等等。

我知道福斯特太过紧张，不愿谈论自己的感受。对于自己的内心世界，他已经了解的那一部分让他感到害怕，而只是隐约有感觉，尚未探索的另一部分更令他恐惧。所以刚开始的时候，能够和他聊聊垃圾食品之类无关紧要的话题，我也感到很满意。我和他聊了几个星期的零食（并开始好奇财务会怎么看待我报账单上的"特温柯斯牌奶油蛋糕"），才转入"正规"的心理治疗阶段，我开始询问与他家庭有关的情况。我们先聊了聊他的家庭成员和他们的基本情况，然后转向他的感受。

"我听你爸妈说，你爸的工作很不顺利。你知道这件事吗？"

"嗯。"

"这件事让你担心吗？"

"嗯，有时候会。"

"你有没有觉得他情绪低落？"

"嗯……好像是的……我也不能肯定，大概吧。"

"这有点儿吓人，是不是？"

"嗯。但是他现在好多了。"

"那就好。你有没有觉得，当他情绪低落的时候，你自己也有点儿害怕和低落呢？"

"大概吧。其实我比他更担心。"

"你有没有担心他会自杀？"

他惊讶地抬起头。

"是的，我想过，但是我又想，他不会那么做的。"

男孩往往很喜欢这样的指引，福斯特当然也不例外。那天以及后来的交流中，我能够明显地看出，福斯特对家里的状况很担心。他担心自己低落的情绪，为爸爸的困难感到难过。心理治疗期间，福斯特逐渐意识到，虽然他对家里现在面临的严峻考验帮不上多大的忙——这些事让他深感无力——但要是他能学会直面恐惧，谈论恐惧，他可以让自己的生活稍微轻松一些。

经过四个月的心理治疗，福斯特不再回避了。他的变化一眼就能看出来：再不像以前那样扭捏不安，他说起话来更轻快活泼，人也变得热情起来。他总是盼着和我见面，按照惯例总要和我一起去零食店，一边吃奶油蛋糕，一边聊天。和最初几次谈话不一样，当谈到他的感受时，不再是我问一句他答一句。心理治疗取得了预期的效果：治疗师提供安全的环境，来访者谈谈困扰的事情。

福斯特交了一个喜欢玩滑板的朋友，他们开始一起玩滑板。虽然他有时还有点儿笨拙，但很快就变得驾轻就熟。随后一年里，我们继续帮助他调整各种感受，比如担心父母的婚姻、爸爸的生意和妈妈的健康。同时，他和朋友一起玩的时间越来越长。他们修了一个滑板坡道，他们专业而惊险的表演吸引了众多崇拜的目光。很快，福斯特身边成天围着一群男孩。

福斯特因为爱好和友情重新燃起生活的热情，他在学校的表现也开始好转。这一切都被妈妈看在眼里。虽然母子之间不常聊天，也不像小时候那样关系密切，但是妈妈对他不再那么担心了。

不幸的是，福斯特的家庭困难还在继续。爸爸的企业最终破产了，在他寻找工作的时候，家里变得入不敷出。妈妈挺身而出，成为养家糊口的支柱。但是父母最终还是离婚了。不过，尽管如此，福斯特的高中还是过得很顺利，成绩很好，朋友也多，他顺利地上了大学，并继续着他的成功。他并不是对失望和气馁有了免疫力，而是能够更好地应对和调整负面情绪，不再逃避情绪和生活。

显然，福斯特学会了做自己的听众，或多或少也能理解其他人的内心，学会了建立并维持一些重要的情感联结。虽然他家境困难，但他已经能够分清楚家庭是家庭，自己是自己。他一手打造了自己的生活，懂得与家人保持联结，但又彼此独立。

福斯特近来逐渐增强的情感解读力挽救不了爸爸的生意，也挽救不了父母的婚姻，但却挽救了他自己。

一个回避感情的男孩和一个抑郁症男孩之间的界限不一定那么清晰，这一点我们将在下一章中深入探讨。但令人振奋的是，在很多情况下，回避感情的男孩仅仅需要一点儿信念：他只要相信外面的世界是安全的。要做到这一点并不总是那么快，也不总是那么容易。这需要他弥补情感上的空白，或是纠正错误的情感体验带来的观念和行为。他需要找回信任，需要在父母的智慧、耐心和同情心的支持下，或者再加上专业的心理治疗，一步步走出他的孤独城堡。要知道，没有哪个男孩不想走出孤独城堡，没有谁愿意独自站在世界的对立面。

小结

1. 进入青春期，男孩逐渐学会掩饰情感需求，回避谈论自己的感受。这种对情感互动的缺失会让男孩错失成长的良机。

2. 当男孩出现心情越来越低落，不愿跟朋友玩，成绩越来越差等“预警信号”时，父母应该毫不犹豫地给孩子提供帮助或者寻求专业咨询。

3. 只要我们提供一个安全的环境，回避情感的男孩就可以改变行为和态度，走出孤独的堡垒。

第八章

深渊：
在抑郁中挣扎

在灵魂的漫漫黑夜中，每一天都是凌晨三点钟。

——F. 斯科特·菲茨杰拉德《崩溃》

（F. Scott Fitzgerald, *The Crack-up*）

青春期面临的种种情绪太复杂了，男孩根本没有能力控制。当冲突和矛盾失控，男孩只能走进抑郁的泥沼。当男孩受困于内心的羞耻感、冲动的性格，又不善表达情感时，如果再受到媒体报道的各种暴力事件影响，犯罪或自杀就成了可预见的。

14岁的洛伦总是一副阴沉愤恨的样子，像个马蜂窝一样，人见人躲。他成绩不错，但总是骂人，说老师是“笨蛋”、同学是“白痴”。他已然成了老师们的眼中钉，也就是问题少年。老师们开会的时候甚至讨论要不要劝他退学。他在家和在学校一个样：动辄生气，来劲儿了就乱砸乱摔。儿子是这副德行，父亲责怪母亲，而母亲则把责任推在父亲头上，家人之间火药味十足。父母有时会迁就他，给他支持和鼓励，但当他做错事的时候，又会大发雷霆并惩罚他。

洛伦感到很压抑，但是他的压抑情绪并没有表现为难过与失落，而是像很多抑郁的男孩那样焦躁不安。他不喜欢自己，他猜也没有谁喜欢他，而且他不指望会发生变化。后来，洛伦被确诊患上了抑郁症，他开始服用抗抑郁药，并在暑假进行了个人心理治疗以及家庭心理治疗。等新学年开学的时候，洛伦的病已经完全治愈了。实际上，洛伦的抑郁症是有药可医的，治愈也不是什么奇迹。之前是因为大家只关注到他焦躁的表现而忽视了背后的原因，所以他的病情才会加重。

要是男孩看起来并不悲伤，我们很难将他的问题与抑郁症联系起来，因为我们常常在“悲伤”和“抑郁”之间画等号。抑郁症男孩的表现往往是急躁、愤怒、充满敌意或者执拗。我们的文化认可男性的沉默主义、情感封闭和孤独城堡，认为“这才是男人”。但是，对于男孩的抑郁症，我们的文化却坐视不管，因为它有损于整个社会的男子汉形象。只有当抑郁症让男孩付出了代价的时候，比如成绩下降、比赛失利、惹出违法犯罪的事，我们才会去关注它。

谁都不想面对一个压抑无助的男孩：一方面男孩本人会自惭形秽，另一方面旁人心里也会尴尬或难受。所以，我们宁愿把男孩当作一个茁壮成长的“好爸爸”人选，只想从现在起就倚仗他们的力量。

父母和老师都知道，抑郁一旦发展成临床疾病，一定会危害到男孩的性格形成，但大家都等着男孩靠自己“走出抑郁”。许多男孩独自与绝望搏斗，因为他们觉得孤立无援，或者认为自己能搞定。但是，抑郁症患者想要靠一己之力恢复健康，几乎是不可能的，或者会极度艰辛。

大男子主义的观点是，男人要压制内心所有情感。要是男孩相信这个，那么他一定会时时感到纠结，因为情感不是说压就能压住，有的很强烈，有的很复杂。男孩把自己逼到一定程度，就会面临情绪的全面崩溃，这时抑郁症就会乘虚而入。

抑郁症的后果可能是致命的。男孩很容易因为患上抑郁症而感到羞耻，情绪混乱并冲动，再佐以电视、生活中的暴力，武器也不难搞到——自杀需要的原材料就配齐了。统计数据表明，与上几代人相比，现在男孩的自杀率在上升，并且呈现低龄化趋势。自 1950 年以来，青少年自杀率增长了两倍多，男孩占其中的大多数。在自杀的青少年中，15 岁以上的群体中男孩占 86%；15 岁以下的群体中，男孩占 80%。

男孩若是情感受了伤，不见得会患上严重的抑郁症。但如果从小就有人教育他说，男孩不应该跟别人交流感情，要懂得沉默是金，学会隐忍克制，那么等抑郁症形成的时候，无论起因是生理因素还是环境因素，他都很难从中恢复。

青春期的忧伤：真假难辨

“我不知道他怎么了。”弗兰说起了她 14 岁的儿子布鲁斯，“他可能是遇到什么麻烦了。他不再给朋友打电话，对什么事都提不起兴趣，甚至是他最心爱的棒球。如果我问他，他就会冲我嚷嚷。我丈夫说别管他，说他只是在闹情绪，过一阵子就好了。但是这情绪从何而来呢？我该怎么帮他呢？”

有时我们很难分辨出谁真的得了抑郁症，谁只是沉浸在“青春期的忧伤”中。青春期说来就来。几乎是一觉醒来，男孩突然发现他和好朋友没话可说，以前的爱好有点儿烦或是过时了，把它扔在一边。青春期少年的情绪时起时落，他听任自己心潮起伏，虽然感到莫名其妙，但是并不会去伤害自己或者别人。单纯的负面情绪虽然不会给人带来快乐，但也不等同于抑郁症。然而青少年抑郁症的发病率有上升趋势，因此这些预警信号是值得我们去关注的。

男孩越来越早地面临青春期的挑战。在 19 世纪 50 年代，青春期的生理变化从 16 岁左右开始出现；在今天，这些变化从 12 岁左右就开始了，有的人更早。但是并没有证据表明，青少年心理和情感的成长期也提前了。生理发育越来越早，心理成长却相对滞后，这给青春期的孩子带来更多的压力和风险，比如毒品、酒和性的诱惑。此外，和以往相比，如今的男孩拥有更多零花钱和更多放学后的自由时间。

抑郁症：真正的危险

从常识来看，“抑郁”往往是“不快乐”的同义词。但是在医学上，抑郁症是一种可以被明确诊断的疾病。抑郁症轻重的程度不同，都有清晰可辨的症状。抑郁症的治疗手段很多，包括进行各种心理治疗和服用处方药，或者很多时候是两种方式的结合。抑郁症的病程可达几周几个月，甚至几年。抑郁症就像小偷一样，严重的会偷走患者几乎全部精力、热情、欢愉和希望。

抑郁症的症状与悲伤情绪有相似之处：整日没精打采，生活黯淡无光。

它们的起因也很像——失落或失望。但是抑郁症还有别的症状，比如焦虑、无缘无故的害怕和怀疑。抑郁症患者常常觉得孤独、无人关爱、内疚和羞愧，或者觉得自己天生无用，怀有悲凉的宿命感。这是一种“抑郁症思考模式”，它很容易导致患者精神崩溃，不利于治疗。成功人士也可能患有抑郁症。许多抑郁症男孩有很多优点：智商高，富有创造力，学习成绩好，社交能力强。但是稍有不尽人意，或者面临小挫折的时候，抑郁症就无处遁形了。这些上天的宠儿深陷其中，久久不得解脱。他们的内心已经不堪重负了，开始变得烦躁不安，像个暴戾的老头，与全世界对着干。

抑郁症往往是由失落、失望或精神创伤引发的，但有些人也会凭空患上抑郁症，此时，他的情感世界突然变成了一片荒漠，生活成了一场麻木不仁的行走。

根据轻重程度不同，抑郁症可以分为两种类型：重度抑郁和轻度抑郁。轻度抑郁没有那么严重，但是持续时间长。这两类抑郁症在儿童群体中患病率都比较较低，约为 2%，而青少年群体的发病率约为 7%。

重度抑郁患者每天都会长久处于悲伤、空虚或烦躁中，发病期在两周或以上，平均时长为 8 个月。患者通常会对多数乃至一切事物及活动失去兴趣，不再能感受到乐趣。他们内心充满自卑、愧疚或绝望，对未来不抱希望。重度抑郁还常伴有失眠、精神涣散、体重骤降等症状。如果不及时治疗，重度抑郁不会自然减轻，只会逐渐加重。

轻度抑郁又可以称为轻度慢性抑郁症，它的症状没有重度抑郁明显，发病期长（平均时长为 4 年），但并不会持续一整天，也不一定天天出现。患者也能产生别的情绪，并对周围环境做出情感反应，但是他们很少有情绪高涨的时候，就算有也转瞬即逝。轻度抑郁患者同样感到自卑，觉得无人关爱，有时会出现愤怒、焦虑或烦躁的情绪，程度比重度抑郁轻。轻度抑郁症经常在患者身上潜伏多年而不被察觉，直到最后一根稻草把人压垮的时刻。很多父母都说，没有早一点儿带儿子去看病，是因为男孩所表现出来的懒散、消极和忧郁，就像是他们的天性使然——就好像“男孩都是这样”。

幸好，很多男孩只要知道自己病了，就能很快走出来。这在心理治疗中叫作“行为认知疗法”，它是一种专门针对“抑郁症思维模式”的有效疗法。此外还有一些效果很好的药物，如现在风靡一时的血清素类药物百忧解以及它的衍生品，包括左洛复、萘法唑酮、安非他酮等。家长或其他人一旦怀疑孩子得了抑郁症，应当立刻咨询心理健康专家，有抑郁症遗传史或酗酒史的家庭更应该及早采取行动。

男孩情绪不对或是行为异常的时候，并不一定就是患了抑郁症，但是一定要考虑到这个因素。我们会问他一些简单的问题：“什么事让你心情不好吗？”“你的生活中发生了什么不好的事吗？”往往会得到肯定的回答，我们引导男孩说出这件不好的“事”，再进一步确定这背后不好的“感觉”，也就是悲伤。通常男孩的抑郁症来自失落，如失去亲人，失去朋友，在运动或学习中失去优势，长大后失去童趣（拆开礼物的瞬间不再欣喜若狂），与父母吵架时失去尊严。抑郁症的成因并不总是一目了然，但是当男孩诉说他的悲伤、空虚、昏沉和混乱的时候，或者当我们看到男孩用极端的手段对待生活中的失落时，我们会判定他很有可能患上了抑郁症。因此，当男孩变得孤僻和茫然的时候，我们一定要追根究底，找出背后的原因。

情感文盲：不知道自己的感受

丹谈沃瑟

每个人都认为沃瑟不太对劲。整个九十年级他都是成绩全A的尖子生，可现在他只能勉强维持在C的水平。上课的时候，他总是无精打采。有的老师怀疑他在吸毒，但是他并没有，也找不到其他原因。沃瑟的父母很担心，他们知道他再这样下去，申请好大学的机会就会溜走，这在他们富人区里简直会成为一种罪过。

沃瑟默默地走进我的办公室，面带浅浅的微笑。他高高瘦瘦，一头凌乱的金棕色长发。我们握了握手，他的手有气无力地捏了捏就缩回去了，仿佛不堪承受一般。我们的最初几次谈话实在是考验耐心。对像沃瑟这样不愿开口的男孩，我们在治疗时会跟他聊聊体育，听他们说说老师的坏话，目的是让彼此关系更近一步。但是这一招对沃瑟不管用，他兴致寡淡，什么都提不起他的兴趣。他喜欢音乐，我虽然也努力追赶音乐的潮流，但对他最爱的摇滚乐队的名字，我还是完全摸不着头脑。沃瑟很有礼貌，看到我那么努力却仍然和他搭不上话，他甚至都有点儿替我难过。我们没有放弃，坚持每周一次的谈话。一个月后，沃瑟慢慢敞开了心扉。他向我承认他晚上睡不着觉，早上困得不想起来。他盼着高中赶快结束，但是他不打算上大学。

“你有没有想过高中毕业以后做什么？”

“我不知道……我想参加和平部队，被派去非洲或是什么地方。但是他们可能不会要我，因为你得有一技之长，他们才会要你。”

我听了沃瑟描述他的生活，查看了他的学校档案，询问了他的老师和父母，但是无论如何我都找不到导致他情绪如此低落的原因。然而，这就是很多典型的抑郁症男孩的表现。他们给你的印象是又自在又自信，但他们内心觉得自己一无是处，就连呼吸都是在浪费氧气。这种外在表象与内在认知之间的巨大差异，是典型的抑郁症前兆。沃瑟无疑是一个聪明而有潜质的年轻人，但是我从他身上看不到年轻人应有的朝气。

在一次教师大会上，老师们在讨论沃瑟的问题时各抒己见，有的说他懒惰，有的认为他患有学习障碍，有的想到了大麻，还有一位说他可能患有慢性疲乏综合征。没有任何一个人指出他患上抑郁症的可能。

我不能找到沃瑟确切的病因，因此我只能假定他的抑郁症（就像其他许多病例一样）首先来自遗传，然后在错误的情感教育中病情加重。后来，在我们共同努力下，沃瑟渐渐学会了很多“情感词语”，能够用它们来描述自己的感觉。他觉察到内心拥有悲伤、害怕等柔软的情绪，也有羞愧和自恨等强烈的情绪，并意识到这些强烈的负面情绪是抑郁症的助燃剂。沃瑟还服用了抗抑郁药物，这让他在思考的时候积极多了，进一步加强了心理治疗的效果。心理和药物两种治疗方法相得益彰，帮助沃瑟形成了新的自我认知，让他的生活发生了彻底的转变。

许多男孩就像沃瑟一样是“情感文盲”，我们要长时间去引导他们，帮助他们了解抑郁症并走出来。女孩在探索人生的时候也会遭遇艰险，但是她们更容易说出她们的感受、行为和背后的原因，并从对话与反思中进一步成长；而男孩行走在沉默的男性世界里，常常会错过成长的机会。他们令人想起乔治·奥维尔（George Orwell）的小说《动物庄园》里的大马，猪当了独裁者以后，把农场搞得一团糟，大马虽然不开心，但也只懂得在地里埋头苦干。

许多男孩心里装了太多痛苦、太多尊严。他忍了又忍，把自己当作一个战士，仿佛一定要撑到战争结束似的。他知道父亲发脾气或酗酒是因为工作很辛苦；他知道母亲总是焦虑不安；他知道要是有人去世或有什么不好的事情，大家的心情都会很糟糕。别人的感受他都知道，就是不知道自己的。就像克林特·伊斯特伍德（Clint Eastwood）在荧幕上塑造的硬汉形象，男孩把自己想象成挡子弹的英雄——肉体再痛苦也要装出坚强的表情。他以为只要自己足够勇敢和坚强，他就可以刀枪不入，抵御一切身心伤害。

严重心理创伤极有可能引发抑郁症

许多男孩经历了某个严重的心理创伤事件，如父母离婚或者亲人去世，父母担心这样的变故会给他们带来心理问题，于是送他们来做心理治疗。父母的直觉是对的——离婚、死亡、生活环境的改变，这些都是抑郁症的导火索。我们见过的许多抑郁症男孩就经历过这些，还有很多男孩从来没去看过病，既没有得到确诊又没有接受治疗，就这样带着心理阴影长大成人。因此，让孩子得到心理治疗的父母是明智的。

被忽视的承受了不能承受之痛的男孩

迈克尔谈乔迪

我初见乔迪的时候他已经 12 岁了。在他 8 岁的时候，父亲因癌症去世。他个子不高，身材瘦削，一头黑发总是梳得整整齐齐。乔迪有一双哀伤、疲倦的眼睛，走起路来就像背负着重担。乔迪深爱父亲，父亲也爱他。他们有很多相似的地方，也有很多共同的兴趣爱好，因此关系十分亲密。父亲去世后，乔迪陷入深深的悲痛中。但是母亲和姐姐的悲伤更加明显，所以一开始谁都没有注意到乔迪得了抑郁症。

我在心理治疗中发现，乔迪强烈地渴望父爱，但是他拒绝和成年男性（如老师、舅舅或朋友的父亲）建立起亲密的感情。乔迪也向我表明了他的态度，他不希望我们之间产生类似父子的情感，否则他会良心不安，觉得自己背叛和抛弃了过世的父亲。乔迪回避与别人的往来，以保持对父亲的忠诚，他陷入了一场对父亲的单相思。

他眼中的悲伤一望而知。那是一种丧父之痛，外加深深的孤独感。他的悲伤就像一个强大的力场，把他与人群隔离开来。因为人们不想看到，尤其不愿面对男孩的悲伤。你就算坐在他对面，他都会令你心碎。他的痛楚如此摄人心魄，你只想尽快地离开。就连我这个“情绪垃圾桶”——经过专业训练、只为等待这一刻的心理治疗师——都想逃出我的办公室。要是连我都招架不住，可以想象其他人面对乔迪的时候是什么感受。

弗洛伊德曾经描述许多病人的痛苦为“令人窒息的悲痛”——一种尚未释放完全、还在酝酿之中的悲痛。无论男女，都有可能遭遇这种悲痛。但是在我们的社会里，它更有可能降临在男孩和男人身上。为什么？因为悲痛意味着不够坚强、缺乏男子汉气概，令人看起来脆弱、无助，这些都是男人最忌讳的，男孩从小就知道。如果要成为“男子汉”，男孩就没有表达悲痛的自由，也失去了得到安抚的机会。乔迪们心怀悲伤却与世界隔离，当他们得了抑郁症的时候，没有人愿意伴他左右。

是害怕和忧虑让男孩抓狂

迈克尔谈达里尔

达里尔英俊而高大，生性安静，寡言少语，看起来他的身上没有抑郁症什么事。但他以前是另一个样子。14岁的时候，达里尔就读于一所排名很好的公立中学，他学习勤奋努力，成绩几乎全是A或者B。他成绩好，人缘也好，是八年级里最好的学生之一。但是最近达里尔变了。要是你看到校长办公桌上一摞摞达里尔的违纪报告，你很难想象他过去在学习和社交上都是那么优秀。过去4个月里，达里尔得到了一堆“放学留校”的处罚，还因为骂老师受到过一次停课处分。他在科学课考试中抄袭作弊，被老师抓了个现行。他威胁过一个男同学，辱骂过两个女同学。在家里，有一天妈妈批评他学习不认真，他冲妈妈吼叫，用脏话骂她。最终，他爸爸决定送他来接受心理治疗。

我对达里尔的家庭生活做了一些了解：他们家兄妹三人，他是年龄最小的，哥哥和姐姐都在外地上大学。他们家位于一片安静的郊区，社区环境很好，但是家里却一直不安生。爸爸今年52岁，开了一家小规模的豪华轿车租赁公司。妈妈身体虚弱，因为多年的厌食症，健康每况愈下。达里尔的妈妈从来没有参加过家庭治疗，只有爸爸陪着他来。这让我心里觉得蹊跷，因为母亲通常是不会缺席的。

达里尔个子很高，瘦得出奇，在爸爸身边坐下来的时候就像把身子折叠起来了一样。他看起来很疲惫，他承认违纪问题让他对自己和生活越来越绝望。但他觉得问题出于他“一时大意”，觉得自己只是偶尔出格，大部分时候还是正常的。

“我大多数时候都还好，但是有时候我会一下子管不住自己，突然犯傻。”

他曾在英语课上写过一篇论文，讨论的是卡夫卡的短篇小说《饥饿艺术家》，里面讲述了一个男人让自己挨饿的故事。显然，他心里想的是他妈妈的健康。

“你担心妈妈的健康吗？”

“不是特别担心，有时候会，比如她必须去看病的时候。”

“你担心她什么？”

“我不知道，可能是她总是生病。”

“对于她的处境，你感到伤心吗？”

“是的，多少有点儿，我想。有时候吧，大概是这样。”

“有时候伤心，还有时候——”

“有时候她让我抓狂。她病到简直手无缚鸡之力，却还有精神抱怨和批评我。”

“你有没有和妈妈谈过她的病，告诉她你很担心？”

“没有。”他耸耸肩，“没什么好说的。”

其实，达里尔有太多要说的，也有太多想知道的。他有很多问题想问，有很多情绪想说出来，但他在表达情感这方面既得不到借鉴，也没有过尝试。他当然是担心妈妈的健康，一直都很担心，每天都害怕她会死去。他为此感到深深的难过。达里尔说，要是父母不想当着达里尔争论什么事，他们就会借“开车兜风”出去。达里尔知道他们肯定会在车上接着吵，他担心他们会出车祸。他经常会守在客厅的窗户边，直到他看见两束明晃晃的车灯照在车库门前，心才算放下来。达里尔知道父母常常因为他在学校的表现而争吵。当他说自己如何如何害怕车祸的时候，其实在内心深处，他害怕父母的婚姻走向破裂——尤其当他想到自己可能就是罪魁祸首的时候，就更加担心了。

虽然达里尔理解厌食症患者遭受的痛苦，但是看见妈妈不想吃饭，他还是生妈妈的气，然后又因为自己发脾气而感到内疚。和家有酗酒父母的孩子一样，他为自己不能改变母亲的问题感到自己很失败，他也觉得父亲很失败。

但是，无论多么绝望、多么渴望正常的家庭生活，达里尔也不能说出来。为了父母，为了他自己，他要“坚强”起来——他认为坚强就意味着不能承认悲伤。他可以做的确实不少。为了不去想家里的伤心事，他可以埋头苦学，他不惜一切地想要考出好成绩，用学习成绩为自己筑一道心理防线。他借英语课上的论文来抒发他对妈妈病情的担忧。但是他也有情绪崩溃的时候，那时他就向老师挑衅，找同学碴儿，还铤而走险地作弊以求高分。

我拿出一张纸，一支笔，写下“亲爱的妈妈”。我问达里尔，如果可以让妈妈知道他的想法，他会说什么。一开始，他犹豫再三，向我抱怨不知道该说什么。但后来，他慢慢地有话可说了。首先，他向妈妈道歉，请她原谅自己的吼叫和辱骂。他说他错了。我把这些话都写了下来。他说他会尽力尊重她，但也希望她能给他更多尊重。我把他的话逐字逐句地记了下来。

在过去大多数人都不识字的年代，如果你要写信，就要去找一个识字的人帮忙，告诉他你想要说什么，那个人就会帮你把信写好。我和达里尔就是这么做的。我面前的这个男孩不知道如何表达自己的情感，他需要别人当他的“情绪翻译机”，帮他把情感写下来，教会他表达。这封信不一定要寄到他妈妈那里，但一定要逐字逐句“写”出来，让他的感觉转化为真实存在。

这封信最珍贵的地方在于它全部来自达里尔的口述。很多男孩都像达里尔那样缺乏一个“情感词语库”，眼看就要被情绪狂流淹没了，却说不出来，也不了解自己的情感，没办法浮出水面，化险为夷。我们要帮助他们首先辨别出各种情绪，然后再学习怎样处理它们。

从抑郁症到自杀

每一起青少年自杀事件都令我们震惊，这些自杀者生前的生活是那么不同，却走上了同一条不归路。但是统计数据表明青少年自杀有一定的规律可循。这让我们非常不安。尤其那些与男孩相关的数据更是令人触目惊心。一项关于“青少年与抑郁症”的调查结果显示，自杀未遂的青春期女孩和男孩的比例是2:1，但是青春期男孩的死亡案例更多：在15—19岁的青少年中，平均每年有1890例自杀事件，其中有1625人是男孩。最近的统计数据表明，在10—14岁的青少年中，每年有330例自杀事件，其中253例是男孩。在儿童期和青春期的任何一个转折点上，男孩的自杀率都远远超过女孩的。任何一个孩子决定结束自己的生命，都是令人痛心的悲剧；但是男孩的自杀率尤其突出，这是一种警告：男孩若不是因为情绪恢复能力出了问题，就是根本不具备这种能力，结果导致了他们更有可能走极端。

有些专家甚至认为，“自杀未遂的女孩多于男孩”的结论只是统计数据的一种假象，因为女性在接受采访的时候更倾向于说实话；他们认为，事实上自杀未遂的，男性和女性一样多。还有一些专家指出，男孩会选择更为致命的自杀方式（选择用枪支自杀的，男性约占60%，女性约占40%），因为他们不想活的意愿更强烈，手段更是一招致命，所以因自杀而死亡的，男孩比女孩更多。女孩更倾向于服药自杀，这给抢救留出了时间。所以另一种解释是，女孩是用这种极端手段来寻求帮助，她们其实并不想死。而男孩不想寻求帮助，示弱让他们感到耻辱，而他们又不能靠自己走出沉重的负面情绪，于是决定一了百了，结束自己的生命。正因为这一点，哪怕青春期男孩只有一点点自杀的迹象，我们都不能掉以轻心。

自杀宣言不是开玩笑！

迈克尔谈凯斯

九年级快上完了，凯斯递了个纸条给朋友，说他放学后要从桥上跳下去。他还在纸条上大骂他的父母，写了很多脏话。他有两个朋友非常担心，就把这张纸条交给了我。我马上把凯斯从历史课上叫了出来。

这个男孩站在我面前，一副不修边幅的样子。要是给他拾掇一番，准能变得相貌堂堂，但他似乎偏不走寻常路。他穿着学校规定的衬衣，却剪掉了袖子；头发修剪得短短的、平平的，却染成了假发一般的深红色；眉毛上穿了个孔。穿孔这事本身并不是一个危险信号，如今很多青少年都会在面部穿孔，就像 20 世纪 60 年代的青年喜欢留长发那样。无袖衬衣、红发和穿孔是凯斯的“叛逆宣言”：叛逆，是我存在的意义。

凯斯得知纸条传到我这里以后非常恼怒，恨不能马上知道是谁“出卖”了他。他叫我别管闲事，反复说他只是开了一个玩笑。虽然他振振有词，有时听起来好像还挺有道理，但是对这个纸条，我绝不会掉以轻心，通知了他的父母。

我费了好大劲才拨通了凯斯母亲的电话。他妈妈是一家公司的律师，无比忙碌，她接听电话时声音很不耐烦。她保证这只是她儿子的又一个黑色幽默，没什么大不了的，她叫我不要太当回事，以免引起校方的注意。她的反应让我很吃惊，我向她解释，我们对任何自杀式威胁都不能掉以轻心，我说在她和她丈夫亲自来找我以前，我是不会让凯斯离开学校的。最终凯斯妈妈很不情愿地答应来学校找我和凯斯的班主任。在谈话的过程中，凯斯妈妈坚持要看那张纸条，她飞快地看了一眼后就把它揉成了一团。

凯斯父亲也是充满了敌意。当我问起他们家族有没有抑郁症病史的时候，他承认自己患有慢性轻度抑郁症，正在服药治疗，但他坚持说，他的病和儿子“愚蠢的恶作剧”没有半点儿关系。也许吧，但是抑郁症是有遗传性的，抑郁的情绪是会被感染的。教导主任告诉我，凯斯的爸爸也是一个律师，最近“与税务部门扯上了大官司”，正在接受调查。他的事业正处于水深火热中。

毫无疑问，母亲的愤怒，父亲的否认，都说明凯斯家里最近情况不太好。他的父母一心给工作救火，哪里还受得了儿子又出问题。

我们建议让凯斯接受心理治疗，他父母满口答应了，我才让他们带凯斯回家。但是他们食言了。第二年，他们把凯斯转到了别的学校。凯斯真的采取了行动，幸好是自杀未遂。

他被送进了医院，在那里接受了（迟到已久的）心理治疗。他在治疗期间说自己在8到10岁的时候遭到了舅舅的虐待。舅舅威胁凯斯不许告诉任何人，于是男孩怀着恐惧、守着秘密度过了4年。凯斯的父母终于知道了儿子的遭遇，心痛不已。他们这才想起来，凯斯从前是一个活泼开朗的男孩，正是在那段时间，他变成了现在这副阴沉悲观的样子。他们认为“男孩都是这样”，因此没有深究变化背后的原因，而是越来越看不惯他，对他的批评也越来越多。

凯斯递给朋友的纸条其实是他发出的求助信号，他的情感伤痛被掩藏得太久了，他已经承受不住了。他想用自杀来唤起父母的关注，并揭开埋藏多年的秘密。这个秘密一直侵蚀着凯斯的青春，给少年最美好的岁月蒙上了阴影。

杰·卡拉汉是一家急救中心的心理治疗师，近十年他面对过许许多多自杀未遂者。他发现，许多从死亡边缘捡回一条命的男孩，依然说不清是什么致使他们对自己下狠手。特别是青春期少年，他们说起了自杀的念头是因为“心情很不好”，然后就不想再追究下去了。

“要是自杀未遂能给人带来积极反思，那就太好了。”他说，“但是大多数男孩只是庆幸自己没死——就像是一个小孩喊着要打架，被朋友拉住，他心里反倒如释重负了一样。”

心理治疗师有一套分析自杀风险的标准。这套方法并不复杂。如果有人告诉心理治疗师，某个男孩无缘无故地对结束生命的话题感兴趣，比如凯斯的恶作剧纸条，或是英语课上写的论文——总之，任何映射自杀念头的事情。那么我们会首先找这个男孩谈话。我们寻找潜在的危险信号，如药物滥用、近日来的挫折或变故、跟女友分手、父母离异等。还有，男孩怀疑自己是同性恋——虽然没有准确数据，但是在这个对同性恋充满敌意的社会环境中，同性恋的心理压力是一个很重要的自杀风险因素。

只要有人不断询问男孩为什么会悲伤，他最终会说出答案。同样，当我们直截了当地追问男孩为什么对自杀有兴趣，往往会得到诚实的回答。我们会直接问他有没有产生过自杀的念头，有没有做过自杀的计划，比如，“你是不是想要结束自己的生命？”请牢记一点，男孩对自杀念头和计划的描述越周密，他尝试的可能性就越大。

徘徊在自杀边缘的男孩们

丹谈吉安

从吉安上七年级的第一天开始直到他高中毕业，我都跟他很熟。他经历过几次情绪低谷，甚至一度有自杀倾向。吉安是一个混血儿，很英俊，很幽默。同学们只知道他幽默，不知道他心里的痛苦。父母对吉安成绩的期待值很高。他上的那所学校竞争相当激烈，作业量很大。虽然他很聪明，但他阅读速度一直不快，学习效率也不高，再加上每天来回要坐一个小时的校车，他几乎整个学期都在疲于追赶进度。每当吉安考试没考好，父母就像骑马冲刺的赛马师一样，对他“快马加鞭”。他们严厉地批评他，逼他把几乎所有业余时间都用来写作业。吉安学习很努力（至少在被鞭策的时候），但在有些科目上，尤其是西班牙语和科学，他连C都很难拿到。

他在人际交往上也遇到困难。这是一个以白人学生为主的学校，吉安的混血长相让他遭受了不少冷言冷语。在白人学生眼中，他的棕色皮肤就算是“黑色”；而在那些黑人学生看来，他是不黑不白的异类。此外，他的家境不好，是通过申请少数族裔助学金才上的这所学校，而学校里大多数学生都是富家子弟。每天他都要从城市里的贫民区坐车来到这个豪宅遍地的富人区，这让他很难真正融入团体。当很多男生跑到阿斯彭或地中海俱乐部度春假的时候，吉安却只能待在市里，哪儿也去不了。

进入十年级之后，各种难题层出不穷，吉安的人生被搅成了一团乱麻。他的成绩很糟糕，糟到快失去乘校车的优先权了，要是进一步影响到助学金，他就不能来上学了。父母的婚姻也岌岌可危，吉安能明显地感觉到父母之间关系紧张。吉安看起来心情很糟，这让我很担心。我很难抓住是什么让我担心，大概是这个男孩的坐姿？说话的语气？或是他黯淡的神情？在一次研讨会上，我遇到了一个经验丰富的自杀研究专家。我们向她打听，怎样才能判断青少年是否有强烈的自杀倾向。在我们穷追猛打之下，她只好说：“相信你们的直觉。”我紧张不安的直觉告诉我，吉安正处在人生的最低谷。但是他的回答还是让我大吃了一惊。他说他已经做好了自杀的计划。

“你打算怎么做呢？”

“我会走到铁轨上，躺下来，等着第一趟火车开过来。”

“你是认真的吗？”

“我当然是认真的。”

研究发现，你随便找一个15岁的男孩问他“你有没有想过自杀”，14%的男孩的回答是“想过”。如果你接着问“你有没有具体的计划？”或者“你会怎么做？”他们的回答能让你判断他们是不是真想过。虽然吉安还没有选定一个具体的日期和时间，也没有跟我说他藏有一把枪或是一瓶毒药，但他的卧轨计划听起来还是很真实，我马上联系了他的父母。

幸好，吉安的父母没有掉以轻心，马上采取了措施来帮助他。他爸爸试着跟他做了更多的交流，更加关心他的情感和情绪，批评他的次数也少了。吉安也定期来我这里做心理治疗，吉安把我的办公室当作他在学校的庇护所，他可以畅谈自己的处境，渐渐给自己找到了调节情绪的办法，让自己不致走进死胡同。谁也不知道一个男孩到底会不会自杀，但是我觉得吉安当时就在边缘徘徊，只等一个把他推向深渊的借口。

没有得到治疗的抑郁症与走向犯罪

抑郁症得不到治疗，后果会越来越严重，会增加自杀和吸毒成瘾的风险，抑郁症青少年里有1/3伴随酗酒、吸毒等问题。吸毒往往和犯罪分不开。我们很清楚一点，抑郁症男孩在自己周围筑起了高墙，当他需要情感安慰的时候，他不会去寻求亲朋好友的关心，而是借助酒、毒品和夜店，或者在自我毁灭中一了百了。如果没有人主动帮助他，他很难摆脱抑郁症及其连带问题。这一点是毫无疑问的。

抑郁症发病期可以持续3—6年（相当于整个青春期），之后会出现严重的“副作用”。抑郁症少年要么用消极的眼光看这世界，要么与这世界隔离开来，其情感和社交能力的成长会严重滞后。长此以往，他不仅面临病情加重的风险，还会形成消极的人生观。

男性抑郁症常常被称作“掩藏的抑郁症”，这种说法不太准确。心理治疗师认为，大多数青春期男孩并没有刻意隐瞒病情；就算隐瞒了，也有迹可循，比如悲伤、愤怒、自残或是吸毒。受到抑郁症折磨的男孩会故意表现得凶狠、敌对或是愤恨，但真相是，他生病了，他别无选择。他把抑郁症一层层包装起来，尽量表现得像一个“正常”的男孩。他已经尽力了。

小结

1. 现代社会里，男孩青春期的生理变化提前了，但是心理成长却相对滞后。这给男孩成长带来了更多压力和风险。青少年抑郁症的发病率有上升趋势。

2. 男孩情绪不对或者行为异常时，要考虑到抑郁的因素。尤其是一些男孩习惯隐藏自己的真实感受，家长一定要追根究底，找到原因。

3. 父母离婚、死亡、生活环境的改变等严重的心理创伤事件，都有可能引发抑郁症。

4. 在儿童期和青春期的任何一个转折点上，男孩的自杀率都高于女孩的。青春期男孩哪怕只有一点儿自杀的迹象，我们也不能掉以轻心，生命不能当玩笑看待。

第九章

酒和毒品：
填补情感空虚

大家都这么说：做一个男子汉意味着喝酒作乐、一醉方休。

——杰弗里·卡纳达《男子气概养成记》

（Geoffrey Canada, *Reaching up for Manhood*）

喝酒、冒险等高风险的活动成了考验男子汉勇气和耐力，获得其他男孩认同和接受的方式，男孩们借此向他人证明自己的勇气和能力。

至于毒品，在欧美等国家青少年中相对比较泛滥，而我国一直以来对毒品管控严格，打击毒品犯罪强硬，禁毒工作坚实有力，因此本章中所涉及的有关毒品的内容并不符合我国国情。但考虑到青少年毒品预防教育可有效预防和减少青少年涉毒违法犯罪等行为，巩固校园无毒成果，为青春保驾护航，故本章节保留了有关毒品的事例和描述，以便家长或教育工作者对此多些了解，更好地帮助孩子们预防和远离毒品，永不受其危害。“珍爱生命，远离毒品。”

在八年级的禁毒宣讲课上，老师让学生写下 6 个人生目标或梦想。有的人写了自己的职业愿望，说自己以后想当体育明星、老师、政治领袖或科学家。有的人写了自己的心愿，如帮助生病的爸爸或妈妈恢复健康，听起来颇为心酸。老师又引导学生们讨论酒和毒品会怎样危及这些人生梦想。成年人对这种话题可能会感触良多，但这个年龄的孩子多数只能靠想象。学生们被问道：未来如此光明，充满希望，为什么一个年轻人会选择酗酒或者吸毒？一个男孩笑着回答："因为未来是未来，现在是现在。"

对青春期孩子来说，没有什么比"现在"更重要。酗酒和吸毒是为了享受现在，这理由就足够了。要是问三年级男生上高中后会不会喝好多好多酒，他会回答"不会"；要是问五六年级男生同样的问题，十个里会有一个说他不介意喝点儿啤酒，纯粹是为了体验一把喝酒的感觉。但真到了七八年级，男孩的态度就大不一样了。步入青春期的男孩越来越喜欢酒和毒品带来的快感，同时他们越发觉得这东西并没有以前想象的那么危险，这样两种心理微妙地交织在一起。男孩在三年级的时候异口同声表示自己以后不喝酒，但等到了"以后"，男孩几乎没有不喝酒的。

十年级男生很可能会有醉酒的经历，吸食大麻的人数再度攀升。在过去五年里，八年级男生的大麻使用量翻了两番。所以，十年级男生极可能已经吸食过大麻，而且父母的教育水平越高，这种可能性就越大。在过去一年里，超过 30% 的十年级男生被举报抽大麻。酒和大麻在十二年级的出现概率就更高了。过去一年中，十二年级男生里有 40% 抽过大麻，2/3 醉过酒。上个月醉酒的十二年级男生就有近 40%。7% 的高年级男生天天抽大麻。许多男生对酒和大麻都不拒绝，甚至经常把两者混在一起用。

酒和大麻，这还只是“小意思”。那其他那些“更有意思”的呢？

男性比女性更有可能去吸食强烈的违禁品，比如海洛因、可卡因、强效纯可卡因、吸入剂、致幻剂等。虽然总体来说违禁品的使用率较低（比如有 81% 的十二年级男生喝过酒，但只有 14% 用过致幻剂，7% 吸食过可卡因），但是男孩对违禁毒品的使用率远远高于女孩的。十二年级吸食毒品的男生是女生的 1.5—2.5 倍，吸食成瘾者更是男孩居多。

世界充满男孩无法抵抗的诱惑

“活在当下”是这个世界的口号，七八年级的男生即将步入成年，他们常常追随其他同龄人或成年男人，效仿他们的做法。他们可能会有位朋友或者兄长“什么都见识过”，他们也会看到影视节目里男人自得其乐地喝酒或吸毒。而禁毒宣讲课上讲的酒和毒品会让人堕落，这在生活中、电视中倒不怎么常见。他们追随的人喜欢酒和毒品，所以他们也很可能会效仿。

喜欢体育的男孩可能会先喝酒，因为酒就是大众体育世界里的“毒品”。最近一项针对大学生的研究表明，体育生喝酒的概率远远高出非体育生的。用不着觉得奇怪。想想吧，运动爱好者从小看了多少啤酒广告，还都是他最爱的球队代言的。有体育的地方就有啤酒，在小男孩的心里，“体育”与“啤酒”简直就是一对同义词。这就是广告商的目的：让职业体育散发着酒香，让观赏与酒精做伴，让人们忠于某个牌子的啤酒就像忠于他们的主队那样。

除了喝酒，有的大学体育生还抽大麻或是其他毒品，但这类体育生从事的往往是小众运动（比如玩滑板和滑雪），而不是像橄榄球这样的大众运动。相比之下，滑板或滑雪爱好者会青睐那些同样属于小众的毒品，比如大麻、迷幻蘑菇或者致幻剂。此外，根据经验来看（尽管会有例外），要是一个高中男生留长发，喜欢像费西乐队或者“感恩而死”乐队这样的迷幻音乐，那么他就更有可能向毒品敞开大门。

堕落是如何开始的

丹谈几个高中生

放学后，3个十一年级男生，兰迪、德温和坦，聚在一间空教室里接受采访。采访者是另一个同学，他的任务是要完成关于“饮酒与抽大麻”这个话题的调查。

“你从什么时候开始抽大麻？”

“我第一次抽大麻是跟我哥哥和他的朋友一起，那时他们是九年级学生，我上八年级。”兰迪说，“我吸了两斗，但不觉得有多嗨。第二年夏天我又试了几次。要说我真正开始抽大麻，那是在九年级冬天的时候。”

“你现在多久抽一回？”

“一周至少两三回。”兰迪说。

“为什么你要抽大麻？”

“它可以让我镇静下来，比如在聚会或是什么时候。”兰迪说，“让我坐着也不无聊。”

“你什么时候开始喝酒的？”

“十年级暑假，”兰迪说，“但我那个时候每三周才喝一次。到了那年冬天的时候，我开始每周都喝酒。”

“所以你是每周喝一次？”

“不一定。有时候我会在周五和周六晚上喝两次，然后下一周完全不喝，不过差不多应该是一周一次吧。”

“你一次喝多少呢？”

“大概6到8罐啤酒吧。”兰迪说。

“你为什么喜欢喝酒？”

“好玩。”

“什么意思？”

“我不知道，”兰迪说，“我真的不懂怎么解释。”

德温说他十年级时开始喝酒，现在每个周末也都会喝。

“你为什么喜欢喝酒？”

“就是有趣。”德温说，“反正也没什么事可做。”

坦说他以前喝得更厉害，每个周五和周六晚上都喝，一次喝整整6罐。现在也喝，就是没那么多了。为什么？

“大概因为我意识到以前自己太蠢了。我冷静了很多，现在一个月只喝一回。”

“你为什么喜欢喝酒呢？”

“好玩啊，一醉解千愁。”坦说。

“你的意思是酒可以帮助你逃避问题。”

“不！当然不是！我愿意和朋友们一起喝酒，一起发酒疯。”坦说，他的语气很肯定，但他的话有些语无伦次，“一开始我太喜欢喝酒了，我觉得很新鲜；但是现在我只在聚会上喝。我也不知道为什么喜欢喝酒。我记得上一次，我和几个朋友想喝啤酒，找不到人给我们买，我们就到处翻车库偷啤酒。那次我们差点被一个大妈逮到，她太疯狂了，挥舞着一把铲子向我们冲过来。我们躲进便利店后面的树林里。那次我喝到脚都发软了。”

和兰迪一样，多数男孩被大一些的男孩带着喝酒，然后发现这事儿很对口味。

汉克是一位40多岁的工程师，他回忆起小时候喝酒给他带来的兴奋感，很多男孩都有类似的感觉，只是不懂怎么描述出来。“我那时七年级，我朋友的爸爸带着我们一起去海边露营。我从另一个同学那里买了一瓶巴卡迪朗姆酒，把它藏在我的帆布包里。等朋友爸爸去拖车里睡觉后，我们悄悄地拿上这瓶朗姆酒和一箱六罐装的激浪汽水，在沙滩上找了个地方坐下。我们谁都没喝过酒，连啤酒都没沾过，所以当时，我们都多少有些激动。我们把酒瓶你递给我，我递给你，灌一大口辛辣的朗姆酒，赶快又送一口汽水。半瓶过后我们才意识到自己醉了。我永远忘不了那种飘飘欲仙的感觉（那晚最后我不省人事了），就像我发现了一个惊天大秘密，我终于知道啦，这就是为什么大人们晚饭前总要喝酒，这感觉真是太棒了！就是那样。”

“我们肩搭着肩，摇摇晃晃地走在沙滩上，看到一群十七八岁的少男少女围着篝火有说有笑。虽然我们比他们小几岁，但马上就挨着两个女孩坐下，跟她们搭讪，甚至动手动脚。她们看出来我们醉了，就赶我们走。但是我们不在乎，快活极了，一切都无所谓。”

在许多青少年的眼里，第一次醉酒而嗨翻了的时候，整个世界被一束奇异的光点亮了。酒能壮胆，能让男孩从恐惧中释放出来。“一种力量感，觉得自己是无坚不摧的。”一位刚刚戒酒的青少年告诉我们，“你可以随便想，为所欲为，不用在乎后果。”

酒精会影响大脑里好几个系统，影响情感的表达和对周围事物的感受，比如喝酒以后人会放松下来，这不是什么秘密。酒精里的乙醇有着和苯二氮平类药物相似的药理作用，可以帮助缓解焦虑——这正是青春期男孩所需要的，因为他们要坚守沉默主义、保持男子汉气概，还要避免受到同龄人的嘲讽和残酷文化的伤害。青春期充满了紧张与焦虑，几乎没有哪个男孩有能力或有信心去承受这种压力，他们看上去意气风发、神色镇静，内心却不断与恐惧和焦虑做斗争。酒成了他们的镇静剂，给他们带去及时、有效的抚慰。坦的话一针见血，“一醉解千愁”。

酒和毒品：走向成年还是走向深渊？

男孩往往会妄自菲薄并因此而感到羞愧和紧张，这些情绪也能在酒精中得到释放。在“残酷”的青春期里，任何男孩若是在男子汉比赛中迟到一步，自卑情绪就会随之而来；喝酒会让他一步到位，荣登男子汉宝殿。对男孩来说，“喝好了”，尤其是“喝高了”，绝不仅仅意味着好玩。第一次醉酒是男孩的一场仪式，相当于第一次性爱或拿到第一张驾照，“像个男人那样喝酒”让男孩产生了强烈的性别优越感。男孩们不仅要会喝，还要能喝，这也给他们带来了莫大的压力。我们认识一个年轻的亚裔大学生，他是个英式橄榄球手。每次比赛后按惯例都有酒会，尽管他知道亚洲人都缺少一种代谢酒精的酶，但他每次都参加并照喝不误。结果他总是比队友醉得更快，第二天也更难受。但对他而言，与其他人保持步调一致很重要。

“喝酒和抽大麻不一样。大麻烟卷是有人塞在你手上，说你必须来一根。”另一个男孩说，“喝不喝酒全在你自己。但是当朋友们传递酒瓶的时候，你当然希望参与其中。”女孩们喝酒也有自己的一套歪理，但没人拿这件事评价她们。说一个女孩“酒胆小”并不会给她带来心理压力，但是换成是一个男孩，就完全不一样了。

在狩猎社会里，男孩要去证明自己有供养他人或保护社会的价值，比如他会猎杀一只水牛或一头狮子作为他对部落的贡献。犹太教有受戒礼，天主教有坚信礼，别的宗教也有自己的成人仪式，这些都是从宗教信仰上庆祝男孩学有所成，能够担负责任，接受他的成年人身份，并认可他作为该宗教团体的一分子。可惜这些仪式并不会提升男孩在社会团体里的地位，也不会增加他在男孩群体中的影响力。而在当今社会，走上战场的可能性已经很小，因此缺乏一种能够证明男子气概的现代仪式。对今天的男孩来说，喝烈酒、抽大麻这些高风险的活动似乎就成了可以考验男孩的勇气和耐力，获得其他男孩认同和接受的唯一方式。

男孩讲起他们宿醉的故事，就好像在讲光荣的“战争史”，酒局就是战场，男孩们拼酒胆、拼酒量，看看谁最强壮、最有胆量。每次男孩们“上战场”的时候，都会更加虚张声势，也更加不惜牺牲健康。

男孩从孩提时代起、在公园里蹦蹦跳跳的时候就知道，对冒险的向往是一种男人本色。对青春期男孩来说，探索大自然已经告一段落，下一步冒险就是喝酒和吸毒了。正如杰弗里·卡纳达在《男子气概养成记》中写到的：“我和朋友的成长道路上离不开风险。我们跳屋顶，爬铁丝栅栏，拿石头砸对方。后来，我们喜欢上一句俗语：端起酒杯做男人。于是就开始了一段不醉不休的日子。我们知道，想喝到醉生梦死，就得铤而走险。这有什么呢？风险早就是我们生活的一部分了。”

纽约一个22岁的大学男生，在兄弟会的一次聚会上喝醉后不幸坠河溺亡。这所大学为此发起了一场轰轰烈烈的禁酒宣传活动。但活动结束后，这所学校一如既往地保持着纵酒狂欢的传统。该校的大一新生告诉《纽约时报》的记者，他上大学的第二天晚上，隔壁宿舍就有人骄傲地宣称自己喝了五杯龙舌兰和两瓶啤酒。

“然后他们吹嘘自己吐了多少，”他说，“以此来表明他们喝了这么多以后还能站稳，还没死。”

风险这件事

19岁的彼得回忆说，有一次他和一群朋友在一片荒芜的海滩上喝酒，畅饮一番之后，朋友们决定在彼得身上找点儿乐趣。

“我们醉得失去了理智。”彼得回忆说。有人从车后备厢里拿出一把老旧的铝制沙滩椅，然后不知道从哪里找来一根绳子，把彼得在椅子上五花大绑，又用一件 T 恤塞住他的嘴。这三个肇事者一边为自己的恶作剧大笑，一边连彼得带椅子一起扔到海边，然后就走回车里，不顾身后彼得“呜呜”的低吼声。一刻钟后，一阵海浪卷过来冲倒了椅子，彼得一头栽进了水里。

“亏得一个朋友回头看了一眼，发现我不见了，要不然我就死定了。”彼得说，“等他们跑到我身边的时候，我已经在水下待了很久，再晚几秒钟我就坚持不住了。”

酒精对大脑最大的危害之一就是它会破坏理性判断，简单来说就是，喝得越多就越犯傻劲儿。男孩在喝酒的时候觉得自己是坚不可摧的，是无敌的，可以不顾法律为所欲为。每逢周一上学的时候，我们经常听见男生们说的一句话是：“我不敢相信自己做了那件事。”

青春期男孩的饮酒总是“问题”饮酒。酒友若是挑衅说“再来一杯”，他就不得不迎战。所以在酒席上，青春期男孩很容易饮酒过度。倒不是说成年人多么懂得节制，很多男孩的酒风恰恰就是学了父母或是其他成年人。但是成年人多数时候能够做到每天晚饭时来点儿红酒或者啤酒，小斟一杯就此打住。青春期男孩做不到定时定量，他们不顾酒精中毒的风险，不喝则已，一喝就醉。

醉酒之后就是极大的风险。数据显示，在十二年级的高中生群体里，40% 的男孩会酒后驾车，30% 的男孩会因饮酒过度失去知觉，18 岁以下的男孩因酒后（或吸毒后）肇事被逮捕的概率是女孩的 10 倍。公共卫生部门关心青少年饮酒的一个原因就是醉酒造成了青少年受伤或死亡，比如车祸、意外溺水、抽烟、吸食违禁毒品、性传播疾病、暴力，以及自杀等诸多危害。酒后乱性也会带来很多危险，感染艾滋病毒的概率成倍增加——这些男孩会有不止一个性伴侣，而且也不太可能使用避孕套。

像彼得经历的海滩聚会这样的遭遇，这种酒后几乎致人死亡的恶性事件，我们从高中生口里听过太多。17 岁的泰德在从聚会场所开车回家的路上睡着了，车偏离了公路，在路边翻了个底朝天的时候，他才忽然惊醒过来。虽然经历了这一场惊险，他还吹嘘说，他手里的啤酒一滴也没洒。另一个16岁的男孩讲，他在伏特加“灌胃”之后陷入了酒精昏迷。伏特加“灌胃”，顾名思义，就是让别人用一根管子把伏特加直接灌进他的胃里，省去了吞咽的时间。万幸的是，一个朋友还没有完全丧失理性，他发现了这个男孩的异常，及时拨打了911求救。

对男孩来说，这些壮举是友情的见证，是多年后温暖的回忆。对许多男人来说，把酒言欢依然是他们最喜欢做的事情，纵然醉过吐过几百回，也不会随着年龄的增长，放弃这一爱好。一群大学时代的好朋友，现在都已年近四十，且都是非常成功的商人。他们还会一年一聚，租一辆豪华轿车，喝到东倒西歪。如同“二战”中炸弹落下时肩并肩的士兵，这群男人也相互搀扶着、踉踉跄跄地沿街前行，他们还要去历险——比如拜访红灯区，或是去看脱衣舞，或是像上一年那样，偷偷跑回大学校园，打破竞争兄弟会所的窗户玻璃。他们每年都要津津乐道地把醉酒历险说上几遍，重温他们的“征战岁月”。

自我放纵终至情感麻痹

收录着学生们美好时光的一本本高中年鉴里，有一类照片很经典：一群男孩，通常是七八个，张开手臂搭着彼此的肩膀，咧嘴对着镜头傻笑。他们多半是喝高了，可能还嗑了点儿药。对一群青春期男孩来说，酒和兴奋剂是“美好时光”的基调。在酒和兴奋剂里，男孩可以放下情绪和感受的包袱，打破沉默主义的禁锢。酒后吐真言，那是情有可原，谁也不会见怪。几乎一切醉酒行为在第二天都可以不算数，所以喝酒的那一时半刻让心和心贴近一点儿，也是安全的，不会被人嘲笑。喝了酒，就不会再感到孤寂的痛苦了。

酒是一种止痛剂，可以消除各种痛苦。酒精会影响大脑内生系统，使其产生一种类吗啡物质，从而减轻我们的痛苦。我们只知道高强度的有氧训练会使大脑释放内啡肽，但不知道大脑被酒精麻醉时与触觉有联系，因此也影响着人的部分情绪和感受。

触觉能够保护我们免遭疼痛，比如当我们感到火焰的温度时就会马上收手。触觉还能给内心带来安抚，比如襁褓期父母的怀抱，爱人的抚摩，或者悲伤时朋友的手搭在你的肩头。所有这些触摸都会导致身体释放出一种天然的止痛剂。当一个磕破膝盖的小孩跑向妈妈，妈妈的爱抚不仅会给孩子带来心理安慰，传递一种安全感，也会在真正意义上减轻孩子的疼痛。

一个男孩若是没有经历过他人的爱抚，或者因恐惧、羞耻或愤怒等情绪不愿跟别人有肢体触碰，他可能会通过酒来释放情绪，但这不是真正的治愈。他们学着像男人一样独自应对，其实是没有足够的胆量和信任去探讨自己的问题，甚至连告诉别人的勇气都没有。他们只会求助于酒，干完了一杯又一杯，直到情感完全麻痹。

男孩也是人，他们也希望与其他人建立联结，尤其是与女孩。喝酒让他们更容易表达情绪和感受，让他们在社交场合中更加放松自在。然而，这是一种虚假的放松自在，因为酒精会阻碍有意义的沟通，不能带来真实的安全感和成就感。而且酒和毒品的放松效果是转瞬即逝的，男孩只有不断喝酒、吸毒，才能不断获得安慰，直至上瘾。

当男孩把注意力放在喝酒、吸毒上的时候，他能摆脱一时的情感困扰。与其反思自己在情绪方面的成熟度，男孩更愿意一个星期都计划着去哪里买酒、再去哪里喝酒，后者比前者显然要容易很多。因为缺失了情感学习，男孩们会更加难以理解人情世故，也不能有效地应对它们。这么说吧，要是你喝醉了，或者吸毒了，你只要保持清醒就行了，其他人不会指望着你有更多想法；要是你在社交场合或是女孩面前感到不自在，撕酒瓶标签这样的机械动作就恰好合适。在充满暧昧的夜色中，三五好友身边围着一群女孩，既有可能会发生点儿什么，也有可能会招来悲伤、疏远或是拒绝——这是真实的自己招架不住的，所以还是带着醉意、不必负责的好。

有的男孩被家长赋予了过高的期望：希望他任何事都胸有成竹，希望他能够控制自己的情绪和感受。对于这样一个重任在身的男孩，酒大大地简化了他的情感生活，因为醉酒让人变得单纯，而且当他喝醉时，他能控制住自己的言行举止就已经很了不起，就很有男人样了，没人会用更高的标准来要求他。

就像年轮展示了树的年龄和生长阶段一样，你也可以通过一个男孩的“情感年轮”来判断他是从什么时候开始饮酒吸毒的。他的情感发展速度在饮酒吸毒后会变慢，这就是酗酒吸毒的隐性代价。而反过来，正因为他的情感体验不充分、不成熟，所以他无法察觉到这种代价。

为所欲为是要付出代价的

在染上酒瘾或毒瘾以后，男孩就懒得再去面对和掌控自己的恐惧。酒和毒品为男孩（往往是一帮脾气相投的男孩）提供了一个安乐窝，供他们寻欢作乐，逃避现实。男孩们接触到酒和毒品的原因各不相同，但是上瘾之后他们便殊途同归了，他们沿着同一条情感弯路走下去，最后走进危机四伏的死胡同。许多父母，就像无法接受男孩的悲伤与抑郁一样，也无法接受这样一个事实：男孩最初被酒和毒品吸引的原因和成人的一样，都是因为那种飘飘然的感觉很好，让人把生活的烦恼琐事抛在脑后。

不管酒和毒品给了感官多少好处，青少年期盲目自大的天性，加上酒精毒品对判断力的损害，让男孩们对真正的危险视而不见——就像在悬崖边上跳舞，瘾君子只会感受到高高在上的亢奋，全然不顾下一秒会摔得粉身碎骨的危险。

一个年轻酗酒者的回忆和劝告

迈克尔谈泰德

18岁的泰德，父母分别是大学教授和高中辅导员。泰德酗酒5年多，从未意识到酗酒的严重后果。他被逮捕过3次，还有几次更可怕——被送进了急诊室。父母给他下了最后通牒：要想住在家里就必须戒酒，否则就搬出去住。

泰德在戒酒的时候需要做心理治疗。在治疗中，他渐渐能够面对自己的问题了——这是陷在酒和毒品中的男孩做不到的，他们无法深刻思考自己的问题。泰德想把自己的经历分享给其他瘾君子，供他们借鉴。

泰德给我的第一印象是帅气十足。他很有魅力，极富口才，很有女生缘。他的谈话有洞见性且充满热情，看得出他非常坦诚。他跟我谈话的时候，就像是在匿名戒酒会上做发言一样——这也难怪，泰德已经参加过好几次匿名戒酒会了。

我和泰德约定的是一个小时，结果我们谈了两个半小时。他的故事引人入胜，也让人痛心。我很感激他告诉我这一切。

泰德第一次喝酒是在七年级，同年开始抽大麻。到了十一年级以后，他就变成了酒鬼。泰德说，起初他是出于猎奇和享乐，在一帮哥们儿的怂恿下，开始了自己的酒精之旅。这些男孩一起喝酒并互相照应，特别是当有人烂醉或是生病的时候。要不是酒，根本不可能有这样的照料和亲密关系，酒就像胶水一样把这些朋友“粘”在了一起。“在酒精的作用下”，这些男孩可以谈感情（哪怕吐字含混不清），可以惺惺相惜，可以抱作一团，这都是他们清醒的时候绝不会做的事情。

那个时候，和大多数同龄男孩一样，13岁的泰德常常酗酒和抽大麻，但他从来没有去想为什么。

“我喝酒就是为了喝到醉，很难说是为什么。我想我喝酒是为了忘记，但也没什么特别不堪的回忆。除了我的确喜欢喝醉的感觉以外，我还真没认真想过为什么要喝醉。是的，我喝酒是因为我喜欢喝醉的感觉。我记得我喝高了傻坐着，心里想：‘试着想想烦心事，想想烦心事。让脑子动一动，想想有什么事值得你心烦。’但是完全没有烦心事，因为我就活在当下，我可以为所欲为，我高兴极了。我可以拥有那种无坚不摧的感觉，可以做任何事，成为任何人，怎样都没关系，哪怕第二天早起，你想‘天啊，我昨晚做了什么？’——哪怕如此，也无所谓，至少在喝醉酒的时候你觉得可以为所欲为，可以享受那种疯狂，那种乐趣，那些清醒的时候不敢碰的事情。你知道的，享受那一刻的自在。

“喝酒像是出逃，差不多是。你可以随心所欲，清醒后再去考虑后果。但是不一样，你懂的。比如说，有个朋友告诉我，他和一个我觉得不怎么样的姑娘上床了。他说：‘我当时喝高了。’就算我知道这只是借口，我也会敷衍说：‘是啊是啊。’但如果他是清醒的，那我就会认真地告诉他我的想法。我明白，当一个人喝醉了，做再傻的事也不过分。

“我喝酒的一个原因，是它可以给你冲动的借口，好多人大概也是这么想的。喝醉以后就变傻了，好像大家都认同。喝了酒后胡闹一番，说‘我醉了’，然后就没事了。人人都接受。”

泰德清楚地知道，酒是一种被社会认可的慰藉，一种逃避责任的借口。他喝醉后可以打架、玩弄女孩感情或者干男孩常干的坏事，但他用不着承担责任，也不用检点自己的行为，更不用承诺下不为例。他可以一辈子泡在青春期里而用不着长大。

酒和毒品带着泰德走了5年多的弯路，他就像瑞普·凡·温克尔（美国作家华盛顿·欧文的著名同名短篇小说里的主人公）一样，陷入了“沉睡”，错过了生命中的这几年，也错过了太多情感的体验和学习，其中包括友谊、爱情、自我价值与成长。他落下了很多情感教育，最后不能靠临阵磨枪，也没法作弊，只能一点点去补课。

男孩们求助于酒和毒品的时候，其实是在寻求一种情感联结，但喝酒和吸毒只会让他们疏离自己的情感表达，也察觉不到别人的情感。上瘾并不是唯一的危险，更大的代价是他们看不到的，那就是失去了情感发育、成熟的机会。

支持和引导男孩认识自我，认清现实

丹谈埃里克

十一年级前的那个暑假，埃里克刚满 15 岁，他整天和朋友们一起抽大麻。他这个年龄有些尴尬——从事正经职业或是考驾照对他来说有点儿早，参加夏令营他的年龄又有点儿大了。他偶尔打临时工，比如帮邻居修剪草坪，挣来的小费加上零用钱，数量也算是可观。他一个朋友也有点儿钱。只要口袋里不缺钱，他们就有办法买到大麻。

埃里克的父母知道他试过大麻，只是他们不知道他多长时间抽一次。他父母上大学的时候也都抽过大麻，在一定程度上接受埃里克的尝试，不然就显得太虚伪了。他们在 20 世纪 60 年代也年轻过，知道兴奋剂的滋味，他们只是不确定应该容忍到什么程度。埃里克的母亲轻易就相信了他的话：他第一次碰大麻是在一个聚会上，有一个人带来了点儿大麻，后来他又试过一两次，再然后就觉得大麻没什么意思。埃里克的说法有他的真实性。但是后来，埃里克开始和另一群男孩混在一起。他留起了长发，穿起了松垮的牛仔裤。在篮球队第一轮选拔就淘汰了他的时候，父母开始担心他到底抽了多少大麻。于是他们让埃里克来找我。虽然埃里克可能只是一时兴起，过一段时间就好了，但他父母不想掉以轻心。

从我们第一次见面开始，埃里克和我就谈得很投缘。我们俩都很欣赏拉里·伯德和迈克尔·乔丹的打球风格。就像面对很多男孩或男人的时候一样，运动起到了桥梁的作用，让我们沟通起来很顺畅。我们很快谈起了篮球以外的事情，埃里克也愿意透露一点儿他抽大麻的情况。

“你星期六晚上干什么去了？”

“我和约翰，还有托比一起出去了。”

“你们干什么了？”

“就是没事待着。”

“你们嗨翻了吗？”

“是的，我们去了提姆（另一个同学）的聚会，他总能搞到上等的大麻，我们就一起抽。”

“都有谁在那儿？”

“基本上都是我们学校的人。”

“还有别的什么人吗？”

“有。我们抽完大麻以后，从康科德来了几个辣妹。我以前没见过她们。”

“你跟她们聊天了吗？”

“没有，我们只是静静地听音乐。”

接下来的几个月里，埃里克和在另一个聚会上认识的女孩谈恋爱了。她比他小三岁，还没有上高中。我们大部分的谈话都是关于他和他的女朋友的。他觉得她很漂亮，两个人已经发生了性关系，他骄傲地告诉我她还是个处女。但是我清楚地看到，埃里克之所以非常喜欢这个女孩，一个原因是她听从他的安排。他主导着这场恋爱关系，她像追星族一样跟随着这个高中生，埃里克向她展示的这个声色犬马的世界——当然包括吸毒——让她充满了崇拜之情。

我稍微为难了他一下："要是艾莉莎（他女朋友的名字）和你年龄一样大，你会不会更喜欢她？"

"可能吧，我的朋友们确实嘲笑我有恋童癖，而且她和她的朋友们在一起时确实烦人，她们傻得可笑，只会坐在一起说一些很蠢的事。"

"你大麻吸嗨了的时候，还会在意这个吗？"

"我嗨了之后就不在意了。那就是大麻的妙处，什么都不重要。要是你担心什么蠢事，那就抽上一支，然后，突然之间，你要么把这件蠢事给忘了，要么觉得它很可笑。聚会的时候，你抽完大麻以后，可以坐在那儿，听听音乐，什么破事都不用操心。"

接下来的几个月，我们继续谈论和他一起抽大麻的朋友，拿他们和学校里其他同学做比较，谈论为什么他会喜欢像艾莉莎这样比他小很多的女生。埃里克开始认真思考这些事情。我看到他在和自己做斗争，先提出一种观点，然后又用另一种观点反驳自己。比如，他说他明白大麻耽误了学习，但接着又说大麻带给他更多创造力。就这样，反反复复，一会儿坦诚地剖析自己，一会儿又为自己辩护，一会儿又回头再寻思真相。这种状态持续了一阵子，我看出他越来越觉察到自己做这些事的真实动机。后来，有一天，埃里克走进我的办公室，告诉我他和艾莉莎分手了，并且决定戒毒。

"发生什么事了？"

"我不知道，我就是有点儿害怕了。"

"怕什么？"

"我不知道，很奇怪。我看着这些女孩，她们像傻子一样。我就想：'我在这里干什么？'你懂的，我被吓到了，我觉得自己哪里不对劲。这很难解释。我害怕了，脑子转得飞快，我简直跟不上自己的思绪。但是我明白，我必须离开这里了。我就找了个借口走了。过了一会儿我才平静下来了。"

"然后你就决定戒毒了吗？"

“还没有，是第二天晚上，托比又叫我出去嗨。我想：‘这样做太蠢了，我不要再这样了。’”

“现在你觉得好些了吗？”

“不错，学校里真的单纯多了。我也不是那么想抽大麻了。我以后可能还会再抽，但我需要冷静一段时间，可能至少等上完学再说吧。”

在接下来的学年里，埃里克果然说到做到。春季以后，他和另一个女孩谈起了恋爱——这个女孩和他年纪相仿，在另一所学校读书。然而埃里克并不是从此就一帆风顺了。比如，他在十二年级的时候，一时任性冲撞了一位老师，导致他险些没有拿到毕业证书。但是，他在自己的错误中不断成长，他不断尝试着面对自己的问题，而不是选择逃避。要是埃里克还沿着以前的道路走下去，他在高中毕业这天看起来可能会大不一样：也许他就读不了第一志愿的大学而不得不选择第二志愿的；也许在毕业舞会上，他会随便找个姑娘当他的舞伴，而不是认真交往的女朋友。或许这个差距在毕业时并不明显，但随着时间的推移，这个差距会越来越大。喝酒和吸毒的恶果是日积月累的，就像信用卡里的欠款，每个月多一点儿债务看似无关紧要，然后有一天起床后，你突然发现，你的欠款已经堆得和小山一样高，你需要花数年的时间才能一点点还清它们。这些高利贷把你的工资花光了，剩不了多少让你改善生活。

只要我们的文化维护且提倡这种冷漠的大男子主义，青少年饮酒吸毒的市场需求就会不断增大。如果青少年没有得到起码的情感教育，他们就不太可能做出更为明智的决定，而会持续地依赖酒精和毒品。对男孩来说，为了逃避情感而进入酒精和毒品的世界很容易，但对缺少情感支持和引导的男孩来说，要想回头就很艰难了。

小结

1. 有些男孩会通过酒精释放自己的紧张情绪，证明自己的“男子汉气概”，进入他们想加入的群体，此时我们应多关注和告诫男孩这可能会带给他们的隐性代价。

2. 当男孩因为逃避情感而进入酒精或毒品的世界时，我们更需要给予他们情感支持和引导，防止他们持续地依赖酒精或毒品。

第十章

性与爱：真爱和无情

也许不可思议，原来我是如此需要你。

——詹姆斯·保罗·麦卡特尼《也许不可思议》

（James Paul McCartney, *Maybe I'm Amazed*）

罗密欧，出来吧。出来吧，受惊的人，你已经和坎坷的命运结下了不解之缘。

——《罗密欧与朱丽叶》第三幕第三场

（*Romeo and Juliet*）

情窦初开的男孩，内心需求异常复杂：渴望性，渴望爱，渴望成为别人眼中的男子汉，同时他们又不想遭到拒绝或伤害。但是，男孩小时候几乎没有机会练习如何“读懂”别人的情绪和感受，所以，要满足上述的需求，对男孩来说是个非常大的挑战。他们需要克服很多障碍，也要承担很多后果。

每一个男孩未来或许都是一位浪漫、体贴的爱人。但一开始他只是个男孩，随着成长迎来身体的发育、性欲的觉醒，然后女孩才走进他的世界。性欲是一种生理冲动，但这并不妨碍亲密感情的形成，只是需要男孩完成从简单的“性”向复杂的“爱”的转变。这是每个男孩都要面临的挑战。很多男人甚至现在都还在面对这个挑战——为从纯粹的性满足走向亲密关系而努力。

男孩在从性到爱的转变过程中不断探索，有时两种体验并驾齐驱。它说明男孩的内心世界是复杂的，证明了男孩在体贴关爱的同时，也有可能一时冲动伤害到女孩。大多数男孩出于对爱与被爱的渴望开始一段爱情，但他同时也在寻找发泄性欲的出口。由于失败或缺失的情感教育，加上诸多矛盾的心理因素，男孩在爱情中显得手足无措。因此，对很多男孩（准确地说是大多数男孩）来说，爱情既不简单，也不会水到渠成。

每个男人都不会忘记自己青春期时身体与情感的躁动，一种欲望和焦虑的双重折磨。大多数女人对此所知甚少。很多母亲都发现了青春期男孩明显的生理变化：下巴长出胡须，肩膀变宽，声音变低沉。但是他们的心理变化——他们内心的期待、希望、害怕与纠结——无论多么强烈都难以被人察觉。男孩有着强烈的性欲，但其行为背后的情感却很含糊。女孩能清晰地感觉到男孩对她们的兴趣，却只能依据自己的身心体验来揣测男孩的情感，这种揣测往往并不准确。当然，至少有约 2% 的男孩在青春期对女孩不感兴趣，而且永远不会感兴趣。虽然这个时代的性观念已经相当开放，但依然弥漫着对同性恋的恐惧情绪，同性恋男孩的成长将是一段充满困扰与痛苦的历程。我们接触到的同性恋案例不多，因此在本章中，我们对爱情、性和浪漫主义的讨论仅限于异性恋者。但是，我们认为本章探讨的许多问题适用于所有男孩。我们还相信，所有男孩都能收获一份美满的爱情。

在青春期男孩身上，我们能够看到一幅交织着性欲和情意、恐惧和期待的长篇画作。这是一幅亘古不变的“百感图”。400 多年前，莎士比亚借罗密欧之口道出了少年对爱情的炙热向往。罗密欧刚结束一段情事，就立刻投入对朱丽叶的追求中。这便是大多数男孩初尝爱情的样子，充满了戏剧色彩。在心理治疗中，我们看到男孩的痛苦与挣扎，看到他们的无知和不切实际的期望。我们看到男孩是那么缺乏爱与信任——没有这两样，他们的生活就会失去平衡。

男孩都有的性渴望

情窦初开的男孩，内心希望与恐惧兼备，充满挣扎。他们的内心需求异常复杂：渴望性，渴望爱，渴望成为别人眼中的男子汉，同时他们不想遭到拒绝或伤害。这个挑战很难，因为要满足上述任何一个需求，都要克服很多障碍，也要承担很多后果。

渴望爱与被爱

男孩渴望情感联结，但是他们几乎没什么机会练习。上高中以前，男孩们在一起的时候不是嬉戏打闹，就是像小大人那样参加各种比赛。小男孩还能分享一下喜悦之情，大一些的男孩就觉得不自在了。男孩想讨女孩欢心，但是大多数男孩的经验少得可怜，他们甚至想象不出亲密关系是什么样子。很少有人教他们“读懂”别人——从对话、表情、身体语言等蛛丝马迹中捕捉对方情绪。无法理解别人的感受，就很难站在别人的立场上看问题。男孩的同理心得不到充分发展，他就会误解女孩的交往暗示和性暗示——他猜不透一个女孩想什么、要什么。他很容易迷失在复杂的爱情里，只好用简单的性关系取而代之，或是干脆都放弃，同时聊以自慰地说："唉，真麻烦，还不如去投几个篮呢。"

渴望满足性冲动

男孩性冲动很强，他们早期的性启蒙都是自己摸索出来的。早在青春期开始之前，男孩对性的认识就是他们生活中重要的一部分，这种认识指向他们在生理上的变化以及随之而来的情感上的变化。虽然不同男孩有着不同程度的"性驱动"，但是青春期少年的脑子里经常充斥着"性"话题。要说男女之间在性欲上有什么不同的话，那就是男孩的性欲来得更容易，某种程度上是因为男性世界里充斥着性感画面：信箱里塞着维秘内衣宣传册或是《体坛画报》泳装特辑，电视上是百威啤酒广告里的性感模特，网上随时都会弹出色情网站的广告，教室里天天都能看见穿着紧身衣和超短裙、骄傲地显摆身材的女同学。在这么多诱惑面前，就算是有心遏制自己的性幻想都很难。为了宣泄被挑起的性欲，几乎所有男孩都会手淫，而且乐此不疲。

手淫成了青春期男孩的家常便饭。因此，在与异性发生性关系之前，他早就知道性快感是怎么一回事了。当他希望给日渐成熟的性欲配上一段浪漫的爱情时，他需要小心翼翼地走过一座桥。桥的这一端是极私密的、充满快感的、随心所欲的幻想，桥的那一端是活生生的女孩，她对性的看法、她的情感世界，对男孩而言是完全陌生的。从"技术"角度而言，手淫几乎不存在失败的可能。但是面对一个女孩，原本简单的事就会在生理层面和情感层面变得复杂起来。但凡一件事变得复杂了，就有可能变得不如意，甚至失败。要是男孩不懂得如何处理这种挫败感，他就有可能把愤恨发泄到女孩身上。

渴望成为男子汉

在同龄人和社会文化的影响下，男孩们执意认为男子汉大丈夫就该独立有担当。一方面，他们渴望成为男子汉；但是另一方面，他们又向往爱情，希望做个体贴的爱人。这两种形象之间是有冲突的。想变得能干、强大又独立，就不能相信和依赖别人，但是亲密关系的核心正是信任与依赖。从少年时代开始到整个青春期，男权社会和残酷文化不断提醒着父母要把男孩磨炼成“小强人”，绝不示弱。依恋女孩是怕老婆的表现，那是要被人嘲笑的。男孩们在群体里不断施加这种舆论压力，以免失去一起喝酒打球的伙伴。男孩们也会一起说女孩的坏话，以展示自己的大男子主义，或者摆出一副“谁稀罕她们”的姿态（其实是吃不到葡萄说葡萄酸）。

男孩害怕对女孩产生依恋，是因为他害怕女孩的拒绝，以及随后而来的痛苦与耻辱。男孩所渴望的力量感，不仅来自健壮的体魄，更来自强大的内心，帮助他支撑这样的事实：一旦允许自己依恋上了某个人——不管这其中是因为她的爱，因为性，因为自尊，或者仅仅是因为她的微笑——那就意味着有一天你也可能为她走向毁灭。

一个男孩如何应对情感生活的三大挑战——亲密感、性欲和力量感——决定了他的亲密关系的质量。每一个男孩在走向成年的道路上，都带着自己独一无二的情感经验和心理素养。有的男孩从父母那里体会到了良好的亲子关系，或是在父母的互动中见证了婚姻的美好。男孩可以将这些亲身经历运用到自己的情感生活中。不幸的是，这样的男孩为数不多。大多数男孩完全不知道怎样把握一段复杂的爱情，因为他们缺乏对情感的基本认识，比如缺乏同理心和情感辨别能力，缺少情感表达词汇。他们把精神上的互相依赖当作一种负债，而不是一份财富。

要想认真探讨男孩的性与爱，首先我们要放下自己的性观念，做到不偏见、不反感。每个男孩都有自己的故事。听了他们的故事，我们发现，许多男孩对女孩心存敬畏，对性感到好奇与迷惑。他们因为经验不足而缩手缩脚，常常感到不自信。男孩的心路旅程往往一波三折，内心充满争斗：从性欲的觉醒到寻求爱情，从情窦初开到与爱人相依相伴。大多数男孩的浪漫史有一条相似的主线：先是一大群朋友一起玩，然后互相试探，“认真起来”，最后陷入热恋。许多人在情感上还没有做好准备，就彼此以身相许了——男孩第一次发生性行为时往往还是个少年，甚至还不到 16 岁。有些男孩在情路上迷失了方向，被欲望支配，对伴侣要求甚少，给予的也不多。有些男孩变得自私冷酷，把女孩当作发泄情欲的工具。还有一些（其实是相当多的）男孩，希望找到一处爱的避风港，无奈他们自身情感匮乏，就这样在一路寻觅中步入了成年期。

男孩最终会成为忠实伴侣还是无情的性剥削者，取决于他的成长经历、社会环境和同龄人的影响，以及他周围女孩群体的特点。从一开始与异性交往的经历，伴随着青春期旺盛的性欲和好奇，男孩渐渐形成了自己的性爱观。

觉醒的年轻人

乔纳森是一名大三的学生，聪明、细心又体贴。他向我们讲述了他的性爱经历。“七八年级时，班上的女生‘风骚’得很，但我那时还挺幼稚，不懂得把握机会。那时候总有流言蜚语，比如这个‘琳恩’跟那个‘乔希’说她想跟他上床，或者谁又和谁搞到一块儿了。人人都在谈论别人的性生活。我那会儿有个朋友叫约翰，在这方面已经是老手了，他还知道电影院是理想的性爱场所。那时女生们成天把性挂在嘴边——真不是我夸张。有一个叫艾米丽的女生，说她分分钟都想要做爱，后来她和爱迪生高中的一个男生好上了，她说他们有一天做了 5 次。这些是发生在八年级的事。才八年级呀。”

“那高中是什么样的呢？”

“九年级的时候，我们班上的漂亮女生都去追学长了。九年级这些男生，你知道的，要么还在长身体，要么刚发育完还比较青涩。也有几个帅哥，刚进校就招蜂引蝶的，让大家恨得咬牙切齿。但你要是像我一样还戴着牙套的话，那你就完蛋了。

“那个时候我对女孩敬而远之。我那时还没有发育成熟，觉得自己长得也不好看。交女朋友这种事，我想都不敢想。我有过几次约会，但是都不了了之。我很多朋友都交上了女朋友。比如我最好的朋友内德，那个时候住在市里，他十年级的时候就已经有性生活了。但是我却没有，高中的时候我没有桃花运。我很想，但是一无所获。

“等我上了大学就不一样了。一切都时来运转了。大学女生比男生多，我的牙套也取下了。仿佛一夜之间我们又回到了高中，只不过现在换成男生比较疯狂了。我大一的时候前后追了 10 个女生。”

“每个人都在跟别人上床？”

“呃，这要看情况。如果你长得很帅，或者是个体育生，或者很会说笑，那么每个周末你都可以撩到妹子。我知道一个很酷的夜店，几乎每个人晚上都去那里。待上一会儿，肯定就有人上来跟你跳一段热舞，然后你们就搞到一起了。”

“什么叫撩到妹子？相当于和她上床吗？”

“撩妹子就是跟一个女孩打得火热。牵手算不上撩妹子，至少也要接吻，上床当然也算。有些人刚认识就上床，但我不会。对我来说，撩妹子是一件很新鲜的事情。因为，你知道，我以前没什么经验。”

“你的目标是什么呢？你想达到什么目的呢？”

“我想……想……”

“想跟姑娘上床？”

“对……也不完全是。那个时候，我想拥有一段别具意义的性爱初体验，因为好多人说过，他们稀里糊涂就做完了第一次。也不是每个女孩都会说‘我想和你做爱’，但有那么几次，知道吗，要是我再主动一点儿，肯定有戏。但是我希望我拥有宝贵的第一次。”

“结果呢？”

“是的，那感觉太棒了。我在大二露营的时候遇到了一个大四的女生，她叫香依，是这个野营俱乐部的负责人。我们俩一见钟情。那个周末，我们都待在帐篷里。回到学校之后，我们又见了几次面。她不知道我还是个处男，我生日那天，她给我做了一顿丰盛的晚餐，我们喝了点酒，依偎在一起，然后她问我：‘你想不想让我去拿个安全套？’我本来想告诉她我还是一个处男，又想问‘你确定你要这样做吗’。但是我转念一想，此时此刻很美妙，就是要这种感觉。我非常喜欢这个女生，我被她深深吸引住了，她太棒了，而且她一定也觉得我很棒，这是两相情愿的。我们从认识的那一刻开始就情投意合，虽然我们一直没有做爱，但是也做了不少亲昵的事。那一天，我们脱了衣服，变换着姿势做爱了三次。她说：‘我很高兴你是个情场高手。’我说这是我第一次做爱，她不相信。她说：‘是吗？我不信。’我说：‘是真的，我没有骗你。’她吃了一惊，然后又觉得受宠若惊，然后她说：‘谢谢你之前没告诉我这是你的第一次，否则我就不会让你跟我做了。’女生也这么想，觉得第一次做爱很宝贵。

“但是，后来，我的性爱观发生了改变。一个月前，我交了个女朋友，单纯是为了跟她做爱，我的意思是，我跟她没太多感情。她 4 月底就会去圣弗朗西斯科。她知道我很快就要毕业了。出于对她的尊重，我问她：‘你确定我们还要在一起吗？因为我学期结束以后就要走了。’她觉得没问题，她很淡定。”

“女孩是不是比男孩更浪漫一些？”

“男孩觉得即使不懂浪漫也无所谓，所以很多人省了这个麻烦。因为在这所男生养尊处优的大学里，我们不用费劲去讨女生的欢心。但是，当你和某人正式交往起来，情况又不一样了；男女朋友之间会浪漫一些。要是你同时有很多女朋友，那也没有必要营造浪漫了。

“我曾经对一个叫作斯特菲的女孩动过心，我深深地爱着她，爱到不能自拔。我想过，要是她不爱我，我一定不会再爱上任何人。大一的时候，她的男朋友是我朋友。到大二大三的时候，我们俩的关系有点儿奇怪；我们之间很亲昵，但是她就像一个红颜知己，而不是女朋友。后来我们的关系有点儿剪不断理还乱，于是我们干脆就分开了。这或许是一件好事，因为我对她很痴迷。后来，我认识了艾伦，跟她也上过床，但是最近和她分手了。我现在的女朋友是盖尔，要是我们突然分手了，我是不会难过的。

“我大一的目标就是撩妹子。因为我以前完全没有经验，所以它是我的头等大事。我去夜店玩，心想着：‘今天谁会跟我走呢？’离了家没人管，这可真是刺激。有各种聚会，我总是信心满满。有一次，我和我的室友皮特参加了一个聚会，我喝多了，径直坐在一个漂亮姑娘的身边，跟她聊天。一个小时之后，我们就在池塘边的长椅上亲热起来，然后又回到我的宿舍继续厮混。之后问题就来了，她想和我约会，而我却完全不知道该怎么做。我是不是该写个纸条从她门缝里塞进去呢？那是我第一次正式和女孩约会，但却完全不懂游戏规则。她可能一直在等我开口约她，她以为我是来真的，后来她当然变得很生气。第二个周末，我们又玩在了一起，她的很多朋友都觉得我们已经是在谈恋爱了，但是 3 个星期以后，我又跟她的一个朋友好上了。她气坏了，简直要崩溃了。她大概是觉得很丢人。她是那么伤心，而我完全不能理解她的感受，完全不能。我根本不知道她是想和我谈恋爱，因为我根本没谈过，所以我不懂这个。从那以后，我就明白这个游戏怎么玩了。”

在乔纳森坦诚的回忆中，有长时间的单相思，有快乐的性之初体验，有多次“撩妹子”经历。他的故事展现了男孩（男人）对待“性”的许多心理因素：渴望展现自己“高超的床上本领”；情窦初开时察觉不到对方的情感需求，缺乏同理心；为了逃避复杂的恋爱关系而对异性浅尝辄止；既有强烈的性欲，也有浪漫的情怀、爱的能力。当男孩还没到乔纳森那个年纪的时候，性欲就已经让他跃跃欲试了，不可避免地会产生上述种种心态。男孩的内心是复杂的，他们一边渴望爱情，一边渴望做个“男人”。如果他认为否定情感才算男人，这两种渴望就会产生矛盾，他的成长路上就可能会牺牲很多女孩的感情。

我们的一个朋友给青春期少女做心理治疗。他说许多女孩在与男孩交往的时候“在情感上是不设防的”。她们几乎无一例外地相信，男孩说爱她就是爱她，说从没做爱过就是从没做爱过。即使遭遇了怀孕、流产或感染性病等问题，她们仍然相信，一旦危机过去，他还会一如既往地爱她。“人们以为如今的女孩对待性的态度更开明了，以为男女的性爱关系更平等了。”他说，“但是女孩依然比男孩脆弱。因为她们相信爱情。”

坊间传闻都说男孩们会随随便便地对待爱情，明目张胆地追求性，与大部分的传说一样，其中一定包含一些真实性。而男孩们和男人们自己也都承认这一点。

一位40多岁的男人告诉我们：“每当我想起高中时代的所作所为，我就为我的女儿感到害怕。”我们另一个朋友很快就要45岁了，他说：“我的欲望在减退，现在我不会每时每刻都想着性了。这算是一种解脱吧。”另一个男人为了忠于婚姻而苦苦挣扎多年。他在50岁的时候如释重负地告诉我们：“我现在终于可以不再用下半身思考问题了。”

事实是，许多单纯追求性欲的男孩都会变成悲观的性剥削者。但是，一开始，大多数男孩并不想落得如此下场。

一开始，男孩都是好的爱人

每个孩子来到这个世界上，都渴望爱父母，也渴望被父母爱。男孩也不例外。在一项历时 40 多年的关于“情感依附关系”的研究中，我们发现，如果没有经历爱与被爱，孩子不是死亡就是遭受严重的情感伤害。抛开研究不谈，临床经验和常识也能告诉我们，对爱的渴望是人的共性。男孩女孩都一样可爱，一样想快活开心。对爱与被爱的强烈渴望不分男女，是每个小孩都有的。

小男孩首先拿妈妈试手，练习怎么做个好爱人。他拥抱妈妈，亲吻她，与她分享自己的兴奋事和新发现。有一位致力于小学生原创童书出版工作的老师注意到，几乎每一位孩子（当然也包括男孩）都会在献辞页感谢妈妈，同时附上一段质朴而热烈的爱之宣言。

男孩在年幼的时候，还不必担心依附关系，因此能自由而顺畅地表达爱。早期的母子关系为男孩日后的一切亲密关系埋下了伏笔，包括母子之间的对视、触抚和感官上除了性快感以外的各种快乐。在婴儿期和学步期，男孩几乎完全依赖妈妈，全身心地爱着妈妈。若能得到妈妈的回报，这种互动将成为男孩未来爱情的借鉴。

后来，男孩逐渐把对妈妈的爱转移到女孩身上。有的男孩记得他们自打幼儿园起就对女孩产生了好感，有的男孩说他 13 岁之前对女孩“完全没有概念”。但是随着谈话的深入，大多数男孩说他们希望自己的生活充满了爱。他们不想为炫耀而恋爱。打动女孩的芳心，与之情投意合，这是最让他们欢欣鼓舞的事。男孩们向我们谈论即将到来的毕业舞会时，他们的想法真是浪漫至极——不求性，只求热烈地爱一场。

许多男孩还认为，稳定的恋爱关系可以让他们踏实下来，不再饱受追求之苦。有个男人在回忆自己从高中到大二的恋爱经历时，他说爱情是“一件惬意美妙的事情”，但是追求的过程苦不堪言：“我只想得到她一份承诺，只想确定我们之间的恋爱关系，关于性的都无所谓。”

但是男孩又很容易产生性冲动。这种强烈的欲望并不好受，就像站在餐厅门外，饥肠辘辘却身无分文。几乎所有男孩都学会了独自摆平这份冲动——过程是难堪的，结果是释然的。许多男孩盼着“早点长大”，盼着找到一个真正的女孩，这样就不用再靠色情杂志来解决问题。在说到男孩不愿坦露内心的时候，一位男校的校长道出了“男孩真相”：“（青春期）男孩不想任何人靠近他们的内心世界，因为他不想让任何人触碰他的性幻想。”

一个 13 岁的少年近来对自己的私事闭口不谈，他父母有些担心。他妈妈问我们：“为什么他不跟我聊天了？为什么他总是哼哼哈哈地应付我？”

我们说，可能这个男孩正在形成他的独立意识，此时他会把一切都当作他的隐私，他的幻想因为与手淫有关而不愿意让别人知道。听到我们的分析，这位妈妈半开玩笑地说：“噢，他这么小，怎么会做这个呢？”然而她丈夫开始自言自语：“我想想……七年级……嗯，我那个时候早就开始手淫了。”听到丈夫这么说，男孩的妈妈有点儿尴尬。很显然，爸爸对男孩当下的处境是感同身受的。

另外一个向我们求助的妈妈，发现她 13 岁的儿子最近变得越来越孤僻，还发现他老喜欢浏览一个色情网站。互联网时代的色情网站就好比过去床底下藏着的《花花公子》。我们不能纵容网络色情，但是我们首先要向她解释，男孩对性的好奇心和手淫一般都是正常现象。这位妈妈皱着眉头打断了我们的话：“我们能不能不提这些细节？你就直接告诉我，我该怎么办吧！”

我们当然可以“不提这些细节”，但是任何父母——尤其是母亲——需要知道这些细节，才能够理解男孩突如其来的性冲动，从而理解这种性欲对日后男孩爱情生活的影响。

很多男人都知道这样一个笑话：研究表明，95% 的男孩说自己会手淫，另外 5% 撒了谎。有的男孩在身体发育之前就开始手淫了，再晚一些的也不会错过青春期早期。到底是什么时候呢？塔夫茨大学的齐利亚·卢里亚说，当父母与 13 岁的男孩谈论手淫的话题时，他们可能已经晚了两年。

一个即将步入不惑之年的男人回忆起他 13 岁的时候："我估计其他男孩都跟我一个样。16 岁以前，我不敢跟女孩提性方面的要求。白天看看她们晚上自己用手解决，这样要简单得多。我第一次手淫的时候完全是不由自主的，信不信由你。那一天晚上，我正躺在床上看书呢，突然间我就会了。那时候我还以为手淫是我发明的呢！"

男孩这种对手淫的体验，意味着他在发生性行为以前，早已在脑海里铸造起了一所性欲殿堂。他的性幻想，他自己来主宰。他可以夜复一夜地和学校里的校花、电影明星、好朋友的妈妈或者女老师"做爱"，这些女人都为他疯狂，对他俯首称臣。正是这种对性爱的支配欲望让一些男人舍得花钱买春，而没有几个女人会这样做。

进入青春期以后，男孩每天都会晨勃，这是一种自然现象，与心情好坏无关，与生活节奏快慢无关。虽然晨勃不请自来，但是男孩还挺期待的，因为它能给他带来性快感。很多男孩甚至觉得生殖器有它自己的想法，认为阴茎是一个有主见的东西。

所以，男孩都喜欢自己身上的这个小玩意儿。他会想："我可真有能耐！"但不总是这样。他还常想："它可真有能耐！"这反映出男孩把性器官当作了一件物品。正因为男孩认为阴茎不受自己大脑控制，长大后，他也把"性"物化了——把性当作一件东西，而不是一段关系。因为很多人没有意识到这一点，才会批评男人这种对待性的态度。

男孩对性的好奇与探索

男人的性欲是否健康，会受到文化习俗的影响，但主要源自男孩天生的好奇心、身体素质和原始冲动。从一开始，一个健康的孩子，无论男女，对性的兴趣和好奇都差不多，只不过女孩后来被教导得更克制。大多数女孩懂得社会对她们的暗示，知道什么时候触犯了底线。只不过当今社会与媒体肉欲横流，加上学校里性教育是那么直白，女孩对这些底线有自己的解释。因此，大多数青春期少女早就有了性意识。有些女孩已经有了性体验，甚至比男孩还要主动。这给如今的男孩提供了亲身体验的机会，而他们的前辈只能止步于幻想。传统文化过去对男孩的性爱约束本来就不多，现在更是松懈。一旦时机到来，他们必然纵身跳进欢愉的海洋。

进入青春期以后，少男少女之间越来越打得火热。在中学校园里，打情骂俏的身影随处可见。

几年前，一个秋高气爽的日子里，我们走访了华盛顿州塔科马市的圣乔治中学。在校园里，我们看到了一幕难忘的画面。晴朗的午后，一条小河蜿蜒着穿过校园，少男少女们泛着轻舟漂流而下。每条轻舟装得下 3 个人，往往是两男一女，或者两女一男——男生们有意让女生加入他们的行列。他们你挤着我，我压着你，这种“无伤大雅”的身体接触让他们既兴奋又快乐。可以看出来，他们很享受这份柏拉图式的精神愉悦。对他们来说，这是在为日后进一步的性体验做准备。也许有些学生已经尝到了性爱的欢愉，但是对那些青涩的学生来说，这种你推我挤的集体行为就是一种演习。比如，有的学校对学生的坐姿没有要求，那么他们就常常会倚靠着彼此。

但是在情感的竞技场上，男孩和女孩受到的情感教育渐渐有了差距。在那些尚未发育的男生眼里，女孩显得更成熟、更强大、更自信，犹如绽放的鲜花一般饱满而性感。

女孩的发育期通常开始于 10 岁或 11 岁，比男孩早一两年。她们的身体发育和第二性征的出现时间都早于男孩的，男孩通常在十二三岁才开始显出发育的征兆。你只要看一眼七年级的教室就能明白这种差距：女生都高高的，胸脯隆起；男孩都小小的，尖声尖气。如果我们跟八年级的女生谈话，问她想不想上高中，她往往都会这样回答："噢，当然想啊。我简直等不及离开这里，去找真正的男生了。"

一个 13 岁的七年级男生略带感伤地说"女孩都变了"，从前是那么亲密友好的小伙伴，现在变成了"尖酸刻薄的小妇人"。"她们以前很有礼貌，说话是那么谦虚。现在，她们觉得自己无所不晓，而且会做一些奇怪的事。首先，她们的穿着、步调和发型都是那么刻意，而且都打扮成同一个样子，就好像是从哪个培训手册上生搬硬套来的。太怪异了，不是吗？还有，她们老是聊八卦，谁和谁交朋友啦，谁生谁的气啦，还有更恶心的——谁和谁亲嘴啦——没完没了，不分场合，课间的时候就在走廊里说。先是两个人聊，然后来了 5 个，很快聚了一大帮。她们说话的声音很大，讲的又都是些乱七八糟的事，真的是太没劲了。"

男孩对异性产生兴趣的年龄因人而异，但是一般不会晚于七八年级，要是那个时候还不把女孩挂在嘴边，就有可能被贴上"废物""同性恋"的标签。等男孩做好了准备，或是至少有了点儿魅力，他们不愁没人青睐。因为随着社会习俗的变化，男孩对探索性欲这件事既踌躇又渴望，相比之下女孩则更坚定、更主动。

前文中提到的大三男生乔纳森，他说八年级的男生女生都对性感到好奇，喜欢与性有关的游戏。他回忆起了那时常有的疯闹场面。"我们邀请几个女孩去朋友家，玩一些傻闹傻乐的游戏，比如男孩和女孩玩摔跤。在这种游戏中，大家的性欲都被挑逗起来了。女孩会伸手去抓我们的下面，男孩也会去抓女孩的胸部。这很好玩，你知道吗，这根本不算是性骚扰。女孩也觉得这没什么不妥。”

这就是男孩和女孩之间寻求刺激的打闹游戏，一首为将来的性爱生活写下的序曲。但就算在这些乐趣大过欲望的“性爱前夕”里，依然可以看到力量的博弈。男孩希望掌控游戏而不是被控制，以免遭到女孩的拒绝或羞辱。

残酷文化：错误的性指南

每个青春期男孩的性观念和性行为多少都会受到同龄人群体的影响，也会受制于世俗对男性女性的看法。因为社区、学校、种族和宗教的不同，男孩受到的性启蒙教育就不同，由此形成的性观念——无论它是否能够适应现实环境——或许会伴他一生。在青春期早期，在男孩还没有产生性行为之前，他们渐渐地建立起一个性幻想王国。这种性幻想往往联系着强权主义——男人应该能支配女人的观念。

对统治力的幻想和男性暴力一样，往往来源于遭拒绝的焦虑和恐惧。此外，男孩觉得保留一种在性方面的自豪感很重要，以便他显示自己的男子汉气概。我们经常听到男孩们在聊天的时候吹嘘自己的性能力，这让我们想起几十年前自己的青春期，还有一些反映真实生活的青少年电影。其实所有男孩都一样。

托拜厄斯·沃尔夫（Tobias Wolff）的自传式电影《男孩的生活》描述的就是一群九年级男生的生活。当时 19 岁的莱昂纳多·迪卡普里奥饰演的一个男孩，在街上遇到另一个男孩时，两人聊起了头一天晚上的约会。

“你昨天是不是去旺达家了？”朋友问。

“是啊。”莱昂纳多答。

“你们搞了吗？”

"搞了啊。"

"爽吗?"

"爽啊。"

"有多爽?"

"我把她干到流鼻血了。"莱昂纳多说。

朋友不屑地回了一句:"你就吹吧!"

然后他们去了另一个男孩的家里,一起看《超人》。看着看着,莱昂纳多突然夸张地呻吟起来:"来吧,露易丝,快来吧,宝贝儿,我有个六尺长的热乎乎的玩意儿在等着你呢!"他的朋友嘲笑他:"你接着吹!"男孩接着喊:"露易丝,我好想要你……我比超人还厉害呢。"

这时画外音响起:"每次看电影,我们都要先说一会儿下流话,这是一种仪式,就像你要先蘸点圣水、画个十字再走进教堂一样。吹完牛之后,我们就闭上嘴巴看电视。我们心软了,入戏了。看着超人犯傻劲,还有那些傻傻的情节,我们笑不出来了。"

青春期男孩觉得非吹嘘不可。他们想借谈论力量、污蔑女性来表现出自己的强大。他们其实对女孩或女人没有多少了解,其印象仅仅停留在青春期少女的性感身材、社交能力和他们臆想出来的性行为上。青春期男孩长时间地谈论如何吸引女孩的注意,如何追求她们,跟她们约会、上床,以及各种让她们俯首称臣的话题。每个男人都会承认,当年的这些吹嘘其实大多反映了自己内心强烈的恐慌。大多数男孩在第一次性体验之前,早已把自己吹上了天。而大多数男孩根本不想像他们吹嘘的那样去对待女孩。

为什么他们要吹嘘呢?为什么他们的性观念那么不切实际呢?要回答这两个问题,我们就要了解这几点:男孩从小对女孩就所知甚少;男孩十分担心自己无法像社会期待的那样"有所作为";青春期的残酷文化,是一种宣扬弱者就要受罚、以贬低女性来抬高男性的文化。

男孩极为在意自己的情场表现。每个男人都知道这种焦虑。女人不一定知道，但也可以从儿子那里窥见一斑。虽然男孩还只是个新手，但直觉告诉他，必须“把它做好”才能取悦伴侣。一开始，男孩担心自己能不能成为一个“接吻高手”。随着年纪越来越大，他对自己的要求也越来越高。必要的时候，他得说硬就硬，想多久就多久。高潮不能来得太早（对一个 17 岁的男孩来说，这是很有可能的），也不能太晚。在他的脑海里，自己是伟大的爱之布施者，对方是臣服的良民。为什么？因为从他开始手淫的时候，这样的想法就在脑海里生根发芽了，他的性幻想与强权结合在了一起。他觉得想到就能做到，还能干得漂亮。但是，他做不到，因为在现实中他紧张又没经验，而且还发现对方希望两个人配合。这个发现让他放松了一些，但是问题又来了，这是不是意味着他不像个男人？可能吧。要是他跟这个女孩没问题，可是跟另一个又不行了呢？或许这件事是女孩在支配他。或许他根本没有自己想象的那么重要。以上就是男孩满脑子的想法，多么伤神啊。

而残酷文化还嫌不够，还要给这份痛苦堵上出口。社会不允许男孩表露他的焦虑、伤心和难过，他得自己扛。但若表露出愤怒和敌意，这是为社会所接受的。于是男孩就会吹嘘自己的艳遇，以贬损女孩为乐，或是摆出一副“去她的，无所谓”的姿态。

男孩很在乎自己的表现，不愿承认失败。可是，情场失意在所难免，这让他心中惴惴不安。一旦失恋了或是性爱表现不佳，他就会撒谎或者闭口不谈，来避免最为不堪的羞辱。

一段亲密关系要求男孩拥有一颗敏感、尊重和温柔的心。但是，当男孩对女孩产生性欲的时候，残酷文化（强权、统治欲望、压制情感）的影响便显现出来了。男孩从小被教导，柔情就是“娘娘腔”，男孩应该拒绝温柔。在男孩眼里，脆弱是一种反常的情感，女性是一种异类，发生性关系就是为了征服女性，这就是残酷文化的“强权”教育。在这种教育下，男孩通过贬损女性来降低自己的紧张感——因为跟女孩说话、对女孩温柔、亲吻女孩，这些都意味着风险。男孩从小就跟风险打交道，他知道要是一旦失手，他就得打落牙和血吞。一旦被女孩拒绝，男孩就有如丧家之犬。因此他必须以强权护体，与女孩为敌，免得遭受最令他耻辱的情感伤害。

残酷文化告诉男孩：男性王国不欢迎女性特质。在男孩渐渐接受了这种观念，开始厌恶温柔与脆弱后，他就会逐渐憎恨自己身上的这部分品质，连带着憎恨女孩。在这些男孩眼里，女孩处于社会等级的最底层，是他们利用的工具和虐待的对象。在这种极端的男权主义背后，体现了男性的极度焦虑。这样的男权主义甚至在一定程度上得到了社会的认可，所以才有了这样的说法：男人不坏，女人不爱。男孩一边渴求女孩，一边害怕女孩的拒绝。他是那么担心自己表现欠佳，结果这种担心限制了他对交际信号的洞察力，使得他产生误解，错过了比性体验更为珍贵的恋爱体验。如果没有人教给男孩去共情，那么当他遭到拒绝并感到心灰意冷的时候，他很容易去贬低和伤害女性。

年轻时的爱情与背叛

迈克尔谈杰瑞

杰瑞年近50岁了。他说自己在五年级的时候，最喜欢听卡洛尔·金和卡莉·西蒙的唱片，但他只会一个人躲在房间里听。“朋友们来玩的时候，我会把这些唱片都藏起来，因为听这些唱片不够酷。”那个时候，杰瑞天性温柔浪漫，对女孩初生爱慕之情，但是又要在朋友面前耍酷。这实在是两相矛盾的事。

杰瑞说他从小学一年级开始就对女孩抱有好感。他说：“我一直都憧憬爱情，喜欢女孩的热情。”在他家附近的一个建筑工地上，他把初吻献给了一个四年级的女生。他十几岁的时候第一次做爱了，对方是个比他小一岁的女孩。家有女儿的父母会把这个年纪的男孩视为虎狼，但是客观地讲，这是个情窦初开的年龄，他们两情相悦。

“我被她深深迷住了，我是爱她的。”他说，“她爸妈常常不在家，他们俩都上班。我记得，有一次她家没人，我去了她家，我们爬上阁楼做爱了。那是我们的第一次，是一段美好的经历。我们的性关系持续了三年，其间我们灵感不断。那个年龄要去找做爱的地方，不是件容易的事。我们几乎无话不谈，难舍难分。”他俩都喜欢表演，参加了同一个儿童戏剧社团。

杰瑞对女友非常忠诚，他觉得她也是。但是他错了。

“有一天，她的举止很怪异。我问她怎么回事，她说她和她姐的一个朋友上床了。”杰瑞说，“我真伤心，伤心死了。我喝得烂醉，然后去找那个和她上床的大男孩单挑，我被打得一败涂地。”

杰瑞伤透了心，感觉备受羞辱。他并没有试图挽救这段感情，而是放弃了这个女孩。他再也不见她了。每每想起来，他都觉得自己跟她断得一干二净。但事实并非如此，他失去了对女性的信任，总觉得爱情一定会遭遇背叛。在很长的一段时间里，他带着这种偏见去看待走进他生活的每一个女人；他不再相信爱情至上了，他只对性感兴趣，从不断变更的性伴侣中寻找片刻慰藉。性很不错，配上音乐和毒品更佳。至于爱情，他不愿去想了。“从 16 岁到 18 岁，我交过很多女朋友。我和很多女孩约会，跟很多女孩上床，但是我收起了自己的情感。从那件事以后，我再没有放松过警惕，我总是告诫自己：不要让悲剧重演。我不会再动心了。我知道浪漫是什么，但是我心灰意冷。后来，我确实对一个女孩动过情，但又离开了她。她太黏我了，让我有点儿害怕。”

在杰瑞的故事中，让人感到痛心的是他用如此狭隘与充满成见的目光看待背叛，以至于到后来，他可以追女孩，可以跟女孩上床，但就是不能敞开心扉，接受亲密的情感。他在社交场合、在性生活中并不回避女性，但是却不能治愈爱情给他带来的伤害，也无力在受伤后坚持爱情，于是便长久地躲进自己的孤独堡垒里。幸好后来他厌倦了有性无爱的日子，在20多岁的时候结了婚，全心全意地呵护自己的婚姻。

有些男孩始终不能修复自己的情感伤害，承受不起爱情里的痛苦。于是他们选择了不同于杰瑞的道路——他们没有闭关自守，而是向外攻击。

利用女孩作为性工具

我们的一位朋友上十二年级的时候玩美式橄榄球。有一天，他的一个队友得意地说：“昨天晚上我干了一个女生，但是亲都没亲她一下。”听到这番话，我朋友心想：“这种事我可做不出来，我跟这家伙不是一类人。”

确实，他们是两类人：一类爱并烦恼着，遍寻爱情而不得；另一类以猎艳为趣，玩弄与控制女性，将女人作为发泄的工具，来满足男人的原始欲望。在第二类男人中间，有的是因为自己受过情感伤害而复仇，有的是在模仿其他男人的做法。

还有一种极端的情况是，有的男人曾经遭到过性虐待。在性虐待受害者里，男孩比女孩少，施暴者多为男性。男孩遭到性侵害以后，通常选择沉默。社会不鼓励男孩表达痛苦，再加上他们不想被误认为是同性恋，男孩往往不愿去揭发施暴者。正因为如此隐忍，受害者的性生活与情感生活会受到严重影响，这种后果或许会伴其一生。无论男女受害者，都可能会产生严重的心理疾病——创伤后应激障碍、抑郁症和性格障碍，摆脱不了受害阴影，总是神情恍惚，极不信任他人，无法再建立亲密关系等等。对男性受害者来说，他们更有可能采取毁灭的方式来释放痛苦。于是我们不难理解，为什么大多数性侵罪犯在童年时候有过性虐待的遭遇。就算不把这份痛苦转嫁给别人，大多数受害者也无法接受正常的性爱生活，并因此备受折磨。

有的男孩上初高中时还显得稚嫩，体格不够健壮，不能吸引异性。他们得耐心等到自己身心发育完全，当然他们也可以找到别的增加魅力值的办法。运动健将更符合传统对“英俊”与“强壮”的定义，他们操控自己魅力的时候得心应手，这很自然，往往也无伤大雅。但是有的时候运动健将也会走上歧途，用毁灭的方式对待女性。

最糟糕的是，我们的社会文化一步步领着男孩绕开共情教育，给他们注入强权思想。结果男孩发现，用不着在乎女孩的感受，甚至觉得可以利用女孩。他们不关心女孩的感受，认为自己可以控制和利用女孩，在他们的性王国里上演“王子与女仆”的丑剧。虽然许多男孩都会被这种念头所吸引（他们习惯了主宰自己的性幻想），但是往往是那些体育生，尤其是高中或大学里最优秀的体育生，几乎是一路被训练成万人迷的样子。

伯纳德·莱夫科维茨（Bernard Levkovic）在其著作《我们的下一代：格伦里奇强奸案及完美郊区的秘密生活》里谈到，这种对运动健将的崇拜文化可能会造成一些极端的后果。该书深入描述了一个真实事件：4 个高中橄榄球队员被指控集体猥亵了一个智障女孩。这个女孩是他们的童年玩伴，他们把她骗到地下室，然后集体猥亵了她。案件曝光后，当地很多有威望的成年人——家长、老师和牧师，甚至肇事者的女朋友们，都积极为他们辩护，说他们是“好孩子”，不希望这场“不幸事件”给他们的人生带来污点。莱夫科维茨发现，几乎没有谁站出来为这个女孩出头，也没有多少人质疑这些强奸犯的道德。大多数人的理由指向男孩们的心理状态。他们辩解说，当时男孩很“亢奋”，那女孩也风情万种。那意思就是，要是一个女孩跟着男孩走进了地下室，不管她是不是有智力障碍，男孩都可以为所欲为，不用承担责任。

这些男孩是这个小镇的“运动健将”，虽然他们不是什么体育明星，却属于当地的名流界人士。他们成绩平平，但他们的体育奖牌就是成绩单的保障。他们在很多方面都很平庸，却别出心裁地搞了一套等级体制，用来筛选出各种类型的女孩，来满足他们花样百出的性需求和社交需求。他们跟很多缺乏安全感的女孩上床——很多女孩才十几岁——这些女孩不惜一切要得到他们的垂青，以此来提高自己的社交地位。聚会的时候，这些女孩被带上楼，给男孩们提供某些性服务。没有被带上楼的女孩是啦啦队员这样的交际花——被称作“小妈咪”——她们也喜欢这些体育生，但并不想出卖自己的身体。

莱夫科维茨写道：“如果你是一个运动健将，那‘小妈咪’是你心目中的完美女孩。她们不像真正的妈妈和姐姐那样喜欢说三道四、吹毛求疵，但是却又散发出母性的光辉。她们不会被男孩当作性爱目标。因为十几岁的少年对性爱行为还不太自信，他们最不想的就是在一个完美女孩面前暴露他们的短处，然后弄得人尽皆知。”

但是这些男孩从内心深处甚至连“小妈咪”也看不起。有个女孩说起过这种不经意间流露出来的鄙视。“如果你要跟这些家伙做朋友，你就要接受一个事实：他们不太懂得与人相处。”但因为他们是运动员，所以他们不需要学习尊重别人、亲近别人。事实上，根本就没有谁指望他们对自己负责或是端正自己的行为，因此他们才胡作非为。

被赋予特权的体育生很容易出现滥性行为，但他们不是唯一的。几乎每天你都可以从报纸上找到对这种龌龊人性的报道。莱夫科维茨说：“侮辱女性是很多男孩的‘成人礼’，这成为文化的一部分。”

还有一种情况叫作“恋爱中的强奸”，它不那么极端，但是与上述情况类似，它经常发生在校园里，也是常常被讨论的话题。年轻人在试着驾驭自己的性冲动和摸索爱情关系的过程中，时不时会把自己置身于性剥削者的地位。这种情形通常发生于一方或双方喝得酩酊大醉而失去理性的时候，往往第二天一早醒来后，女孩发现自己被占了便宜而后悔不已。

青年男子会遵从自己的强权思想来控制女孩，对女孩流露出的眼神和情感暗示置若罔闻。要是同龄人群体和社区文化不提倡更高的道德行为标准，即便那些品行端正的男孩也可能会做出侵犯的性行为而不觉得有何不妥——也许是女孩喝醉了在挑逗他，也许是她想跟他做爱；又或者他大概是喝高了，欲火焚身，要怪就怪酒精吧；再或者他的朋友们等着他“上手得分”。诸如此类的种种借口之后，性剥削便成了习惯，习惯之后就没有底线了。

有人说，男孩“应该知道”女孩什么时候不想做爱。这说起来容易，做起来太难，因为很多男孩不理解或是不理会各种情感信号。最好是换个方法——直截了当地告诉他们，不管你有多亢奋，都不能强奸女孩。如果你知道你会酒后失控，那就别喝酒，或者别喝太多。要是你面前的女孩喝醉了，或是正伤心着，一定不要乘人之危。在初高中和大学里，老师应该未雨绸缪，组织男孩女孩一起讨论这些问题，引导青少年进行换位思考，增进同理心。

成年人有责任把男孩培养成善解人意的伴侣。父亲在家庭和社会中以身作则，男孩就会模仿；母亲要帮助男孩学会理解女性的立场；其他人应当让男孩感受到与人积极交往的快乐。我们要重视这种引导的必要性，不能任由男孩随心所欲、发泄支配欲望和莽撞行事。文化的误导和家长的玩忽职守，不应该由女孩（女人）来买单，而且这对男孩一点儿好处也没有——他会走进人际关系的死胡同。到那会儿再逼着他找出路的时候，为时已晚，可能他终其一生也走不出来了。

帮男孩走向成熟

杰夫 40 出头，是一位政治顾问，他和很多男人一样，认为滥性行为是“成长的必经之路”。他小时候懂得和女孩怎么相处，因此很有女生缘。

“我知道怎么和女孩聊天，也懂得怎样倾听。”杰夫说，“我觉得，女孩想要什么，就给她们什么。这有什么难？我最想要做爱，但首先得倾听，她们才会投怀送抱。比较辛苦的是做爱以后还得聊天，那个时候，哪怕是只听不说，也是够费劲的。她们觉得完事后我的态度不好，但实际情况是，我希望她们闭上嘴。都做完了，还有什么可说的？尤其在我硬不起来或是早泄的时候，我觉得特别丢人，也很恼火。高中的时候，我一直都在给自己打造一种‘一切尽在掌握’的酷帅形象，但摊上这样的事，谁都掌握不了，后来我就迁怒在女孩身上。我不再动心了，也懒得说话，或者拣些难听的话说，即使对我喜欢的女孩也是这样。这些话我现在想想都不好意思开口。但是当时，只要我的床上状态不好，我就欺负女孩——倒不是动手，而是骂狠话，要么就给她们脸色看，总之是想办法给自己挽回局面。其实我并不想伤害任何人。现在回想起来，我感到非常内疚。我希望能够回到过去，向那些女孩们道歉。我那个时候太差劲了！”

杰夫虽然一度成为性剥削者，但最终走出了这个角色。这种转变多少是因为他渐渐长大成年。我们在工作中清晰地看到了人性向善的力量，这也是心理治疗的意义所在。只要我们尽可能地帮助男孩平稳度过青春期，帮助他避免严重的心理伤害，等他二三十岁的时候自然就会成熟起来。这是犯罪学里一个普遍存在的事实：大多数罪犯（尤其是男性罪犯）到了 30 岁以后，就不再实施犯罪行为了。没有人能确切地解释清楚个中原因。“爱情罪”也是一样，随着年龄的增长，大多数男孩渐渐卸下了冷酷的面具，转而对爱人温柔以待。

另一个男人在青春期时也有过类似的滥性经历，但是他现在是一位体贴的丈夫和父亲。他满怀内疚地说：“我那个时候只图自己快活，所以性最让我快活。只要你不动心，一切就很简单。学校和家庭都有很多麻烦事，只有性最简单。那时，有了性、啤酒和音乐，我就别无所求。”

那他为什么放弃了这种简单的性生活呢？

“我不知道，”他说，“我的注意力后来开始转移了。”

男孩若能借助父母的力量，他会更快地成长为通情达理的好男人。我们相信，在每个人心里，在每个男孩心里，都蕴含着一股逆流而上、昂首生长的力量。在这股力量的推动下，有人走向了强权，有人走向了亲密关系，还有人在这两条路之间徘徊挣扎。有人学会了爱情的相处之道，有人走进了感情死角。有的爱情关系简单明了，有的剪不断理还乱。但无论是什么样的道路，成年人的引导必不可少，这样男孩才能领略到人类存在的意义——爱与被爱的幸福，并在一路走来的时候尽量不伤害到别人。

小结

1. 几乎所有的男孩都会手淫。

2. 面对一个女孩，男孩所产生的生理和情感问题都比手淫复杂。

3. 父母要放下自己的性观念，与男孩认真地探讨性与爱、对性的好奇与迷惑，帮他们形成健康的性爱观。

4. 父亲要以身作则，母亲要多帮助男孩理解女性的立场，这种引导可以帮助男孩在未来享受亲密的情感，成长为善解人意的伴侣。

第十一章

愤怒与暴力攻击

治疗愤怒的最好办法——延迟。

——塞内卡

（Seneca）

我们见过许多愤怒的男孩，比如公园里欺负人的小霸王，商场边辱骂路人的不良少年。还有一些男孩，表面上不言不语，心里其实装着个炸药桶，一触即发。

也许他们像我们很多人一样，正在承受着生活的考验和苦难。但最终是否爆发，取决于他们是否有足够的心理资源来控制自己的反应。

我们见过许多愤怒的男孩。有的是被老师和父母送来治疗的，他们言行中流露出的愤怒与暴力令大人们感到担心；有的是我们从受害者口里听说的；有的就来自生活的各个角落——公园里欺负人的小霸王，商场边辱骂路人的不良少年。还有一些男孩，表面上不言不语，心里其实装着个炸药桶，一触即发。

暴力是愤怒最强有力的表达方式。没有什么比近来新闻里的极端事件更让人心碎的了。一些男孩犯下枪杀、勒人致死和持刀伤人等罪行，受害者有罪犯的同伴、老师、亲生父母。比如以下这两起相似的惨案：一起发生在美国阿肯色州的琼斯伯勒郊区，两个男孩分别 11 岁和 13 岁，在操场上突然持枪扫射同班同学；另一起发生在芝加哥市中心，也是两个男孩，分别 10 岁和 11 岁，他们将一个 5 岁男孩从一所公寓的 14 层扔下，小男孩摔在沥青路上当场死亡。每次出现这样的暴力事件人们的不安都会加剧一分，大家越来越担心整个男孩群体的暴力倾向在日趋加重。

孩子为什么会变得暴力？大家各持己见。有人将暴力事件的激增归咎为一种暴力美学的流行趋势，有人认为武器合法化让人太容易搞到枪支，有人认为暴力往往滋生在一些贫困落后的地区，有人认为孩子缺乏约束是因为父母不和、离婚等家庭问题。这些的确都是分量不轻的因素，很多已经被犯罪学家等社会学者确认为暴力罪行的祸根。但是，我们还是无法预测某个人将在什么时候伤害别人、破坏财产，也不能确定青年男子实施暴力的潜在规律是什么。

在前面的章节中我们专门讲到了男孩与女孩相比的行为差异，比如男孩在小学期间经历的麻烦更多，产生的问题也更多；男孩特别容易招致严厉管教；十几岁的男孩更爱喝酒，喝得也更多，而且常有宿醉；男孩的自杀率更高。这些差异产生于错误的或被忽视的男孩情感教育，男孩为此承受了许多伤害。

但是，上述种种，都不及男孩与女孩在极端暴力行为方面的差异。再没有什么比它更清晰地证明：我们的文化忽略或误导了男孩的情感教育，正一步步摧毁男孩，当然也摧毁着所有人。

大量数据证明，男孩从整体来看比以往更激进、更暴力了。约有95%的青少年杀人案是由男孩实施的。在美国，青少年暴力案件的人数比例急剧上升。这些罪犯几乎全是男孩，罪行包括杀人、严重伤害、暴力强奸。此外，欧洲的青少年犯罪率也在不断攀升。新闻媒体披露的悲剧报道只是冰山一角，还有大量案件不那么具有新闻价值，但是也同样令人悲痛。这些悲剧的一个共同之处就是：行凶者或破坏者都是愤怒的男孩。

我们去追溯暴力男孩的人生时，会在有的人身上发现极端严重的心理创伤，比如曾长期遭到恶性虐待。其他人则无一例外地经历过不同程度的情感创伤，比如被亲密的人所背叛导致信任破裂，亲人离世的悲痛无处诉说，父母离婚或是一方抛弃他们而去，严厉管教引发的羞辱，青春期时在社交、运动或是学习中受到凌欺，等等。总之，这些杀人犯、斗殴者和公共财产破坏者经历过和我们一样的生活磨难。但是他们之所以选择暴力，是因为他们缺乏心理方面的资源来帮助他们控制情绪。

虽然种种现象都在强调问题的严重性，但是社会依然会忽视男孩暴力——直到一次次校园枪击案。即便大众惊觉起来，社会依然不做深刻反省。我们的探讨只是停留在“脱口秀”的层面上，热闹却空洞，还强化了一种“社会面对暴力男孩无能为力”的印象，并不能进一步推动人们去探究问题的根源。科罗拉多州一位母亲忧心忡忡地给《今日美国报》写了一封信。信中说，她很担心日益严重的暴力问题会影响到自己的儿子：

> 若能就暴力问题进行一次有效的讨论，我们一定能找到这个问题的症结所在并采取针对性的措施。朋友们，要知道全国的男孩都不能控制他们的愤怒。请不要指责我“丑化男性”。我有个11岁的儿子，我关心他，也担心不断升级的校园暴力事件，无论它们是发生在阿肯色州和肯塔基州的校园里，还是发生在所谓职业篮球比赛的赛场上……我们必须教导自己的男孩，控制愤怒并不意味着软弱，而是意味着做一个文明的人。

我们该做些什么？有人说我们需要对男孩加倍严厉，要常常扇他们耳光——俨然就像提倡用死刑来惩治越来越多的罪犯一样。但是，无论研究还是工作经验都告诉我们，棍棒底下出不了才子，只会让男孩变得自卑而充满恶意。

我们得以借助心理治疗走进男孩的内心世界。他们心里收纳了父母的教导、居住的环境、学校生活和朋友的行为，并对这一切做出回应。只有在那里，你才能找到暴力男孩和非暴力男孩之间的差别。

让我们回到这本书的起点——《圣经》里的该隐。这个故事中的许多主题就是今天那些暴力男孩的情感生活写照，暴力是他们回应现代生活的方式。在《旧约圣经》首卷《创世记》中，该隐的愤怒起于他的内心想法，他觉得自己努力取悦上帝却遭到漠视，上帝明显更加偏爱亚伯。该隐当然是心怀失望和羞耻，进而引发愤怒。

这个序曲带出了不同版本的后文，但主要内容都是上帝劝诫活在自怜与愤怒中的该隐：

你为什么心怀痛苦，
你为什么脸色阴沉？
你若行得好，
岂不蒙悦纳。
你若行得不好，
罪就伏在门前；
它必恋慕你，
你却能制伏它。
（《创世记》第四章第六节）

我们无意重新解读《圣经》中上帝的意图。但是我们发现，上帝质疑该隐，令他反思自己的愤怒冲动。他指出，虽然眼看这种冲动的情绪就要诉诸罪恶的举止，但“你却能制伏它”。数到十，请三思，去做“对的事”。

但是该隐不去想。确切地说，他拒绝非暴力的选项。他杀害了亚伯，作为惩罚，上帝判他终生都活在自己行为的阴影下，并判他耕种的土地颗粒无收，还将他放逐到挪得之地，成为一个“到处漂泊的流浪者”。

该隐陷入了深深的悔恨中，他哭道：“如此重罚，我无法承受！”但为时已晚。罪过已经犯下，伤害无法弥补。

这便是今天许多男孩的故事：羞耻转化为愤怒，愤怒又迅速转化为暴力。这些男孩和该隐一样，需要更丰富的情感资源，来处理老师的批评、父母的苛责、同学的嘲讽和女孩的拒绝等种种苦恼。

父母和老师有责任教男孩学会情感表达，以确保他们可以接受与面对情感的历练，而不是施以恶劣的报复。请让他们懂得：

- 生活常有不公，学会面对它。
- 你不能一生气就去伤害别人。
- 你需要反思自己的行为是怎样影响他人的。
- 不要臆测并不存在的危险。
- 你得明白，控制愤怒并不意味着软弱。

我们从前来治疗的暴躁男孩身上，从少年犯与暴力的研究中，都看到了该隐的影子。这些男孩内心沮丧，感受不到尊重，他们羞耻与挫败感交织，心里充满愤怒。像该隐一样，愤怒一旦脱了缰绳，他们就停不下来了，变得不计后果。一旦酿成大错，他们马上就会后悔，但悔恨已经无济于事。他们的暴力行为给受害者带去伤害，令关心他们的人伤心，他们自己也逃不脱内心谴责。斧子砍树，斧刃会变钝。同样，暴力实施者给社会造成的伤害，也会反弹到他们自己身上。

放眼体坛去看看冲动的教训，我们就能体会到这种伤害带来的后果。迈阿密热火队的篮球巨星阿朗佐·莫宁在一次采访中，谈到他曾经参与了球场上的一次争执——在热火队与纽约尼克斯队比赛的最后阶段，愤怒的莫宁打了拉里·约翰逊一拳，因为他认为约翰逊的球风太粗暴了。约翰逊立刻回击，结果两人双双被禁赛两场。莫宁缺席了季后赛至关重要的比赛，导致当年实力雄厚的热火队败北出局。一个人瞬间丧失了判断力，导致整支队伍一个赛季的汗水白流，让球迷们大失所望。莫宁事后也说他不该出手，说自己辜负了他的队友，这种行为实在是愚蠢至极。同样被禁赛的约翰逊也说："我当时要是更理智些就好了，忍忍走开，事情就过去了。"

大多数男孩都不想让别人把自己"看扁"或是当作懦夫，他们不知道什么时候应该抽身离开。从愤怒的情绪发展到暴力的行为，两者之间几乎没有缓冲时间。出拳与走开之间有时只有一线之隔。要是同理心和自控能力再强大一些，多分析形势少发火，选择谈话而非动手，那么就可以避免暴力。更成熟一些的思想是：从矛盾中适时抽身离开，懂得这样做的人是强者，不是懦夫。

父母和教育者应当将上述观念教给男孩。但是在此之前，我们首先应当去了解男孩如何处理生活中和想象中的信息，了解他对成年人的教导是如何反应的，以及为什么他会有这样的反应。我们想提供以下三点解释：

1. 男孩的攻击性往往来自防御，而不是进攻或掠夺。当他察觉到威胁，或是内心感到沮丧、失望的时候，才会拿出攻击的架势。有些人认为，暴力男孩之所以暴力，是因为雄性激素太过旺盛。但并不是这样，他们其实很脆弱，感到自己被逼入死角了，为了保全自己才放手一搏。

2. 男孩把世界当作遍布威胁的地方，想以攻击的姿态面对威胁。男孩的自尊很容易受伤，任何不敬都有损他们辛苦维护的“大男人”形象。经历过青春期残酷文化的男孩，更是觉得每个人都怀有敌意。除了男权主义和残酷文化的影响，很多男孩在情感教育上几乎算是文盲，不擅长解读社交中的情感暗示。结果，就算某个完全不带主观色彩的场面，他们也会从中读到威胁。

3. 男孩不知道愤怒的原因，知道了也不承认。这阻碍了他们深度了解自己的情感，也难以读懂别人的情感暗示。男孩的情感教育要么方向错误，要么极为匮乏。他们想不明白是什么点燃了心中的怒火，也不理解这种怒火有多么强烈。当怒火喷发的时候，他们将其转化成暴力，施加给无辜的受害者——这些人只是出气筒，而不是男孩愤怒的根源。

男孩将暴力作为盔甲

人们早已开始研究动物的攻击行为，把它们分类，研究每一类攻击行为背后的大脑差异。研究结果表明，不同类别的攻击行为由不同的神经通道控制。比如，大脑通过一路神经下令对猎物进行厮杀，而通过另一路神经下令为交配而搏斗。其中有一些研究关系到人类的攻击行为，意义最为重大的结论是：掠食性攻击（主动攻击）与防御性攻击（回应性攻击）之间有显著区别。从我们的经验来看，一个男孩通常会有很多“回应性攻击”的肢体行为——他觉得有威胁（无论是真实的或想象中的），于是做困兽之斗。这种攻击行为有两个目的：保护自己，回应痛苦。

男孩在争做男子汉的过程中付出了艰辛努力，这让他们异常敏感。他们要假装“硬汉”，要小心翼翼地藏好内心的情感。可是他们的心理防线太脆弱，若是没有良好的心理素质调节自己，情感上很容易受伤。亲密关系往往伴随着焦虑和悲痛，男孩们不擅长分辨与处理这些负面情绪，为了保护自己，他们要时刻压抑情感、保持警惕。要是他们感到了痛苦，那真的就是十分尖锐的痛楚——是那种大拇指被锤子狠狠砸了一下的痛，随后将是一声愤怒的嘶吼与盲目的泄愤。

愤怒在很多环境下都会触发，但最容易发生在青春期男孩的群体中——这个充斥着残酷文化、很容易让人产生自卑感和低下感的环境。有一种普遍观点认为，雄性激素水平高的男孩侵略性强，但社会地位也高。这种说法并没有什么科学依据，也得不到我们临床经验的支持。那些校园里的霸凌者或是放学后爱打架的孩子，往往不是班级里有朝气、有领导力的男孩，而是那些社交能力差、感到被人排斥羞辱，并把自己的伤痛诉诸暴力行为的男孩。

临床经验告诉我们，患有克氏综合征的男孩更具有攻击倾向。这种遗传性缺陷病是由多出的一条雌性染色体引起的，患者生殖器较小且睾丸素分泌不足。临床医生报告说，克氏综合征患者很容易觉得不自在，尤其当他们处于青春期、体育课下课后不得不跟别人一起淋浴的时候，因为衡量“男子汉”的一个标准就是阴茎的尺寸。这些男孩更容易滋生打架事端，或许是为了保护自己免遭羞辱之痛，同时证明自己的男人气概。

蒙特利尔大学的理查德·特朗布莱针对 13 岁的男孩进行了一项研究，研究结果证实了上述观察：最具攻击性的男孩是那些人缘差、被排挤的男孩。特朗布莱从幼儿园时期开始观察他的研究对象，他发现那些被老师和同学评价为爱打架的男生，他们的学习成绩和社交生活都有问题。这种发现已经不是第一次了，其他研究也证明了这一点。但是特朗布莱最突出的贡献在于，他发现，这些问题男孩的睾丸素水平低于那些人缘好、性格阳刚、有领导力却不爱打架的男生。

当痛苦变成愤怒，暴力控制了男孩

丹谈列夫

列夫各方面条件都不错，母亲关心他，家境富裕，学校风气良好。列夫天资聪慧，还从母亲那里继承了俊朗的外貌：金发与北欧人英俊的面庞。8 岁以前的他身上载着满满的快乐，他和比他小两岁的弟弟常常一起嬉戏打闹。

列夫刚上三年级的时候，班上来了一个新男生杰弗里。杰弗里是个明星式的人物，很快成为班上成绩最好的孩子，这让本来拔尖的列夫相形见绌。操场上没有谁撼动得了杰弗里的新优势，他跑得最快，橄榄球扔得最远，一对一的篮球赛中他从未失手——这些荣耀本来都是属于列夫的。如果事情到此为止的话，那么列夫还缓得过来。可是杰弗里偏偏还想成为三年级最受欢迎的人物，他的社交能力和政治策略都是那么高明。他擅长拉帮结派，扩大自己的影响力，巧妙地削弱对手的实力。他的聪明才智与运动天赋让他名声大噪，这意味着他可以引领潮流了。杰弗里视列夫为主要对手，他有意无意地破坏列夫的影响力。要是列夫称赞肯·葛瑞菲二世是最好的棒球手，杰弗里就会搬出萨米·索萨；要是列夫拿了一张“碎南瓜”乐队的唱片到学校，杰弗里就一定会说他最喜欢的“绿日”乐队才是最棒的。

列夫非常生气，他笨拙的反击更损害了自己的名誉。他在杰弗里面前失去了冷静，说了些幼稚的气话，结果反被杰弗里拿来嘲笑他。列夫的朋友越来越少，他的攻击性越来越强。他总是和弟弟打架。最后，在一次打架后，弟弟被送到急诊室，嘴唇缝了三针。他母亲终于忍无可忍，让列夫来找我做心理治疗。

列夫怀着深深的愤怒、戒备和痛苦。从魅力领导者的宝座上跌落令他与别人心生隔阂，难以接近。在他准备接受治疗的那段时间里，家里的情况也变得不妙。他很少谋面的父亲（他父母从未结过婚）在搬回列夫所在的城市后，觉得既然自己是付抚养费的人，就应该“物有所值”。因此他要求享有孩子的监护权，让列夫和弟弟周末去找他。要是他父亲是个正经人，这么做倒也不错。可惜列夫告诉我，当他们到了父亲的公寓，父亲往往会让他们看租来的录像带，而他自己大部分时间都在跟女朋友们喝酒鬼混。

列夫很不愿意诉说自己的感受，我就一直跟他聊运动。他喜欢这个话题。对运动的高度专注已经成了他的主要乐趣，有助于他想变强的愿望。他的想法不言自明：如果能在篮球上打败杰弗里，他就会受欢迎。在我们的社会文化中，要是一个男孩觉得生活与学习已经失控，他想变得强大，还有什么比得上运动达人呢？他开始向我编造一些夸张的故事，并强烈地希望我相信：他说他就快可以在标准篮筐上做灌篮了，而他不到一米五的身高让这个故事听起来并不可信。他急于表现自己的强悍，说他有一次打架的时候“干掉了”某个五年级或六年级的男生。

但是我和列夫的谈话渐渐取得了进展。他讲话不那么夸张了，在学校也没再惹过大麻烦。他父亲从中干涉，停止了他的心理治疗。结果几个月后他的状况又恶化了，父亲只好又把他送了回来。

五年级的时候，列夫的父母决定将他转到他父亲家附近的学校。他们说转学对他有好处——而且那边低廉的学费对他们都有好处。但是列夫并没有在新学校里崭露头角。他成绩越来越差，成了班上的捣蛋分子。根据我的经验，一个男孩通常要花整整一年的时间才能真正融入一个新班级。列夫根本没有韬光养晦的那份耐心，因为他深深地受过伤，对情感的认识又太粗糙，而且不再想去讨老师欢心或者努力学习。结果，他融不进好孩子帮，便跟坏孩子混。他告诉我说，他们用钥匙刮花汽车，还偷过汽车牌照。他被一辆凯迪拉克的车主逮到过一回，为此赔了好些钱，但他并不想悔改。随着年龄越来越大，他破坏财物的行为也不断升级。他说了几次在公共财产上喷漆的事情，而且说他在家里开始用鞭炮提取火药和引线来制造炸弹。

后来，列夫的父亲让他加入了一个卫生组织旗下的健康保险计划。他离开了我的治疗室，走进了他家附近的健康中心。他在那里接受治疗的次数远比以前少了。不出所料，列夫的破坏性行为变得更严重了。

列夫所经历的都是男孩最大的不堪：遭到朋友拒绝，父亲又善变冷淡，列夫几乎没有机会谈论自己的痛苦感受。列夫既不了解自己内心的骚乱，也无法从亲朋好友身上获得安慰。他的痛苦变成愤怒，进一步转化为暴力。他深深陷入了社交与情感的恶性循环。

假如男孩眼里到处是威胁

我们说过，男孩的攻击性往往是对外界的一种反应，而不是一种天性。也就是说，男孩察觉到威胁并报以攻击，为的是让威胁远离自己，或者是男孩对痛苦的应激反应。为了理解这一过程，我们首先需要知道：男孩眼里的威胁是什么。其次，为什么男孩总是觉得别人对他有威胁，哪怕别人是善意的。

几百年前，男人之间会以决斗来定输赢。如今，虽然男人已经摒弃了这种做法，但是大男子主义的传统信念依然稳如磐石，社会依旧要求一个男人必须尽量表现得又强壮又有尊严。因此，为了维护尊严，为了不被羞辱，男孩不得不处处设防。

男孩受够了残酷文化里的取笑、嘲弄和羞辱。他们习惯性地保持警惕，随时准备着给人一拳。这便是心理学的典型案例，男孩认为，同伴之间常有不怀好意的攻击，大多数时候是口头攻击，但也有身体攻击。

20 多岁的斯科特正在进修工商管理学硕士。他来我们这里做心理咨询，以帮助他设定一个短期目标，为他的职业和人际关系做出决策。有一次他谈到，他和未婚妻去参加一个聚会，未婚妻注意到，当斯科特身边有人突然做了什么动作的时候，他就会稍稍退缩一下。他俩探讨了这件事。斯科特想起在七年级的时候，男孩之间有个惯例，他们会快速出手去打对方的裤裆，以此来制造“惊喜”。他回忆说，他经过走廊的时候会拿着一本厚厚的书，万一遭到偷袭就用它来护身。

除了在学校受到这种骚扰，在家里，斯科特与两个哥哥成天打架，直到上了高中才好一些。其中一个哥哥总是在靠近他的时候突然给他肚子来一下。到了现在，只要他与男人擦肩而过，无论是在人行道上也好，在走廊里也罢，他都会条件反射地一紧。“太疯狂了，”他说，“就好像我被虐待过一样。我不敢相信时隔多年我还会被那种事牵制住。”

悲哀的是，并不只有斯科特这样。残酷文化将它的影响烙在了许许多多男孩和男人的生活里。

残酷文化、错误或缺失的情感教育，不仅让男孩暗地里胆战心惊，还令他们疑神疑鬼，总是觉得身边有危险。这种狭隘的目光令他们看不清情感的暗示，结果很容易错失或误解别人行为语言的含义。迈克尔·霍利是《波士顿环球报》的一位体育专栏作者，他讲述了棒球球星艾伯特·贝勒的故事。

他是“美国性子最烈的哥们儿”，要是有记者走近他问“你还好吗？”，他就会理解为“你太差劲了”。贝勒先生认为整个世界都与他为敌。所以，这样的人会出现各种暴力行为，也就不难理解了。

专门研究攻击性课题的肯恩·道奇及其同事证明了，攻击性强的男孩经常误解别人的用意，总是捕风捉影，对假想中的敌意进行反击，事后还认为他的进攻是一种正当防卫。

为了解释道奇的实验，让我们一起来看看男孩杰克的反应。

经父母同意，三年级的杰克和班上其他几个男孩参加了这项研究。那天一放学，杰克便被一位年轻人带到了一个有监控屏幕的小房间里，研究员准备给他看一段录像，在录像上会有一些男孩一起做各种各样的事情，等看完了再让杰克回答问题。

在第一个场景中，有个和杰克年龄相仿的男孩坐在地板上，用大积木搭建一座高塔，研究员请杰克想象自己就是这个男孩。录像中，另一个孩子走进了房间。他从积木高塔边走过，把它碰倒了。我们在看这个视频的时候，大多数人都觉得难以判断这个孩子是不小心还是故意为之，但不妨听听杰克的回答：

“在这个故事中发生了什么？”

“那个孩子碰倒了他的塔。”

“你还能告诉我别的什么吗？”

“怎么说呢，他就是走进来了，故意碰倒了塔。也许他不喜欢那个孩子。”

“这你是怎么知道的？”

“这个呀，他就是经过那里，然后这样做了。你也看到了他怎么做的。”

“你怎么知道他是故意的？”

“他不喜欢那个孩子。”

“你怎么知道？”

“他把他的塔碰倒了。”

“塔的主人该怎么做呢？”

“他应该再也不跟他玩了，或者等他也盖塔的时候去毁掉它。”

并不是所有男孩都从这个录像带中看到了恶意。有人觉得这只是个意外。有人就算怀疑那个男孩是故意的，也没有对他表现出敌意。但是攻击性强的男孩会把这个普通事件解读成有敌意的行为。

研究显示，至少有三个因素会造成男孩带有攻击性的情绪反应，而且这些因素也适用于真实生活。

第一，在观看录像的时候，他们没有获取足够的信息去了解另一个男孩的意图。攻击性强的男孩（比如杰克）对有用信息的使用更为不足，也就是说，他们更多地依赖于自己的猜测，而不去使用类似面部表情、语调这样的社交线索。

第二，在一个模棱两可的场合下，他们更可能看见敌意。在另一段录像里，有个男孩想帮忙，但却失败了，结果很糟糕，比如油漆洒到了一件艺术品上。攻击性强的男孩往往也不会认可男孩想帮忙的努力，他们只看到了糟糕的结果并认为那个男孩是故意而为之。

第三，攻击性强的男孩会对这些场景持有更多敌意，他们会采用敌对的方式来反击，而不会去谈论问题、达成和解，也不会形成更好的理解，他们做不到这些被研究员称为“善于社交的回应”。

从男孩们对上述录像的态度中，可以想见他们会怎么应对真实生活里的冲突。一个男孩如果认定了别人总是有敌意，于是他决定迎面反击，那么这个男孩便陷入了暴力的恶性循环。男孩们在实验里感受到了一种近乎真实的威胁，那些进攻性强的男孩就会产生更大的敌意。

假想敌意，发泄愤怒

丹谈赛斯

赛斯身材高挑瘦削，是一名十年级学生。9月开学后遇到他，我差点儿没认出他来——暑假过后他长高了足有15厘米，成了班上最高的男孩之一。他整个夏天都在近乎虔诚地做举重练习，他希望在橄榄球队选人的时候自己能拔得头筹。他越来越不像个男孩，更像个男人。

赛斯上八年级时我就认识他。在他父母分居的那几个月里，我们经常见面。现在他的父母又和好了。虽然我从没有正式约他谈话，但我们却经常"不期而遇"。然后，我们一起出去吃吃午饭，看看比赛，一起去参加某个非正式的心理治疗小组。有时，他会在走廊上遇到我，问我有没有几分钟聊天的时间，要是我正好想去买杯咖啡提提神，便邀请他一同前往。

虽然赛斯很聪明，而且像他父亲那样具有极佳的口才——他父亲是一位优秀的法庭辩护律师——但他并不是老师们的"宠儿"，因为他常常顶撞老师。有一次，英语老师被赛斯的多次挑衅激怒了，向他砸去一块橡皮擦，幸好没击中。学校处分了这位老师，但是允许他继续教学。这件事让赛斯和这位老师之间的关系总是很紧张。

赛斯的同学争先恐后地告诉我，赛斯是他们的眼中钉，有人尤其反感他吹嘘自己从二年级开始练习跆拳道有多么厉害。有一次，我们一起吃饭的时候，我问他："你在想什么？"

"什么也没想，真的。我就是想暂时逃离那个鬼地方。谢谢你的咖啡，我太需要它了。昨晚上我在写斯托科夫斯基老师布置的那个愚蠢的政府报告，一直写到半夜1点。"

"那是什么内容？"

“关于移民的，比方说我们是否应该设置配额什么的。斯托科夫斯基老师是个不折不扣的自由党人，他让我觉得恶心。外国人就快把这个国家拖垮了，可是他认为谁想来就可以来，想要什么就拿什么。说真的，我们需要的是在整个墨西哥边境筑起一座高墙，把机关枪往上一摆，给边防士兵一人配一副红外线眼镜。但凡有人想非法越过边境，就把他撂倒。”

“为什么你这么讨厌墨西哥人？”

“我说哥们儿，他们想拖垮美国。他们来了，没有身份，没有钱，不讲英语，生 100 万个小孩，他们就是想搞垮我们的经济。这太荒谬了，好逸恶劳地在这里赖着。”

愤怒的发泄口很多，这是其中一种。看起来他是在抒发自己的种族主义，其实是为愤怒寻找一个宣泄的对象。

“好了，我今天听够种族主义了。说点儿别的，你上个周末干什么去了？”

“我参加了马蒂家的聚会。”

“你玩得开心吗？”

“开心，我认识了一个女孩，布兰达，她真的很喜欢我。我们什么也没做，但我想今晚给她打电话。她以前是比尔的女朋友，但她不喜欢他了，谁让他这么逊呢。他受不了她离开他，就天天跟着她，总是给她打电话。她只是说了句‘别再这样了’，和他聊个两秒钟，就告诉他‘我得挂电话了’。要是比尔知道我搞上布兰达，他可能会发疯的，杀了我的心都会有。但是他敢吗？瞧他那副样子，哈哈。”

赛斯越说越兴奋，他站起来手舞足蹈地演戏。

“喂，赛斯，我听说你正在跟布兰达交往？”

“对啊，那又怎样？滚开。”

“然后他向我扑来，再然后，嘭！”

赛斯凌空来了一记踢腿，随后又迅速地挥舞两拳，要是对面真的站着比尔，估计他已经残废了。

就这样，赛斯搭起了一座舞台，比尔成为他舞台上的假想敌。在这个舞台上，他们冷静谈话的概率为零，赛斯会忽略真实情况，让一切按照他的想象发展。

赛斯受过心理创伤，过去的生活经历扭曲了他的观念，令他习惯去把各种社交线索解读为敌意。严厉的惩罚也不会改变他对别人的愤怒，因为他早就被生活鞭挞过了。他需要的是“内省”——帮助他认识到自己的愤怒，找到愤怒的根源，让他形成更好的应对环境和情绪的策略。

内省：解读自己的情感

一个愤怒的男孩很难准确地解读他人的情感信息，这一问题的根源在于他不能解读自己的情感。“内心世界”这个概念，对一位没受过情感教育或被误导的男孩来说，陌生得有如月球的背面。那些生气的、悲伤的、害怕的男孩，往往不知道他们为什么生气、悲伤和害怕。他们知道自己是“不开心”的，却不知道是哪种不开心，更不知道个中原因。人们在情绪不好的时候，总想赶紧找个借口，于是就抱怨老师、兄弟姐妹、体育教练或者女朋友。当一个男孩的潜意识里堆满了强烈的负面情绪时，情况就变得格外危险了。这些负面情绪一旦决堤，后果将不堪设想。

帮男孩增强情感觉察力，正视愤怒

丹谈戴尔

在学校里，心理治疗室往往是个临时场所。心理治疗师每周只上一天班，因此大多数学校没法专门设立一间心理治疗室。这天，我就在行政楼背面的一个几乎废弃的房间里会见戴尔。屋子很小，只有几件陈旧家具，我和戴尔的到来给这里增添了一丝生气。这个地方最好的一点就是三面墙上都有方方正正的大窗户，我们打开窗，享受着清新的空气和初夏的阳光。

戴尔的十年级将近尾声。在这所竞争激烈的学校中，他是“全优生计划”里的一位尖子生。他各项成绩都很好——除了西班牙语。他的西班牙语老师向来以严格出名，他俩之间总有摩擦，戴尔最近就因为在课堂上骂西班牙语老师而被停学一段时间。他要是不想被学校开除，就必须来见我。

戴尔的爸爸是个优秀的化学研究员，戴尔在科学上也展现出很强的天资。但不幸的是，他爸爸并不引以为豪。他父母经历了一段并不幸福的婚姻，戴尔6岁时，他俩就离婚了。他爸爸又找了个妻子艾莱妮，她生了两个孩子。艾莱妮和戴尔根本相处不来，她也根本不让丈夫陪伴戴尔，一有机会就把自己的孩子夹在父子俩中间。

戴尔的妈妈也再婚了，嫁了一个比她大15岁的男人，日子对戴尔来说就更难过了。这个男人以前没有孩子，以后也不太可能有了，他完全不了解孩子，只想让母子俩对他百依百顺。戴尔妈妈全心全意地取悦她的新丈夫，甚至带着几分恐惧。为了迎合丈夫，妈妈处处压制戴尔。继父一向脾气糟糕，不愿亲近戴尔，他很不喜欢家里太吵，不允许戴尔玩音乐，也不让他带朋友来玩。

戴尔的生活境遇显然一手造成了他的悲伤与愤怒。但当我询问戴尔的时候，他的表现很冷漠，往往用一两个字来敷衍我的问题，或者干脆说“无所谓了”，仿佛在说“这有什么大不了的”。有一次，为了引导他敞开心扉，我长驱直入地问：“哇，你的继父听起来就像是一个噩梦啊，难道你不讨厌他吗？”

（笑声）“还好。”

“但他什么也不让你做啊，他总是坏你的好事吧。”

“无所谓了。”

“什么无所谓了？”

“就是无所谓了。”

这时，一只大黄蜂飞进了房间。戴尔看了看它，说：“知道吗，我小的时候常常和朋友一起用发胶和打火机来烧黄蜂。你可以在它们飞的时候把它们烧落一地。”

“嘿，戴尔，我插一句，在我上心理学院的时候，老师教我说，有时候看起来不相干的事情实际上是有关联的。就像我们刚才讨论了你的继父，现在又谈到了小时候烧黄蜂。我会觉得，你实际上是在生你继父的气，而不是黄蜂的气。”

“无所谓了。”

经过多次谈话，过了一段时间戴尔终于不再说“无所谓了”。他开始提到自己的愤怒，但是他还是低估了愤怒对他生活的影响，他的觉察还不够，等愤怒来袭的时候他会全线崩溃。为了取得治疗进展，我必须给他制造一次全线崩溃的机会。我决定采用一个不寻常但非常适合他的治疗方法。

我带他去到附近一幢废弃屋子前。这幢屋子建于维多利亚时期，眼看着就要被拆除了，以为一所小型购物中心腾地方。这屋子还剩下了一部分残垣断壁和一扇完整的窗户。我让戴尔想想他的父母和继父，然后朝这里发泄怒火。起初，他只是用石头砸窗户，但很快他的脸涨红了，脸色也变了。我至今还清晰地记得他是如何挣脱身心束缚、爆发出愤怒的：他捡起一根大树枝，开始猛击房子的一角；他狠狠踢墙，用树枝戳它；他眼角有泪光闪烁，但他没有让眼泪流出来。过了一会儿，他累了，怒气开始消退。他扔掉树枝，叹了口气，用手擦了擦脸。

“好了，戴尔，试着平静下来。我们该回学校了。”

他静静地点了点头，对自己有点儿吃惊。

“我觉得你让自己放纵了一下，也许你确实有点儿生那些大人的气。”

“好像是这样吧？但是也有可能，我只是不喜欢这个房子。”

通常来说，这种诉诸暴力的“放纵一下”，并不能有效化解愤怒的根源。我是想让戴尔至少要知道愤怒是怎么回事，真切地感受到它的存在，才能承认他之前一直否认的愤怒情绪。也就是说，首先必须认可某种情绪，然后才能找到它的根源，接着才能慢慢化解。后来，戴尔就很少在老师身上泄愤了。

戴尔后来的生活仍然不是那么称心如意，但我最基本的目的已经达到了：他现在知道是什么点燃了他的怒火。他也了解到愤怒只是各种情感里的一种，是可以被辨识、理解和调节的，不是只能压抑或爆发。爆发情绪，这是很多男孩内心的一种恐惧，他们很担心失控，于是只好把愤怒积压起来。他们之所以想要否认或隐藏强烈的情绪，是因为没有人去教给他们处理情绪的技巧。现在，戴尔至少增强了对情感的觉察力，他也不再被愤怒所困扰。假以时日，他就会真正去面对自己的愤怒。

愤怒加酒精：点燃暴力

愤怒，加上酒精，点燃了男孩的暴力。犯罪数据已经确认了两者之间的关系。遭受家暴的女性一定知道，醉酒就意味着挨打。据统计，谋杀案里有一半与喝醉的男人有关，市区警察们再清楚不过了。当男孩和男人喝醉以后，多半会找碴儿打架，这简直都见怪不怪了。而女性在醉酒后就很少打架。高中男生醉酒闹事的概率是没喝醉时的 2 倍。但是目前没有确切数字表明，酒精与打架之间的关系有多少来自生理原因，有多少来自其他的已知因素。

比如，经证实，有一类人从十几岁时便开始酗酒，喝醉时也比别人更容易打架。几乎所有此类肇事者都是男性，因此这也被称作“男性专属类”酗酒问题。此外，有对酗酒男性及其家族的研究表明，遗传也是导致酒后打架的一个原因。但是我们认为，人类行为从来不能单独依赖遗传因素来解释清楚。男孩、酒精和打架，三者之间有着复杂的关系，目前我们还没有得到充分的解释。一个男孩喝醉了以后想做什么？他是否迫切地想要装出一副“硬汉”的样子？最重要的是，他是否学过如何控制自己的愤怒？且不论喝不喝醉，上述因素都会影响到一个男孩有没有可能去打架。

打破恶性循环：教男孩学会平息愤怒

我们常常会看到这一幕。小男孩在一起玩着玩着，突然起了冲突。当他们的怒火（或挫败感）突然蹿高、眼看就要动手的时候，母亲或老师马上说：“有问题就讲出来。”这种提醒不仅能够促使他觉察到自己的情绪并说出来，还能帮他在出手前的一瞬间按下“暂停键”。

很多对少年犯的研究有着一致的发现：不擅长言语的男孩，更倾向于人身攻击与犯罪。一项心理学研究在进行广泛调查研究之后，证实了言语表达能力、攻击性与犯罪行为之间的关系。

为什么？

直白来讲，当矛盾产生的时候，语言在情绪与行动之间起到了缓冲作用。说话就像踩了一脚刹车，让冲动的攻击性行为停下来。因此，要是我们帮助男孩不断增强语言表达能力——尤其是对情绪与感受的表达能力，给他创造实践练习机会，就可以增强他对行动的控制力。

与之前其他话题一样，如果我们能换个角度解读男性暴力，那就会理解男孩。要知道，破坏公物等暴力行为不是什么“男孩天性”，而是他们面对内心痛苦时一种自我保护的应激反应。基于这种了解，我们就能想办法帮助男孩稳定恐惧、愤怒等负面情绪。对愤怒而暴力的男人来说，他们内心长时间遭受恐惧、背叛、敌对的折磨，令心理治疗师鞭长莫及。如果我们想保护男孩不变成这样的男人，我们不仅要消除他们敌意的根源，还要引领他们走进自己的内心世界，这样才能避免他们将情绪诉诸暴力。

我们知道“有问题就讲出来”的效果很好，哪怕是三言两语，含混不清，一旦把感受谈出来了，情绪的压力就得到了释放，愤怒与敌意就会减轻。如果你能让一个男孩开口说话，他的愤怒就会在意识层面浮现出来，一旦他意识到自己生气了，愤怒的程度就会减少。如果你能让一个男孩说出他为什么生气，那么他就已经做好了改变的准备，不会再以毁灭的方式面对他的生活。

小结

1. 男孩需要处理很多烦恼：老师的批评、父母的指责、同学的嘲讽和女孩的拒绝，等等。但他们能用于调整的心理资源却少之又少。父母和老师要教男孩学会表达情感，确保他们能面对更多的历练。

2. 男孩很容易错误理解别人行为语言的含义，容易对假想中的敌人进行攻击。

3. 换个角度理解男孩的“暴力行为”，有时这是男孩内心痛苦的一种自我保护反应。我们要想办法消除男孩内心的敌意，帮他们把感受说出来。

第十二章

男孩需要什么：
给父母和老师的七个建议

“正常的孩子是什么样的？是每天都笑眯眯的，乖乖吃饭，好好长大吗？不是。一个正常的孩子，只要他对父母足够信任，就会不遗余力地进行各种尝试。他会打断你的计划，会搞破坏，会吓唬你，让你精疲力竭，会浪费，会耍赖，会乱扔东西……从一开始，他就需要既能感受到爱，又能感受到力量（以及得到对这种力量可能产生的结果的容忍），这样他才不会被自己的想法和想象力吓坏，才能让自己的情感发育不断进步。

——温尼科特《孩子、家庭和大千世界》

（Winnicott, *The Child, the Family, and the Outside World*）

如果男孩希望自己成为一个内心强大的人，拥有丰富的情感和共情心，他真正需要的是什么？我们应该怎么做，才能满足他的需求？

本章提七点，供你在守护男孩情感生活时作为参考。

我们结识了一位母亲，她热情、睿智，丈夫和4个孩子都很爱她。她对家人尽心尽力，关爱有加，随时准备倾听，像一位善解人意的知己。最近，她有点儿担心她那上七年级的13岁儿子。首先是他总不顾家，校内校外活动使他忙得团团转，回到家时往往已近深夜。然后是母子关系发生了变化，两人不再像以前那样温暖与默契了，有时甚至闹得很僵。儿子不再像往日那样坐在餐桌边跟母亲聊天，而是隔着他那扇紧闭的卧室房门喊话。

“他年纪越大，就越是神秘兮兮的样子。”这位母亲说，“我希望这仅仅是一个阶段。希望将来有一天，我们又会变得亲密无间。我希望我的爱和教导——比如教给他尊重和责任——能给他未来的生活带去些许益处。”

研究与实践工作告诉我们，每一位成年人，无论是父亲、母亲或是男孩身边其他人，都能够给予男孩精神支持，帮他建立起丰富的内心世界。如果男孩希望自己成为一个内心强大的人，并拥有丰富的情感和共情心，他有什么需求？我们应该怎么做，才能满足他的需求？

最根本的一点：我们应该摒弃陈规旧俗，用新眼光去看待他们。我们应该放下那些忽视或否定男孩感受的错误观念，无论是个人偏见还是社会成见。这些观念会左右男孩的自我认识，蒙蔽他们的真情实感。我们应该认识到，无论是过高还是过低的要求，都具有危害性，要求过分，让男孩力不从心；要求不够，男孩就会在自控力、道德感和责任心等方面降低对自己的要求，不再具有同情心和真情实感。“男孩就是这样”不是一句开脱之辞，而是对男孩独有的内心挣扎的解读。在此基础上，我们不仅要体谅“就是这样”的男孩，还要善待他们，知道如何去爱他们、支持他们、引导他们，帮助他们面对生活中各种情绪与感受。虽然要体谅男孩，但是请不要放低对他们的要求，否则高尚的品德就无法形成。希望借心理治疗师的视角，本书的读者能够换一种方式看待男孩，进而反思你对待男孩的方式。

父母、老师应该怎样转变自己的育儿之道？我们认为，没有一个标准答案，因为每个男孩的生长环境都不一样，这涉及身心发育、情感发展、家庭、学校、社区等因素。他需要更多运动还是音乐？他得少玩电脑，尝试不同的游戏，还是结交各类朋友？应该增加他的学习难度，还是减轻课本负担来实现多样化发展？他的生活应该更规律些，还是应该增添一些情趣？这些现实中提出的问题，是不可能从好男孩养成手册里翻到答案的。成为好男孩的道路有很多条，它们都指向一种充实而满足的生活。

我们为读者总结了七点基本认识，帮助你守护男孩的情感世界。这里没有流行口号，我们觉得口号过于简单，不能准确表达心理治疗师的观点。我们认可的是情感认知形成与发展的本质，而不是口号。每个男孩的生命之旅都是独一无二的，但所有男孩也有一些共性，正如这七点基本认识。有了这些认识，我们就能更好地抚养男孩，教育他们，与他们形成互敬互爱的关系，并帮助他们打理自己的内心生活。

1. 允许男孩有自己的内心生活，认可他们拥有人类的所有情感，帮助他们发展情感词汇，从而使他们更充分地了解自己，更有效地与他人沟通。

一个简单的办法：不管男孩是否对自己的内心有所察觉，你可以常常有意地谈论彼此的内心世界。请尊重他的想法、情绪和感受，认真倾听他，给予他恰当的引导，并分享你自己的内心情感。都说“心想事成”，只要你相信人人都怀有丰富的情感，并流露出这种信念，他也迟早会开始打理自己的内心生活。

举个例子。不要说："这个秋天你想报足球队还是话剧社？"而是说："我知道去年你没能参加话剧演出，挺失望的，你有胆量再试一次吗？但是我也知道足球是你的老朋友了，只是从前两个赛季开始，我觉得你好像不那么喜欢足球了。这个秋天你想干点儿什么呢？这两者之间你打算怎么选？"这样的提问包含了痛苦、矛盾、风险、勇气和怀旧情结在内的许多情感。

有一所男校向来重视体育运动和"获胜传统"。上赛季伊始，足球教练站起来问球员们："作为教练，我的工作是什么？"男孩们回答说，教我们踢球技巧，给我们鼓劲儿，督促我们努力练习，等等。他们想尽各种答案，教练却说："这些当然都是我分内的事。但是我真正的工作是爱你们，不管这个赛季会发生什么，我都要一如既往地爱你们。"听着他的这番话，很多男孩面露尴尬，他们不知道这样说的用意何在。然而，在那个跌宕起伏、有输有赢的赛季结束后，在闭幕晚宴上，足球队的两名队长发言说，这是一个很棒的赛季，他们真的很爱自己的队友。每个人都被打动了。这两个"硬汉"能公开地表达自己的真情实感，让大家钦佩不已。有多少人意识到了这正是足球教练言传身教的结果呢？他之前诚挚的发言和整个赛季的执教风格，就像给男孩们的内心情感开了一张"通行证"似的，他给男孩们做出了示范，男人是可以像这样表达情绪与感受的。

一位受人爱戴的老师说："如果你能让男孩觉得表达情感是安全的，他就会向你敞开心扉。"

我们发现，当老师在课上要求男生写日记、写短文和画画时，或是请他们对自己、对别人、对历史人物或文学作品中的角色进行情感方面的探讨时，男孩们是最容易敞开心扉的。就算平时"从不论感情"的男孩和拼命隐藏脆弱的男孩，在这种情况下也能自在地谈论小说人物的脆弱和恐惧。这种交谈真是弥足珍贵，男孩能从中学到各种情感词汇，他们最终需要运用这些词汇来理解、表达自己的情绪与感受。

弗吉尼亚州一所小学发表了一篇文章，它是八年级男生凯西·约翰逊在英语课上写的，他讲述了自己作为一名足球门将的生活。他给这篇文章取名为《当个守门员》。它清晰地勾勒出一个男孩是如何透过情感的镜片去解读生活的——虽然身边所有人都以为他只是站在那里，等着球来。

人们说进球不是守门员的错，而是整个球队的错。但人们心里就觉得是守门员的错。反正我就是这么觉得的。要是让对方得了分，那就是我的错。沃特福德队开球后，他们把球踢到我们的半场里，我拼命喊叫，告诉后卫不要漏人。但是，沃特福德球员带着球晃过了后卫，三步并作两步上来，起脚射门。我扑过去，却听到了欢呼声。我知道他们得分了。我翻身坐起来，看到了球门后面的后卫。我又让球队失望了。我站起身，擦掉手脚上的泥。一个队友说："这不是你的错，凯西。这是球队的错。"我知道他心里在说：这就是你的错。无论如何，我还是跟他说了声"谢谢"。

沃特福德队梅开二度，最后又进了第三个球。男孩写道：

我躺在地上起不来。我的脸上满是泪水和泥巴。我的队友甚至连看都不看我一眼，他们就好像恨不能跟我脱离干系才好。要说还有什么能安慰我的，那就是来自对方进球队员的一句话。

"你尽力了。"他说。

老师给凯西创造了一个安全的写作环境，学校的支持令他为自己的文章自豪，他从很多同学与家长那里得到了肯定和响应。大家视他为英雄，不仅因为他是守门员，还因为他真诚而坦率地道出了自己的心声。

什么是“安全环境”？父母如何给男孩营造安全环境？任何一种日常活动都有可能带来安全感。轻松熟悉的一刻钟，没人打扰的一片天地，都能让男孩卸下扮演各种角色的压力。这里没有说三道四，没有带威胁的评判。母亲们会在临睡前和儿子待一会儿，尤其在儿子青春期前几年，给他做做背部按摩，聊聊一天见闻。有的母亲会为儿子做早餐，或是一起读书、听音乐、打球、野餐。父亲们则喜欢和儿子一起打扫院子、理发、打保龄球、骑自行车、徒步旅行、制作模型。我们也建议父母开车送儿子去练足球，观看儿子的棒球赛，或是早上一起看看体育新闻，下午一起玩玩拼图。在这种共同时光里，家长如果能展示出一种开放、接受的姿态，并给予关爱，必然会对男孩的成长起到至关重要的影响。

人们往往认为，如果想抓住男孩的注意力，唯一的办法就是给他提供一个经典的男孩榜样，比如荧幕硬汉或是运动“铁人”。你要是想让男孩在校会上认真听讲，或者在宴席上安分守己，你就得找个职业运动员来管他。运动员一下子就能赢得男孩的尊重，他一定会俯首帖耳。但是，难道只能是运动员吗？要想抓住男孩的心，就必须迎合这种标准化的男性爱好吗？这种想法有点儿狭隘，实在是低估了男孩在精神上和智力上的追求。

一位方济会修士被邀请到一所男校演讲。演讲开始前，修士对主持人说：“讲话前，我希望做个冥想，时间不会很长，然后我会请同学们提问。”学校领导想要委婉地阻止修士的冥想与提问，他担心男生们不配合，让学校没面子。但是男孩喜欢猎奇、冒险、挑战勇气——这位修士恰好符合他们这些要求。

修士站起来说：“在我讲话以前，我想带大家进行冥想。请大家闭上眼，把手放在膝盖上。”男孩们都照做了，修士带领大家完成了冥想，接下来说起与道德、精神有关的话题。然后他问：“你们有什么问题吗？”长时间的沉默，学校领导惴惴不安。但是修士不为所动，他安静地站着，等着。终于，一只手举了起来。一个男孩怀着每个男孩都有的率真，问出了每个男孩都想问的问题："为什么会有人想当修士？"修士回答他时报以同样的真诚和坦率。很快，又有 12 只手举了起来。男孩们又追问了一些问题。很多男孩想知道修士刚才做了什么冥想，倒不是说他们也想修行，而是因为他们对内心世界有着显而易见的好奇心。

父母一项重要的功课就是与男孩交流内心想法。你把你的矛盾和想法展示给他，他可能不会马上给你反馈，但是会吸取你的经验并形成他自己的观念，这些交流往往会给男孩留下深刻的印象。一个男孩喜欢跟父亲谈论波士顿红袜球队，多年后，他会回忆起父子两人到芬威球场看比赛的美好画面。可是面对心理治疗师，他说更让他记忆犹新的是这些时刻：父亲卸下"铁面具"，展现他的温柔、眼泪和恐惧，母亲温柔之下蕴藏着勇气……

父母要是想拿自己怎么考上大学的故事来激励男孩，可能收效甚微。男孩（特别是青春期男孩）过分专注自我，做不到耐心听你把往事讲完。但是，父母应该时不时告诉儿子自己现在遇到了哪些困难，以及自己对困难的情绪和感受。如果儿子心不在焉，那就把话题打住，但你一定要择日再谈。青少年的冷漠与愤世嫉俗并不会持续太久，何况他们着急想要知道怎么处理自己的情感，就像他们想要快速学会上网和打球那样。

2. 认识到并接受男孩具有高度的活跃性，为他们提供一个安全场所来释放精力。

我们走访了明尼苏达州明尼阿波利斯的一所蒙台梭利学校。这所学校的教室设在一所又高又旧的公立学校教学楼里，教室里的天花板很高，大厅很宽敞。每间教室外面的地板上都用胶带围出一块空地，空地里放着一根跳绳。谁要是心烦，就可以去跳绳。

蒙台梭利教学法主要强调个性化学习与创造性表达，班级里的孩子很少一起上课，总是各干各的。因此，任何一个孩子都可以随时走到教室外面去跳绳，来调整自己的情绪。这样做的往往都是男生。

“跳绳放松法”适合每所学校吗？不太可能，因为大多数学校的班级都是统一教学、统一活动，而且从传统教育政策来说，安全与监督是第一位的，所以大多数学校都不会采用这样的方法。但是这种允许男孩“想动就动”的理念却强大而有效。宾夕法尼亚州一所私立小学的校长说：“你要是把户外活动当作一种奖励，男生们的学习效率简直高得惊人。”

你问男孩最喜欢学校里哪门课，他们最常见的回答是：“你是问，除了体育课以外最喜欢哪门课吗？”男孩需要空间来跑跑跳跳、释放活力、燃烧热情。在学校需要，回家后也需要——地下室就是家里的“操场”。对男孩来说，太过整洁有序、无处伸展手脚的房子简直就是一种折磨。

安妮·罗切·马格里奇有4个儿子，在一篇题为《男孩就应该是男孩》的文章里，她写道：

> 不要给男孩喝镇静剂，要像经验丰富的老校长那样让男孩累到精疲力竭。我丈夫每年冬天都把后院打造成一个冰场，邻居家的所有男孩都跑来滑冰，没日没夜地滑冰。他们穿着滑冰鞋上厕所；让妹妹当球门，在室内玩起曲棍球；比着看谁一次跳下的台阶多，结果弄坏了楼梯前的地板……长大后，他们是那么善良、豪爽、诚实、有趣、虔诚、坚强、勇敢、大方。我想念他们。
>
> 《罗克斯伯里拉丁语学校简报》，罗克斯伯里，马萨诸塞州

这位母亲懂得欣赏与信任男孩。也有很多父母和她一样，欣然接受男孩充沛的精力，但有的父母不能接受。大多数老师喜欢活泼的男生，但是很遗憾，有些老师却不喜欢。一些成年人甚至不能忍受男孩哪怕是正常的活跃度。

男孩会异常敏锐地捕捉到这种低容忍态度，并将之视为一种敌意。

不仅小男孩很活跃，青少年也爱打打闹闹。当我们与一群青春期男孩坐在校园里任何一处时，肢体冲撞简直在所难免，就连找个能坐的地方都不容易。要是有桌椅的地方，你就会听见没完没了的桌椅碰撞和刮擦地板的声响；要是有沙发，小伙子们就会一哄而上，看看谁能抢到一席之地；要是坐地板，就会挤的挤，撞的撞。这可不是蓄意挑衅，这只是一种精力旺盛、举止活跃的表现。他们敲掉别人的帽子，在桌椅之间穿梭，用夸张的姿势霸占着餐桌和地板，走路横冲直撞，夸耀自己在长大个儿——要是两年前你重 90 斤，现在你重 160 斤，难道不该炫耀一下吗？作为男孩，长大个儿简直令他们太快活了！

就像在冬天的贝尔蒙特山学校那样。校长办公室外面的山上新下过一场雪。校长把他两个孩子的雪橇车放在了门外。然后你就马上拿它去滑雪了，接着又有一个人加了进来，紧接着又有三个人在雪橇上挤成一团。虽然你只穿了一条法兰绒的裤子、蓝色的短夹克，虽然温度只有 10 摄氏度——管它呢！你脱掉了夹克，把它挂在篱笆桩上，准备好滑雪。只见你一会儿想要擦过山坡边上的树，一会儿又企图推一个家伙滚下山坡……教书的老先生们惊呆了，滑雪有滑雪的规矩，哪有这样乱来的呢？老师们想错了，当然有。他们小时候就这样，现在的男孩也这样，将来的男孩还是这样。男孩当然要学习如何控制自己不搞破坏，但是他们不必为自己精力旺盛而感到羞愧。

3. 用“男孩语言”与他们交流——尊重他们的骄傲和男子汉气概，与他们坦诚相见，视他们为顾问和帮手，向他们请教解决问题的办法。

在错误或缺失的情感教育之下，男孩们害怕情感过盛，也害怕因为表达情感而受到伤害。跟男孩交流要注意一件事：尊重他们对力量的向往，不要让他们觉得你在羞辱他们。女孩喜欢直言不讳地聊情绪、聊感受，男孩则唯恐避之不及。因此在心理治疗中，我们与男孩谈话的方式跟女孩的完全不同。

我们可以问女孩："你现在是什么感觉？"她们往往都能说出来。我们面对男孩的提问方式则更具体：

"你被叫到这儿来，很气愤吧？"

"你觉得自己为什么被叫到这儿来？"

"你爸妈为什么这么担心？"

"你觉得自己需要做心理治疗吗？"

男孩可能不愿谈论情绪与感受，但是他们喜欢别人提问，他们喜欢解决问题。很多男孩都拒绝接受家庭心理治疗，有些甚至拒绝下车走进治疗室。遇到这种情况，我们通常会走进停车场，对男孩说："听着，我知道你不想来这里，也不相信治疗这回事，但是我准备告诉你爸妈怎么管教你，要是没你的帮助，我担心我的建议行不通。"

有的男孩就算来见我们也缄口不言，但是如果你把话题放得轻松一些，并把问题摆出来，他们会开口的。我们发现给男孩做心理治疗的时候，往往需要我们从自己的感受谈起，然后让男孩从各种感受中选一个来说。

比如，一个男孩描述了一个可怕或是悲伤的场景，我们不会说："我敢肯定你当时很害怕。"而是说："我对你还不够了解，不知道你会怎么想。反正我觉得当时的场景挺吓人的，要是我的话肯定会害怕。"男孩往往会反驳说："但是我就不害怕。"他们会用更多的想法纠正我的错误印象，然后，我们可以就这一点展开探讨。

当男孩看到一个成年人能够把自己的情感放在桌面上任人评说，他也会去探讨自己的情感："我当时可能确实有点儿害怕。"此时我们就可以充分地与之共情了——"我特别明白这种感觉。"有过成百上千次这种简单的情感交流之后，男孩就能意识到他的情感并不是特例，许多男孩和男人都有同样的脆弱时刻。

要是你想知道你儿子的内心状况，可以问问他，当他的朋友遇到困难时，他会怎么做。你可以试试这么问：

- 当朋友心情不好的时候，你是怎样帮助他的？
- 朋友接受你的帮助了吗？
- 你对成年人的处理方式有什么看法？
- 如果那个时刻家长能派上用场，你希望家长怎么做？
- 你认为女性会用不同于男性的办法处理这件事吗？

男孩喜欢比较，比如阳刚与阴柔（在这个问题上，女孩也一样），天赋与习得，关于他哪些说法是真的哪些不是。我们从来没有见过哪个男孩不喜欢回答“是”或“否”这类问题。

男孩与成年人的对话之所以容易出状况，是因为成年人很容易被男孩激怒。现实与成年人的想象是有距离的。青春期男孩看着人高马大、他们又渴望做大人，成年人对他们的期望很高。但现实中，男孩并没有太多谈话经验，有的男孩信奉“沉默是金”。这样一来，成年人跟男孩讲道理或是对男孩感到失望，其实起不到太多积极作用，只会失去男孩的信任。

向儿子征求意见，并不是说对他言听计从（而且绝对不能言听计从）。这样做其实为的是用心倾听他。如果在他小时候你就与他经常交流，他就会更好地形成自己的判断力。因为你在诉说、倾听和询问的时候，本身就是一种言传身教。如果你能认真倾听他说话，日后他就能认真倾听自己的心声。

与男孩交流很难？是的，往往不容易。所以不可能交流？当然不是。只有最愤怒、最轻蔑、最不信任别人的男孩，才会葬送交流的可能性。只要你真心诚意地向他讨教，不会因为他片言只字的回答觉得碰壁，那么男孩就会与你交流。尤其要注意的是，在男孩的心理防线面前，你要给予他足够的尊重。尊重他变强大的意愿，尊重他以坚强掩饰脆弱的需要。他不过是想做一个有能力、有信誉、有尊严的男子汉，这无可厚非。当你尊重他的这些想法，他就会卸下防御，然后，他就会开口。

4. 让男孩知道，情感勇气也是勇气，情感勇气和同理心是生活中真正的力量源泉。

问男孩什么是勇气？答案里会出现“勇敢”这个词。让他举例，他会告诉你电影里某个超级英雄，报纸里一则冒险故事，或者学校里一位见义勇为的同学。男孩电影好像只宣扬一种勇气——挺身面对高出一头的反派，他们迎战敌人、智取恐龙、打倒外星怪兽、枪抵着胸口也不露惧色……这些就是大众媒体对男人“勇气”的定义。

我们的文化从来不缺少探险与战争的故事，这些都是让男孩特别迷恋的主题。看看小男孩们在舞台上如何演绎勇气吧，大多是打仗的情景。但是男孩并不满足，对于“勇气”他们还想了解得更多。无论男孩女孩，他们都很想听听“情感勇气”的故事。

在马丁·路德·金那个时代，每年 1 月各个学校都会在课上讨论这位伟大的民权运动领袖，男生和女生都会充满热情地参与到讨论中。他们听他鼓舞人心的演讲，阅读相关书籍，看他的纪录片，了解非暴力维护民权运动。他们亲眼见证了“情感勇气”，这勇气不仅仅来自金，还来自周围很多为反对种族主义挺身而出的普通人。学生们在学习美国奴隶制、大屠杀、美国投票运动等历史事件的时候，在了解当今的国际人权运动和环境保护运动的时候，也能体会到“情感勇气”是勇气的一种。

男孩对这些话题的兴趣不只是停留在表面，他们崇敬伟人，梦想着自己有朝一日成为伟人。男孩很愿意成年人来指点迷津，那么我们是怎样指点他们的呢？

很遗憾，除了学校，日常生活中几乎没什么机会让男孩了解“情感勇气”。我们很少赞美男人的道德品质或情感勇气。新闻里，男人千篇一律地代表着权力、技能或者财富；娱乐节目中，要么是阿诺德·施瓦辛格那样的硬汉，要么是《家庭改建计划》里蒂姆·艾伦那样的痴汉（反正情景喜剧用不上情感勇气）。男人榜样不应该仅限于肌肉、自恋和简单化的英雄气概。

男孩不仅需要媒体展示什么叫“情感勇气”，还需要在现实生活中去体验它。这一点尤其重要。我们需要从我们自己和周围的家庭中，从身边男女老少的生活经历中，在生活和艺术中，帮助男孩找到情感勇气的踪迹，以此为鉴。情感勇气在工作、生活中比比皆是，但是成年人却不让孩子做见证人，这是不对的。我们应当把情感勇气的故事说给孩子听，哪怕是看似平凡的小事，比如班级发言、热爱生活的残疾人、学习一门外语、助人为乐，等等。当我们赋予情感勇气以一张熟人的面孔、一个熟悉的身影，它就会在男孩心里留下不可磨灭的印记，关于“什么是真正的勇气”这个问题，男孩就能找到自己的答案。

我们在第五章引用了马克·吐温对勇气的描述，此处忍不住再重复一次：“所谓勇气，指的是直面恐惧、掌控恐惧，而非消灭恐惧。”要让男孩明白，一个男人若是能接受自己和别人的恐惧、悲伤等脆弱情绪，他就是勇敢的人。

7 岁的查理最近像一只惊弓之鸟。他害怕很多东西，尤其害怕龙卷风。因为他听新闻说龙卷风袭击了田纳西州的纳什维尔，那里住着他的亲朋好友。这天，好朋友杰夫来查理家玩。到了临睡时间，查理父亲哄他们上床睡觉。当着杰夫的面，查理毫不犹豫地表示出害怕。

“爸爸，我今晚睡不着觉，因为有龙卷风。”

“查理，今晚不会有龙卷风，我保证。”

“但是，爸爸，确实有龙卷风。”

“我知道，查理，但是波士顿没有。”

“我睡不着觉，爸爸，我肯定睡不着。”

查理的朋友杰夫听着父子的谈话，在他的小小生命中显然知道什么叫“害怕”。黑黑的屋子另一头传来杰夫的声音：“查理，我刚刚不小心碰了墙一下，可能是那个声音把你吓着了。”

“不，杰夫。不是那个声音，是龙卷风。”

查理感激杰夫想安慰他，但是他的话并没有起到作用，因为让查理害怕的不是屋子里的什么声音，而是他心里的恐惧。他满脑子除了龙卷风杀手，更多的是对远方亲友的担心。

父亲听到了杰夫的安慰，他意识到自己也说服不了查理。因此他问道：“要是我躺下来抱着你，你会不会好受一点儿？”

“我会好受一点儿，爸爸，但你不能走。”

于是父亲躺在儿子身边，伸出手臂搂住了他的肩膀。“我会留下来的，直到你睡着了，这样好吗？”

“好的，爸爸，你能抱我更紧一点儿吗？”

我们希望这本书让你知道，男孩会害怕。这份害怕不仅来自他的认知发展过程（比如雷雨、黑暗），还来自生活里的各种状况。从这一点来看，男孩与其他任何人都没有区别，他们有恐惧，有需求，有弱点，也有培养丰富的内心情感的能力。让男孩认识到自己会害怕，并不会削弱他们的力量，倒是会让他们从羞耻感中解放出来，进而变得更强大。要是男孩满脑子想的都是怎样才能否认、压制自己的真实情感，那么他就会长期受困于这种内心挣扎中。当男孩和男人坚称他们绝不会害怕的时候，其实他们的情感已经不再完整，已经有所缺失。对恐惧的否认会消耗他们大量的精力，让他们疲惫不堪。若是男孩能认识到恐惧是一种普遍心态，并能接纳与理解自己的恐惧，他就能进一步接纳与理解别人的恐惧，这就叫同理心。就像查理的朋友杰夫一样，每个男孩都有同理心，他需要别人的理解，也需要表达自己对别人的理解。

同理心需要特殊训练吗？我们认为不需要，但是要给男孩机会来展示同理心。大部分时候，只要鼓励他表达同情就好，这是他的天性。在家里，你可以观察男孩是怎么对待小狗小猫的。要是教室里有宠物鼠、青蛙或蛇，看看男孩是怎样去照顾它们、想办法满足它们的需求的。

让男孩学习同理心的机会很多。除了养宠物，你还可以带他去照顾别人，或者去社区服务。任何年龄的男孩都可以试试照料花草、动物、婴儿、老年人或残疾人。有些学校的教学大纲就设有“社区服务课程”，我们可以从中窥见男孩的同理心；有的家庭兄弟姐妹之间互相照顾，我们也可以从中窥见男孩的同理心。

芝加哥有一所学校每年春天都会安排高年级学生走出校园开展社区服务活动。大多数学生都喜欢这个活动，每年还会有几个深受感动的男孩，他们在总结会上分享自己的体会，说这帮助他们“看见了一个崭新的世界”。

“起初，我很不情愿去照顾这个低智男孩，他完全不听我的话，太让我抓狂了。”一个男孩发言说。但是他发现这个低智男孩慢慢开始依赖他，为期6周的工作结束后，低智男孩居然抱住了他。讲到这里，他在台上哽咽了。显然，低智男孩的内心发生了一丝变化，这对照顾他的男孩来说有着非凡的意义。

有多少即将高中毕业的男生照顾过残疾儿童或者老人？我们大胆猜测并没几个人。若是赋予男孩这种经历，他们会更理解他人的情感。类似经历越多，同理心就越强大。

我们的文化促使男孩们一味向前狂奔，夺取胜利与成就。我们需要时不时拉一下缰绳，好让他们稍做收敛，减缓一下竞争的冲动和追名逐利的欲望。我们认识一位足球教练，在他带的八年级队伍中，如果有任何球员在比赛中批评、蔑视队友或对手，整个球队就要被罚跑圈。他要让每个队员都明白，想要不惜代价赢得胜利是错误的。他以集体观念给个人行为施压，从而减少队员之间的指责。不论是足球这样的集体运动还是个人运动，我们都能借机对男孩进行情感教育。在运动场上，男孩往往乐于接受情感教育。无论是失败、受伤，还是胜利、狂欢，他们对彼此的关怀、友爱和忠诚，充分证明了同理心是男孩的天性。

5. 我们管教男孩，为的是打造他的优良品性，而不是让他恨我们。

每个男孩迟早都会遇到麻烦。有些是冲动或精力过剩的后果，有些属于人之常情——成长就是这样。男孩怎样面对管教，给他将来的行为准则打下了基础。我们认为，对男孩的管教要清晰，始终如一，不能苛刻，不可辜负男孩对成人的爱，不能破坏男孩的快乐。当男孩冲动时，给予他尊重和引导，他会回报以爱和尊重，这样他还会允许我们进入他的内心世界。要是男孩经历的是羞辱、严惩或者成人的怒火，他马上就会把变好的心愿丢到一边，换上一副敌对的态度。

在管教有方（引导而不是惩罚）的家庭里长大的孩子，年纪越大就越自律，越不需要外界的约束。我们从调皮捣蛋的男孩身上发现，严厉管教只会给他们招来更多麻烦，还有就是挥之不去的情感创伤。但是通过治疗我们也发现，就算是“无药可救”的捣蛋鬼，只要你真诚地引导他、了解他的情感，他也会心甘情愿地听从管教。

亚历克斯以前冲动、任性、爱搞破坏，常常被叫到校长办公室训话。如今他八年级了，即将从弗吉尼亚州米德尔堡的这所私立小学毕业。在毕业典礼上，他竟然是代表全班的发言人。我们来听听他是怎么说的吧：

“我一直是一个——我猜你们会说‘与众不同’，对，我是一个‘与众不同’的男孩。我身上有很多‘不同’：玩不同的游戏，看不同的电视节目，有不同的兴趣爱好。但这都没关系，我很享受这些不同。

“只有一个人理解我，真的是只有一个人。他支持我的不同兴趣、不同想法。”他指的是吉尔福德校长，然后他继续说道：“他不是那种迂腐顽固的校长，从我第一天上学开始，他仿佛就是我的老朋友了。”

亚历克斯回忆起一年级的某一天，他被送到吉尔福德校长的办公室：“当我第一次沿着走廊向他的办公室走去，我觉得这是我这辈子最后的几步路。我不停地想，他会怎么做。当我在他办公室里坐下的时候，他对我说的第一句话却是：‘你好啊，亚历克斯，今天过得怎么样？’”

他说：“我很诧异，原因有两个。第一，他平静、温和、友好；第二，他的话是那么随意，我还以为他会气疯了呢！我们随意而愉快地结束了交谈。他没有责骂我。”

事情过去了 7 年，让这个男孩牢记的是，没有责骂，没有惩罚。他的发言表明了男孩是多么担心受到惩罚，也表明了当惩罚化作春风细雨的时候，男孩的转变有多么巨大。

6. 给男孩树立榜样，展示男人间的亲密关系。

男孩会模仿所见。要是他们在成长中看到男人之间只有疏远、戒备和冷漠，他们也会效仿。在许多文化中，男人们常常私下或者公开拥抱表达友好，在美国却很少见。

我们认识一个男人，他总是当着儿子的面拥抱问候好友，年年如此。这个举动并不是立竿见影。他儿子到了青春期时，也和别的孩子一样不喜欢肢体接触，哪怕是他父亲。但是等他 20 岁出头的时候，他经常拥抱父亲，若是恰好遇见父亲的好友，他也会拥抱他。

要是男孩从男人身上只看到他与伴侣的亲密行为，而看不到男人之间的亲密友谊，那么男孩会学到什么呢？从我们的经验来看，很多男人高中或大学毕业后，因为没有同性朋友而感到孤独。很多男人不知道如何开始或维持一段友谊，不知道如何与其他男人坦诚相处。

我们有个朋友，他是芝加哥的一名精神科医生，他与三个老友组成了一个高尔夫球四人组，一起打了 20 多年的球。虽然他们每周都花好几小时在一起，但是彼此却不怎么交流。

有一天，他正准备去高尔夫球俱乐部，妻子说："乔刚刚打来电话，说他今天可能不去打高尔夫球了。"

"他说了为什么吗？"

"说了，他快离婚了，因为财产协议的关系，他可能没钱来俱乐部了。"

我的朋友目瞪口呆，半天才回应道："他快离婚了？我居然不知道！"

虽然男人之间的亲密程度没有一个判断标准，但是一个男人居然不知道他 20 多年的高尔夫球友婚姻告急，也着实令人叹息。

男人的孤独感必须从儿时就开始关注，鼓励男孩建立友谊、维持友谊，让友谊经受矛盾考验——这些矛盾可能来自体育比赛、互相打趣和追求女孩。很多时候，男孩既没有资源又缺乏意愿去化解冲突、维持友谊。

当我们说起男孩需要有一个榜样来教他们维护亲密关系时，母亲们通常茫然一笑。她们想知道，男人之间的亲密关系是什么样的？女性能从中做点儿什么？

母亲、女教师等女性朋友们，首先，请鼓励和支持男人之间的友谊；然后，请认识到并接受男性友谊和你们想象的可能不太一样。相比女性，男性之间没有那么亲密，依赖性也没那么强，男性友谊还经常伴随着竞争。

我们一位同事以前执意认为女孩友谊胜过男孩友谊。直到有一天她看到一个画面，才让她的想法开始动摇。那天她在水库边晒日光浴，附近有 4 个钓鱼的男孩。这 4 个男孩一直肩并肩站在那儿，钓了两三个小时，几乎不怎么开口，更不可能有长时间的聊天。但是在观察他们一段时间后，她意识到这些男孩之间极为亲密，举手投足都是默契，此时语言已经不重要了，沉默是一种互相信任。他们喜欢彼此的陪伴，这就够了。这正是男孩或男人之间常见的亲密。

大多数男孩喜欢有男人的陪伴。他们喜欢看父亲做事，喜欢跟父亲待着或是一起玩。但是他们也需要父亲时不时说些亲热话，这可能有点儿难为父亲。很多男人说他们从小到大没听过父亲说一句“我爱你”，因此，他们自己有必要学习一下怎么把爱说出口。

《爸爸和我》是由学校、教会和社区康乐中心长期赞助的一档节目，它起到了极好的示范效果。这个节目的内容五花八门，从简单的幼儿园活动，到复杂的旅行冒险，再到成年父子的精神栖息地。其中广受好评的几期节目，它们的共同点是雕刻出了一段“父子时光”。此时父亲不再是一家之主，而是成了儿子的伙伴。节目里无论是自由发挥还是精心策划的活动，都不是为了加强竞争或引发争论，而是为了增强父子联结。我们在这些节目里看到，当儿子从父亲那里获得百分之百的关注时，当父亲完全不评判儿子的做法时，儿子露出喜悦的表情。我们还看到父亲们对这个节目表达了感激之情，因为借这个机会得以重新亲近儿子。这是多么美好啊。节目的计划性完全不会影响这种美好的感情，因为它是真实的，对男孩的影响也是真实的。

7. 让男孩知道，成为“真男人”，道路有很多。

我们曾在贝尔蒙特山男校和圣塞巴斯蒂安男校工作过几年。那几年里，有很多男孩一进门坐下就说：“我真的和贝尔蒙特山（或圣塞巴斯蒂安）其他人不太一样。”在心理治疗开始之前，他们先要声明自己是个异类、很敏感或者不够强壮。这种开场白让我们很难过。因为这说明他们觉得自己不够格成为社会理想的男人。然而，没有几个人能做到长得又高又帅、运动好、讨女孩喜欢还英勇无畏。玛丽·皮福在《拯救奥菲莉亚》中说道：“我们的文化对女孩是一种毒害，因为它教给女孩只有一种美的标准，结果害女孩茶不思饭不想，整日自惭形秽。我们需要重新审视我们传达给女孩的信息。”这是过去 25 年来针对“女孩的生活压力”进行研究的重大成就。男孩也是一样，他们在太过狭隘的男人标准里受尽了煎熬，也是时候重新审视我们传达给男孩的信息了。

一位中学老师坦率地说：“你整个童年时期都在担心自己能不能成为一个真正的男人。等你长大了，又在一辈子担心别人是不是真的把你当作男人看待。”做个男人有那么难吗？不见得，我们能做得很好。

一个男人只要向男孩们展示出自己的某种热爱，就能打动他们。一位教诗歌的高中老师告诉我们：“很多男孩讨厌诗歌，他们一点儿都不想学我这门课。但是当我把对诗歌的喜爱展示给他们看、让他们知道诗歌对我有多么重要的时候，有些男孩便对诗歌产生了好感，后来甚至喜欢上了它。”

每个人肯定都有自己的办法。

我们必须让男孩知道，成为“真男人”有很多条道路，比如当个勇敢的人，做个好父亲，获得别人的爱戴和尊重，拥有强大的内心世界，在生活中取得成功，等等。我们应该为男孩的各种天性而欢呼，由衷赞赏他们的创造力、冒险精神、充沛的精力和胆量。我们要鼓励男孩的各种梦想，无论他想当艺术家还是演员，传教士还是运动员，士兵还是护士，或者想成为企业家、周游世界的航海家、老师、首席执行官等。男孩可以用各种方式实现他的生命价值。

在未来，男孩们将扮演各种各样的角色，掌握各种技能，从事形形色色的工作。请不要轻视他们的任何一种付出，不要轻视他们的贡献，否则他们会觉得自己的努力连同自己都是无足轻重的。我们要在道德和精神层面多与他们交流，当他们尽力想做个暖男的时候，请不要辜负他们的一片心意。如果我们希望男孩在成长的道路上保持健康的心态，只有一个办法：让他们知道我们珍视他们，爱他们，对他们有信心，相信他们一定会成为好男人。

人在一次次重复体验中形成了自己的性格与处世哲学，这种重复体验甚至可能是微不足道的小事。这就是为什么在做心理治疗的时候，人们需要相当长的一段时间。冰冻三尺非一日之寒，心理问题不是一时半刻就能解决的。

如何做男孩、做男人，这样的话题男孩平时听到、看到、学到成千上万次，对于什么是男子汉气概、自己是否够格、该怎么做等问题，他们已经有了自己的判断。他们听到、看到了太多痛苦而扭曲的事情。他们经历的很多事情让他们想要隐藏真实的自己，而展现出一个中规中矩的自己，他们觉得这样就不会惹怒文化，文化也不会攻击他们。

想让男孩走出这种困局，唯一的办法是让他体验与内心对话、与灵魂对话，让他知道自己有权利体验人类所有的情绪和感受，而不会遭到老师、父母、牧师等身边所有人的反对。我们要明确地告诉男孩，脆弱是人之常情，可以被接受。一旦你明白，无论男女，只要是人就会伤心，那么你就可以在这个基础上踏实前进，慢慢勇敢和自信起来，并且有所收获。你不必隐瞒自己的弱点，就不会有深深的恐惧或是脆弱。

在多年的治疗工作中，我们还从未见过哪个男孩说他不渴望父母的爱、不期望别人的认可。没有爱与认可，男孩心里会觉得缺了点儿什么；有了爱与认可，男孩就会重获生机。内心强大的男孩之所以强大，是因为有人接受并认可他们。事实上，心理治疗师每天做的事情，你也一样可以做到。请你一有机会，就对出现在你生活中的男孩说："我懂你，你是个充满活力、充满梦想、充满情感的男孩。"

小结

1. 允许男孩有自己的内心生活，认可他们拥有人类的所有情感，帮助他们发展情感词汇，从而使他们更充分地了解自己，更有效地与他人沟通。

2. 认识到并接受男孩具有高度的活跃性，为他们提供一个安全场所来释放精力。

3. 用“男孩语言”与他们交流——尊重他们的骄傲和男子汉气概，与他们坦诚相见，视他们为顾问和帮手，向他们请教解决问题的办法。

4. 让男孩知道，情感勇气也是勇气，情感勇气和同理心是生活中真正的力量源泉。

5. 我们管教男孩，为的是打造他的优良品性，而不是让他恨我们。

6. 给男孩树立榜样，展示男人间的亲密关系。

7. 让男孩知道，成为“真男人”，道路有很多。

致 谢

丹·金德伦

本书的写作意愿，始于我和妻子卡塔里娜·阿布勒达、朋友玛丽·夏利诺的一次讨论。我妻子是一位杰出的临床心理学家，玛丽则在与约什·霍沃茨一起编写《活力星球丛书》。在卡塔里娜和玛丽的鼓励下，我开始拿起笔写作。感谢两位哈佛心理学院的博士生埃里克·彼得森和莎拉·梅尼克，他们是我得力的研究助理。埃里克帮我一同查阅了研究文献，并思考生物性与人类学对男孩的影响，莎拉帮我梳理了哈佛图书馆的资料，收集并誊写了访谈记录，没有她的提醒我必然会错过一些宝贵的科研资源。哈佛大学学生奥拉乌米·莫伯拉德在本书最后阶段也帮我研究图书馆文献。感谢“芝加哥社区人类发展项目”的同人，特别是托尼·厄斯和史提夫·布卡对本书写作的支持。我的兄长蒂姆和他的妻子珍妮是两位经验丰富而干练的教师，和他们学校男生的交谈，让我受益匪浅。我要感谢杰里·沃德、阿尔登·莫克、查理·瑞普、麦克·拉杰、雷斯里·阿特曼、简·林直、莫里斯·凯特拉、迈克尔·内伯恩、帕特·科尔顿、比尔·伯克等圣塞巴斯蒂安学校的教学管理人员，借着他们的帮助，我多年的思考得以完善成形。感谢我的妻子卡塔里娜，她就本书几版初稿与我有过多次讨论，不仅如此，她一直是一位耐心的妻子和母亲，照顾我们可爱的孩子朱莉和狄安娜。我因为忙于写书，无暇他顾，亏欠了家人太多。感谢狄安娜与我分享她和男孩相处的体验，并允许我用她珍爱的罗塞塔石碑牌削笔器。

迈克尔·汤普森

我从与无数学生、家长与教育者的交流中获益，特别要感谢多年来与我来往密切的 5 所学校（其中有 1 所男校、4 所男女混校）：马萨诸塞州贝尔蒙特市贝尔蒙特山学校的校长里克·梅尔温及其教职人员，马萨诸塞州德芙市查尔斯河学校的校长凯西·加特里及其教职人员，弗吉尼亚州麦卡林市朗里学校的校长贝蒂·布朗及其教职人员，弗吉尼亚州米德堡市西尔社区学校校长汤姆·诺斯拉普及其教职人员，华盛顿国会山走读学校的校长凯瑟琳·彼得森及其教职人员。感谢全国私校协会的同人们，尤其是彼得·瑞里克、琳达·吉布斯和卡斯林·约翰逊，让我在观察与探索私立学校的世界中收获颇丰。此外，理查德·哈利与托尼·贾维斯的作品以及《男校联盟》期刊，对我都有着深远的影响。

我擅长公众演讲，写作则困难得多。我的好朋友内德·哈洛威尔与我的表兄伯尼·布莱恩特·希勒是两位卓越的作家，他们多年来一直劝我写书，我很感谢他们的鼓励。感谢凯瑟琳·奥尼尔·格雷斯、迪克·巴比利、迈克尔·布罗斯南在我撰写论文的时候给我的支持，为本书的写作积累了经验。当我的想法尚在酝酿之中的时候，劳伦斯·科恩博士，一位睿智的作家与经验丰富的心理学家，协同我一起研究并不吝赐教。米歇尔·安东尼、汤姆·尼德汉姆和安·诺斯拉普帮我读了几版初稿，提出了中肯意见。在本书写作中，我得到了家人慷慨的支持，尤其要感谢艾米·汤普森和彼得·汤普森。我在写作中时常会遇到瓶颈，我妻子特丽莎给了我爱、坚定的支持和宝贵意见。为了成全一个作家，我妻子与孩子们，乔安娜和威尔，做出了很多牺牲，我对此感激不尽。乔安娜翻阅了我的样书，说：“书里没有提到我！”确实，因为这是一本关于男孩的书，但是我作为丈夫的体验以及家有儿女的体验，在本书中无处不在。

我们还要一同感谢以下5位伙伴。感谢集智慧、经验于一身的经纪人盖尔·罗斯，这位有趣而见多识广的伙伴带着我们穿行并顺畅地走出了迷宫一般的纽约出版界。感谢思维敏捷、为我们的观点注入信念的编辑基妮·菲伯，她不断提出的质疑与问题促使我们不断去完善对我们观点的阐述。像这样几人联手写成的书会给编辑造成很多难题，但基妮的高度敬业让这一切迎刃而解，而她的温暖与幽默又是紧张写作过程中的一剂良药。助理编辑杰森·祖卡是一位有热情、有干劲的伙伴，尤其在核对参考文献的最后阶段，我们很感激他付出的努力，此外他作为读者也让我们获益良多。特蕾莎·巴克是一位卓越的记者兼作家，她的工作一点儿也不轻松，因为她需要将我们两人截然不同的写作风格统一起来。她为此注入了不少心血与灵魂，为这本书带来了灵感，并协助我们完成了一些艰难的部分。特蕾莎和基妮作为男孩的母亲，也为我们提供了细腻的、有说服力的见解，由此补充和完善了本书。感谢《活力星球丛书》的编者约什·霍沃茨，他在本书的每个阶段都提供了支持。可以说，没有他，就不会有这本书。

最后，也是最重要的，我们要感谢职业生涯中遇见的所有男孩。我们希望在他们身上获得的领悟，正是他们所希望展现出来的。